나는 직장인 N잡러 돈 걱정 없이 산다!

꾸준히 돈이 들어오는 수익 파이프라인 만들기 실전북

분야별로 성공한 N잡러 20명의
수익 파이프라인 만드는 과정 전격 공개

나에게 가장 적합한 N잡을 찾는 방법 공개

나는 직장인 N잡러
돈 걱정 없이 산다!
꾸준히 돈이 들어오는 수익 파이프라인 만들기 실전북

초판 1쇄 인쇄 | 2021년 3월 10일
초판 1쇄 발행 | 2021년 3월 15일

지　은　이 | 안기철
발　행　인 | 김병성
발　행　처 | 앤써북
편 집 진 행 | 조주연
주　　　소 | 경기 일산 서구 가좌동 565번지
전　　　화 | (070)8877-4177
팩　　　스 | (031)919-9852
등　　　록 | 제382-2012-0007호
도 서 문 의 | answerbook.co.kr

I S B N | 979-11-85553-72-6 13000

이 책은 저작권법에 따라 보호받는 저작물이므로 무단 전재와 무단 복제를 금하며, 이 책 내용의 전부 또는 일부를 사용하려면 반드시 저작권자와 앤써북 발행인의 서면동의를 받아야 합니다.

※ 책값은 뒤표지에 있습니다.
※ 잘못된 책은 구입한 서점에서 바꿔 드립니다.

Prologue
머리말

직장인인 우리의 꿈은 무엇일까?

빠른 승진으로 임원이 되고 사장이 되는 것이 많은 직장인의 꿈이기도 하다. 그러나, 실상은 그런 목표조차 없이 하루하루 버텨내는 것이 우리들의 현실이다. 현실적으로 회사에서 임원이 될 확률은 극히 적으며 사장이 될 확률은 거의 없다. 또 성실하고 창의적인 실력을 인정받는다고 반드시 승진이 되는 것도 아니다. 직장 10년차 이상이 되면 이러한 현실들을 깨달으며 그저 퇴사를 꿈꿀 뿐이다. 필자 또한 직장생활에 한계를 느끼며 퇴사를 계획하고 포기하기를 반복했다.

우리는 누구나 내 인생의 주인공이 되고 싶어한다. 하지만, 변화에 대한 두려움 때문에 지금의 상태에 계속 머무르고 만다. 다수의 사람들이 살아가는 방식을 안전하게 생각하며, 겪어보지 않은 세계는 두려워한다. 비록 더 달콤하고 행복한 곳이 바로 옆에 있다 해도 한발짝 옮기는 것을 시도하지 못한다. 이 한발짝을 옮겨 가기 위해서는 특별한 계기가 필요하다. 이 책의 사례들이 독자들의 마음을 흔들고 용기를 주는 계기가 되었으면 한다.

N잡러로 살아간다는 것이 부유한 삶과 행복을 보장해주는 것은 아니다. 처음에는 백만원의 수익을 만들어 내기도 쉽지 않다. 하지만, 직장생활을 병행하며 몇 십만원, 몇 백만원의 수익을 만들어 보는 경험은 아주 짜릿하다. 내가 좋아하는 일, 또는 내가 잘할 수 있는 일로 무엇이라도 시작해보면 알게 된다. 그 도전은 점점 깊이가 생기며 또 다양하게 확장되어 마침내 만족할 만한 성과를 낼 것이다. 그렇게 경제적으로 정신적으로 자유로운 상태에서는 퇴사도 내 의지대로 결정할 수 있으며, 그 다음 도전 또한 자신 있게 연결된다.

이 책을 읽는 독자들이 더 부유하고, 더 자유롭게 행복한 삶을 꾸려 나가길 진심으로 바란다.

끝으로 이 책이 시작될 수 있도록 인터뷰에 응해주신 모든 분들께 진심으로 감사드린다. 또 저의 불확실한 도전을 응원하고 지지해준 가족들에게도 감사와 사랑을 전한다.

N잡러 안기철

Reader Support Center
독자 지원 센터

독자 지원 센터는 이 책을 보는데 필요한 사항이나 정오표, 강의 안내 등을 지원합니다. 책을 보면서 궁금한 내용은 아래 내용을 참고하고, 기타 정오표나 강의 안내도 아래 게시판을 통해서 확인할 수 있습니다.

궁금한 내용 문 의 하 기

책을 보면서 궁금한 내용은 앤써북 카페(http://answerbook.co.kr)의 [도서별 독자 지원 센터]-[나는 N잡하는 직장인이다!] 게시판을 클릭합니다.
우측 아래의 [글쓰기] 버튼을 클릭한 후 제목에 다음과 같이 "[문의] 페이지 수, 질문 제목"을 입력하고 궁금한 사항은 아래에 작성 후 [등록] 버튼을 클릭하여 등록합니다.
등록된 질의글은 저자님께서 최대한 빠른 시간에 답변드릴 수 있도록 안내합니다.

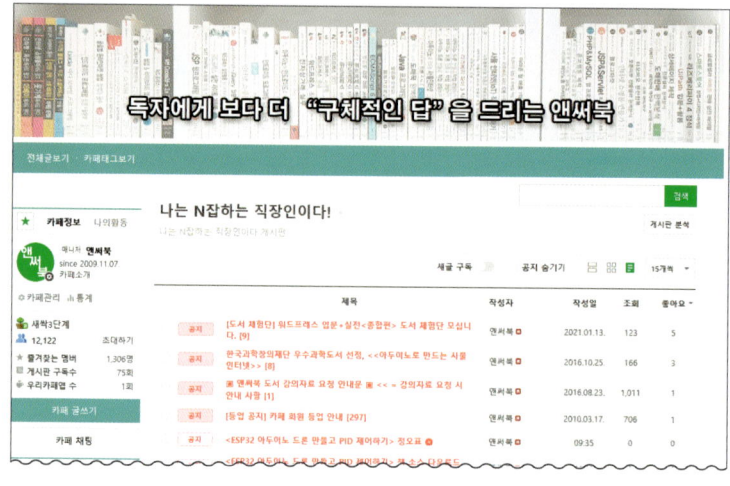

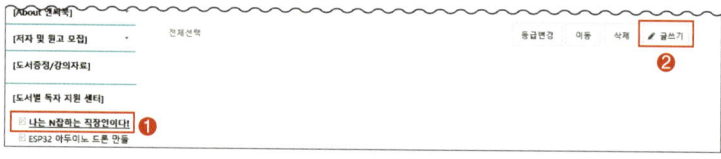

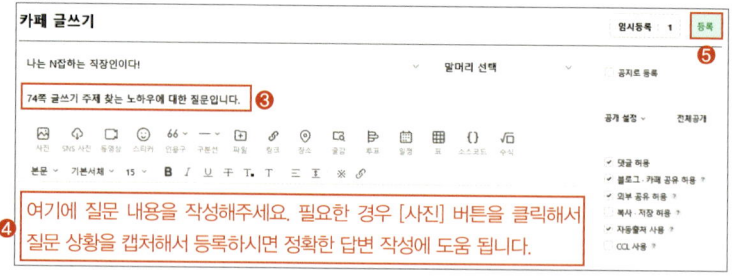

N잡 성공 로드맵

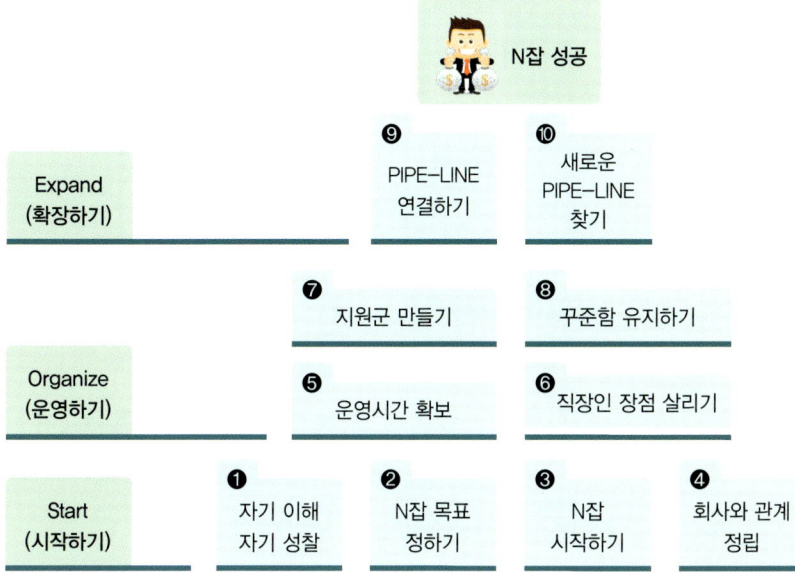

재미삼아 해보는 나만의 N잡 찾기!

Contents
목차

PART 01

직장인 N잡 시대가 오고 있다

01 100세 시대 당신은 준비되어 있나요? · 12
02 당신의 직장은 안전한가요? · 16
03 하나의 회사에 올인하는 것이 정답일까? · 19
04 모두가 사장이 될 수는 없다. 하지만 누구나 사장은 될 수 있다 · 21
05 직장에 대한 기대를 낮추고, 다양한 직업에 도전하자 · 23
06 N잡의 시대는 이미 시작되었다 · 25
    IT 모바일의 발전으로 일반인이 돈 벌 기회가 열렸다.(소비자가 생산자가 되다) · 25
    일에 대한 개념이 변하고 있다. 노동 시장 트렌드의 변화 · 26
07 한번 뿐인 인생, N잡으로 인생의 주인공이 되자 · 27

PART 02

성공한 N잡러가 되기 위한 수익 파이프라인 만들기

01 SNS를 통한 수익 파이프라인 만들기 · 32
    1 _ 유튜브 · 32
        직장인이여 유튜브 하자! · 32
        성공사례 1 _ 그림 배우러 왔다가 인생을 배우는 채널 "이연, LEEYEON" · 41
        성공사례 2 _ 평범한 직장인의 데일리 패션 룩 '식스타일' · 49

2 _ 팟캐스트 • 58
  유튜브가 부담된다면 팟캐스트 하자 • 58
  성공사례 1 _ 혼자가 힘들 땐 같이, 둘이라 즐거운 팟캐스트 '윤식단' • 60
3 _ 블로그 • 65
  SNS의 기본, 블로그는 무조건 해야 한다 • 65
  성공사례 1 _ 블로그 3대장 '세수하면이병헌'의 블로그 성공 스토리 • 80
  성공사례 2 _ 블로그 쇼핑몰로 경력 단절을 극복하다.
           '허스타우먼' CEO 허지영• 86
4 _ 네이버 카페 • 93
  대기업 사장 안 부러운 네이버 카페 만들기 • 93
  성공사례 _ 주부들의 소통공간 A카페(가입자 30만) • 101
5 _ 인스타그램 • 104
  세대를 넘어 모두가 즐기는 대세 SNS • 104
  성공사례 1 _ 직장인 여성의 로망 'KWANI(콰니)' 손경완 대표 • 107
  성공사례 2 _ Yeccol artstudio 최고려 대표 • 112

02 지식창업을 통한 수익 파이프라인 만들기 • 121

1 _ 재능마켓 • 121
  직장인을 위한 최적의 수익 파이프라인 • 121
  성공사례 1 _ 영어 루저에서 재능마켓 NO1. 영어 강사가 되다.
           손성은 튜터 • 123
  성공사례 2 _ 평범한 직장인이 재능마켓으로 월 1천만원 버는 비밀
           XEMMA(엠마) 튜터 • 130
2 _ 기획 출판 • 136
  직장인의 버킷 리스트 책 쓰기 • 136
  성공사례 1 _ 직장인들의 친절한 선생님
           '신입사원 상식사전' 저자 우용표 • 138
3 _ PDF 전자책 • 144
  바쁜 직장인이라면 'PDF 전자책'에 도전하자 • 144
  성공사례 1 _ PDF 전자책 선구자 '바이 컴퍼니' 유성우 대표 • 146

Contents
목차

03 e-커머스를 통한 수익 파이프라인 만들기 • 152

  1 _ 무재고 온라인 쇼핑몰 • 154
    직장인이라면 무재고 온라인 쇼핑몰로 시작하자 • 154
    성공사례 _ 국내 도매 플랫폼을 통해 월 수익 1천만원을 달성하다
        '버킷리스터' 황채영 대표 • 158

  2 _ 독립 쇼핑몰 • 173
    성공사례 _ 시계 4개로 시작한 부업이 월 매출 1억 원의 쇼핑몰이 되다
        '빅클' 조대원 CEO • 173

  3 _ 아마존 • 170
    성공사례 _ e-커머스의 끝판왕 아마존 셀러되기
        '아마존 NO1. 강사 최진태' • 179

04 공유 경제를 통한 수익 파이프라인 만들기 • 190

  1 _ 크라우드 펀딩 • 191
    경쟁이 없는 시장에서 나만의 제품으로 승부한다 • 191
    성공사례 _ 얼리 어답터를 공략하라. 서진 FNI _ 오태경 CEO • 193

  2 _ 에어비앤비 • 200
    성공사례 _ 전설이 된 에어비앤비 _ '킹스맨 하우스' Belfort • 200

  3 _ 쉐어하우스 • 206
    성공사례 _ 집 없이 임대사업자의 꿈을 이루다 _ 함께 하는 삶(김진영) • 206

05 취미&관심사를 통한 수익 파이프라인 만들기 • 213

  1 _ 취미&관심사 • 213
    성공 사례 1 _ 국내 최초 레고 공인 작가 _ '하비앤토이' 김성완 대표 • 213
    성공 사례 2 _ 인디밴드에서 성공한 N잡러가 되다
        _ 포터블 그룹 대표 '호야&오상' • 220

PART 03 성공한 N잡러가 되기 위한 성공 전략

01 시작하기 • 228
    1 _ 자기 이해, 자기 성찰하기 • 229
    2 _ N잡의 이유와 목표 정하기 • 231
    3 _ N잡 시작의 기술 • 232
    4 _ 회사와 관계 정립하기 • 233

02 운영하기 • 236
    1 _ 시간 확보하기 • 236
        직장인 N잡을 위한 시간 관리 TIP • 237
    2 _ 직장인의 특성 이해 및 장점 활용하기 • 238
    3 _ 나의 지원군 만들기 : 모든 것을 혼자 하려고 하지 말자 • 240
    4 _ '꾸준함' 유지하기 • 242

03 확장하기 • 246
    1 _ 파이프라인 연결을 통한 시너지 창출하기 • 246
    2 _ 새로운 파이프라인 찾기 : 빠른 진입이 성공의 열쇠다 • 248

APPENDIX • 250
    1 _ 직장인 N잡러 노무 관련 Q&A "해인 노무법인" 우창수 공인 노무사 • 250
    2_ 직장인 N잡러 세무 Q&A "김봉석세무회계사무소" 김봉석 세무사 • 253

PART 01

'다른 일은 할 줄 아는 게 없다' 라고 생각하는 성실한 당신에게 제안합니다.
직장의 일보다 더 쉽고 재미있는 일을 반드시 찾을 수 있습니다.
4차 산업혁명 시대가 이미 우리에게 더 많은 기회를 만들어 주고 있습니다.
당신의 행복한 N잡 생활을 위한 안내를 시작합니다.

직장인 N잡 시대가 오고 있다

01 100세 시대 당신은 준비되어 있나요?
02 당신의 직장은 안전한가요?
03 하나의 회사에 올인하는 것이 정답일까?
04 모두가 사장이 될 수는 없다. 하지만, 누구나 사장은 될 수 있다
05 직장에 대한 기대를 낮추고, 다양한 직업에 도전하자
06 N잡의 시대는 이미 시작되었다
07 한 번 뿐인 인생, N잡으로 인생의 주인공이 되자

01
100세 시대 당신은 준비되어 있나요?

"할머니, 열심히 운동해서 100세까지 사세요?"

"내가 올해 99세인데 내년에 죽으라는 소리냐?"

한 TV 개그 프로그램에 나왔던 유머이다. 보통 100세라고 하면 인간의 최대 수명으로 생각했었다. 하지만, 머지않아 평균 수명이 100세가 되는 호모 헌드레드(Homo-hundred) 시대가 온다고 한다. 평균 수명이 100세이니, 100세를 넘어 150세를 살아야 할 날이 올지도 모르겠다. 실제 우리나라 100세 이상 인구수는 2010년 1,835명에서 2020년 21,251명(2020.7월 기준)으로 10배 이상 증가했다. 특히, 최근 5년 사이에 급격한 증가 추세를 보이고 있다.

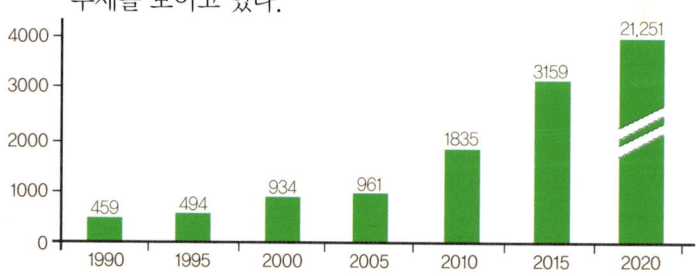

▲ 우리나라 100세 이상 고령자 추이 (단위: 명)

반면에 직장인의 평균 은퇴 나이는 2006년 50.3세에서 2017년 49.1세로 점점 빨라지고 있다. 이는 직장인의 희망 은퇴 나이인 62.8세(2019년 벼룩시장 조사)와도 10년 이상의 갭(GAP)이 있다. 이제 보통의 직장인이라면 은퇴 이후 최소 30년 이상 노후 생활을 준비해야 한다. 행복한 노후 생활을 위해 다양한 취미와 친구도 중요하지만, 무엇보다 중요한 것은 은퇴자금이다. 하지만, 우리는 이런 사실을 인지하지 못하고 있다. 아니 정확하게 이야기하면 인지하지 않고 싶어 한다. 당장 먹고사는 문제를 해결하고 아이들 교육비를 내고 나면 '월급은 통장을 스칠 뿐' 노후 생활 준비를 위한 여력이 없기 때문이다.

그런데 이대로 아무 대책 없이 괜찮을까? 은퇴 후 노후 생활을 위한 자금을 따져보면 여성을 기준으로 약 11.3억 원이 필요하다.

- 여성 은퇴자의 노년 생활 기간 : 37.8년 (기대수명 85.7년 - 은퇴 나이 47.9년)
- 여성 은퇴자의 노년 생활 자금 : 약 11.3억 원 (월 생활비 250만원X12개월X37.8년)

물론 생활비를 적게 쓰거나, 국민연금과 주택연금 등으로 생활비를 마련할 수는 있겠지만, 그것만으로는 부족하다. 게다가 자녀가 취업하기 전까지 돌봐야 하는 우리나라 현실을 고려하면 최소 60.2세(출산 32.3년 + 자녀 취업 27.9년)까지 일을 해야 한다. 은퇴 나이와도 12.3년의 GAP이 있다.

	취업	결혼	출산	은퇴	기대수명
여	27.9	30.6	32.3	47.9	85.7
남	29.2	33.4	35.1	51.6	79.7

▲ 평범한 직장인의 인생 로드맵

게다가 이제 월급만으로는 서울에 집 한 채 장만하기도 어려워졌다. 2020년 9월 서울의 아파트 평균 매매가는 10억을 넘어섰다. 4인 가족의 월 중위소득 475만원 중 200만원을 저축한다고 했을 때 아파트 매입을 위해서는 약 42년이 걸린다. (아파트 가격 상승, 임금 상승, 투자는 고려하지 않음) 그동안은 담보 대출을 받아 내 집 장만의 꿈이라도 있었는데, 이제는 이조차도 어려워졌다. 집에 대한 개념이 바뀌어야 하겠지만, 쉬운 문제만은 아닐 것이다. 한국인에게 집은 단순한 주거 공간 그 이상의 의미가 있기 때문이다.

▲ 서울 아파트 평균 매매 가격(단위=백만원) 자료=KB 국민은행
▲ 가구별 중위소득 선정 기준 금액   자료=KB 국민은행

그러면 행복한 노후 생활을 위한 은퇴자금은 어떻게 마련할 수 있을까? 재무상담사와 부자들이 제시하는 부자 되는 법에 따르면 해답은 의외로 간단하다.

부자가 돈 버는 방법
첫째, 지출 줄이기
둘째, 수입 늘리기
셋째, 수입에서 지출을 뺀 자금으로 재투자하기

우선, '지출 줄이기'는 많은 직장인이 하는 방법이다. 재무설계사를 통해 통장 쪼개기, 체크카드사용 등을 통해 지출 줄이기에 도전한다. 하지만, 5년 정도 지나면 생각지도 못한 변수들로 실행하기가 쉽지 않다. 특히, 아이 둘 정도를 키우다 보면 월급으로 생활하기도 빠듯하다. 사정이 이러다 보니, 세 번째 방법인 수입에서 지출을 뺀 자금으로 재투자하기도 쉽지 않다.

이제 남은 방법은 수입을 늘리는 것이다. '월급은 정해져 있는데 어떻게 수입을 늘린다는 이야기지?' 하고 의문을 가질 것이다. 우리나라 종합소득세는 크게 근로소득, 사업소득, 투자소득, 기타소득으로 구분할 수 있다('종합소득세 분류' 표 참조).

구분		상세
근로소득		월급, 보너스 등
사업소득		개인사업자, 식당, 프리랜서 등
투자소득	이자소득	예금이자, 채권이자
	배상소득	주주 배당금
	연금소득	국민연금소득
	부동산 임대소득	부동산 임대료
기타소득		손해배상금, 복권당첨소득 등

▲ 종합소득세 분류

　본업의 월급이 올라가지 않는 한 근로소득은 거의 고정이라고 볼 수 있다. 재투자가 어려운 상황에서 투자소득 역시 쉽지 않다. 결국, 사업소득을 늘리는 방법밖에 없다. 즉, 본업의 월급 외에 제2, 제3의 일을 통해 소득을 늘리는 방법이다. 하나의 수입처만 생각하면 수입을 늘리기 어렵겠지만, 돈이 들어올 수 있는 통로를 다변화하면 된다. 바로 N잡을 통해 수입의 파이프라인을 늘리는 것이다.

02
당신의 직장은 안전한가요?

청소년이 선호하는 직장으로 대기업과 공무원(공기업)은 항상 상위에 있다. 아마도 이는 자영업이나 중소기업보다 안정적으로 오래 근무할 수 있다는 생각 때문일 것이다. 그러면 두 직장은 과연 안정적인 것일까?

우선 대기업을 살펴보자. 예전에 대기업은 모두가 부러워하는 직장이었지만 요즘은 인기가 많이 시들 해졌다. IMF, 금융위기 사태를 겪으면서 대대적인 구조조정과 인원 감축이 있었다. 이로 인해 근무 강도는 이전보다 심해졌다. 게다가 수십 년간 명성을 유지했던 기업 중 이제는 존재하지 않는 기업도 있다. 어렵게 살아남은 기업들도 예전처럼 계속해서 성장하기가 어려워졌다. 30대 기업의 매출 증가율은 IMF 시절 10.1%, 글로벌 금융위기 7.67%에서 2015년 -1.88%로 낮아졌다.

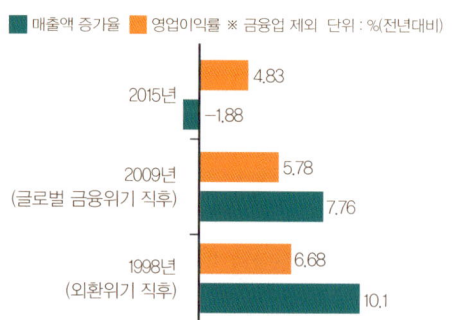

▲ 30대 기업 매출액·영업이익률 변화   자료=한국경제 연구원

대기업에 근무하는 친구들에게 회사 사정을 물어보면 매년 비상 경영이라고 한다. 입사 후 한 번도 비상이 아닌 적이 없다는 것이다. 이처럼 기업이 성장하지 못하면 결국 비용 절감에 힘을 쏟게 된다. 매출이 정체되어도 물가 상승만큼 원가와 비용은 늘어날 수밖에 없고 수익을 낼 수 없기 때문이다. 기업이 수익을 내지 못하면 존재 가치가 없어지고 결국에는 사라지게 된다. 기업이 경기가 어려울 때 생존을 위해 마른 수건을 짜다 못해 찢어질 정도로 비용 절감을 하는 이유다. 그러면 기업이 비용을 줄일 방법은 어떤 것이 있을까?

기업의 비용은 크게 제품 생산을 위한 제조원가와 제품 판매를 위한 판매관리비로 구분할 수 있다. 특히, 두 부문에서 비용을 대폭 절감할 방법은 인원을 줄이는 것이다. 인원이 줄어드는 만큼 관련된 비용들(급여, 조직활성화비, 교육훈련비 등)이 함께 줄어들기 때문이다. 그래서 연말이 되면 명예퇴직 신청을 받고 성과급 지급률로 노사가 팽팽하게 줄다리기를 한다. 또한, 기업은 고임금의 오래된 직원보다는 저임금의 신입사원을 선호한다. 대졸 취업이 많이 어려워졌지만, 기업에 근무하는 사람들도 버티기가 점점 어려워지고 있다. 성과급 잔치는 옛말이 된 지 오래고 조기 퇴사를 당하지 않으면 다행이다. 이제 대기업은 더 이상 예전처럼 안정적인 직장이 아닌 것은 분명하다.

공기업은 어떨까? 공기업은 일반 기업보다 안정적인 것은 사실이다. 일반 기업과 다르게 정년까지 근무가 보장되고 은퇴 후 연금도 어느 정도 보장된다. 하지만, 최근의 상황들을 보면 꼭 그렇지만도 않다. 신의 직장이라고 불리던 공기업들이 대대적인 구조조정에 들어간다는 기사가 심심치 않게 보인다. 게다가 이제는 민간기업으로 전환된다고 한다. 안정적인 직장을 원했던 사람들은 민영화가 된 기업에서 살아남을 수 있을지 의문이다. 민간기업은 공기업과 다르게 철저하게 수익을 중심으로 움직이기 때문이다.

공무원도 마찬가지다. 우선 공무원 월급이 어디에서 오는지를 생각해보자. 그것은 바로 국민의 세금에서 충당된다. 예전처럼 기업이 매년 두 자릿수 성장을 하고 국가 경제성장률이 5% 이상 유지를 한다면 국민의 소득이 올라가고 세금도 늘어나서 공무원의 수입도 안정적일 것이다. 하지만 현실은 그렇지 못하다. 기업의 성장률은 점차 둔화하고 있고 국가경제성장률은 2%대를 겨우 유지하고 있다. 또한, 최근에는 공무원 연금제도 개편에 대한 논의가 계속되고 있다. 평균수명이 증가함에 따라 너무 많은 금액을 정부가 감당할 수 있냐는 것이 핵심인데, 쉽지는 않을 것 같다.

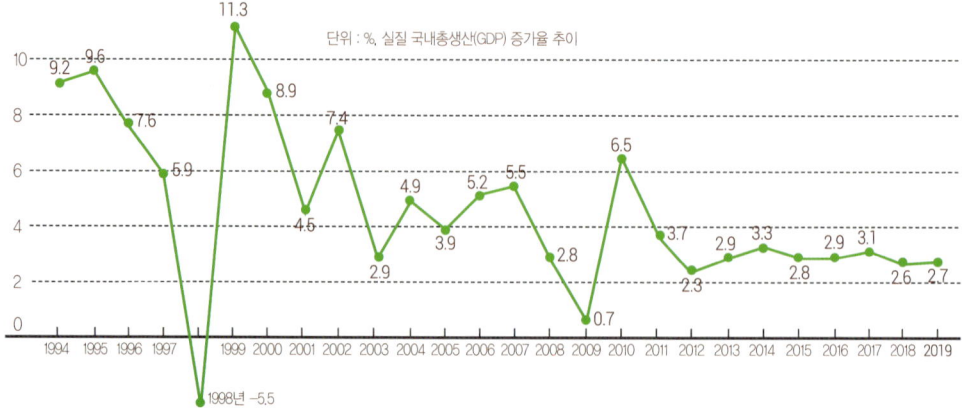

▲ 경제성장률 추이   자료 : 기획재정부, 통계청

03
하나의 회사에 올인하는 것이 정답일까?

요즘 대기업에 입사하는 신입사원의 스펙을 보면 놀라지 않을 수 없다. 학점은 4.5 만점에 가깝고, 다양한 자격증에 외국어 점수는 상상을 초월한다. 하지만 힘들게 들어온 회사를 1년도 안 돼서 퇴사하는 신입사원이 늘고 있다. 신입사원 1년 차 퇴사율은 2010년 15.7% → 2019년 48.6%로 증가했다. 힘들게 들어간 대기업을 왜 1년 만에 그만두는 걸까? 신입사원 조기 퇴사의 가장 큰 이유는 조직/실무 적응 실패이다. 하지만 무언가 앞뒤가 안 맞는다. 엄청난 스펙에 5년 차 대리같이 많은 준비가 된 상태에서 입사했는데 실무 적응 실패라니?

선배들은 하나같이 요즘 신입사원은 개인적이고 끈기가 부족하다고 이야기한다. '나 때는 야근은 당연히 하는 거고 주말에도 출근했다'며 퇴사한 신입사원을 이해하지 못한다. 선배들의 말도 이해는 된다. '열심히 일해야 회사도 발전하고 나도 발전한다', '남들과 똑같이 일하고 놀면서 어떻게 남들보다 앞서 나갈 수 있겠는가?' 내가 힘들게 일해서 회사도 이만큼 성장했다는 자부심과 충성심을 느낄 수 있다. 하지만 그렇게 일해서 남은 것은 무엇일까? 과연 그런 선배들은 행복한 회사 생활을 하고 있는 것인가? 그리고 선배들의 살림살이는 나아졌을까?

지난 시간을 생각해보면 밤낮 없이 야근과 주말 출근을 하면서 추가 수당은 받지 못했다. "왜 일을 이렇게 하냐?"면서 욕을 먹었다. 부당한 대우라고 생각했던 많은 일들이 있었지만 가족을 생각해 화를 꾹꾹 누르며 참아왔다. 극심한 스트레스와 잦은 회식으로 고혈압과 당뇨 등 각종 성인병에 약을 한 움큼씩 먹고 있다. 아이들은 아빠와 함께하는 시간을 원했지만 회사일에 치여 아이들과 충분한 시간을 보내지 못했다. 뒤늦게 아이들과 시간을 보내고 싶지만 아이들은 이미 아빠와 함께하는 생활이 불편하다.

자신의 꿈과 나를 인정해주는 회사를 찾아 퇴사를 결정한 신입사원의 선택은 잘못된 것일까? 20년 동안 하나의 회사에 충성하며 몸 바쳐 일하는 것이 옳은 선택일까? 어느 것이 정답이라고 명확하게 말하기는 어렵다. 하지만, 예전처럼 하나의 회사에만 올인해서는 길어진 노후 생활에 대비하기가 어려워졌다. 한 번쯤은 이직과 퇴직을 경험하고, 새로운 사업을 하는 선배들에게 연락해보자. '이직 후 생활은 어떠한지? 회사를 벗어나도 되는지? 어떻게 해야 성공할 수 있는지?' 등을 솔직하게 물어보자. 그리고, 그냥 회사에 다녀야 한다면, 회사에 다니면서 추가 수입을 얻을 수 있는 일이 무엇인지 알아보자.

04
모두가 사장이 될 수는 없다.
하지만, 누구나 사장은 될 수 있다

　누구나 처음 회사에 입사하면 사장을 꿈꾼다. 사장이라는 목표가 쉽게 이룰 수 있는 것은 아니지만, 열심히 노력하면 될 수 있다는 자신감을 가진다. 하지만 사원, 대리, 과장을 거치면서 이것은 허황된 꿈이라는 것을 알게 된다. 마치 어렸을 때 '어른이 되면 대통령이 될 거예요'라고 말하는 것과 다르지 않다. 물론 사장이 된 사람이 있기 때문에 불가능한 일은 아니지만, 실제 이렇게 될 확률은 매우 희박하다. 2014년 한 기업평가 사이트의 조사에 따르면 일반 평사원에서 임원이 될 확률은 0.87%, 사장이 될 확률은 0.02%에 불과하다.

　또한, 과장 정도가 되면 사장은 나 혼자 열심히 한다고 되는 것이 아니라는 것을 알게 된다. 10년 정도 일하면서 사장이 될 자격을 갖춘 선배들이 결국 임원도 되지 못하는 것을 보게 된다. 매년 말 임원 인사가 발표되면 우리의 기대는 항상 빗나간다. 예상치 못한 인사로 모두가 당황한다. 회사를 위해 밤낮으로 일하고, 아이디어가 반짝이는 선배들은 퇴사 통보를 받기도 한다. 어느 날 갑자기 외부에서 영입되거나 맘에 안 드는 사람이 임원으로 오기도 한다. 정말 이건 아닌데 라고 생각하지만, 대세를 거스를 수는 없다. 맘에는 안 들지만 문제 되지 않는 선에서 적절하게 타협을 하게 된다.

　회사에서는 급변하는 시대 흐름에 도태되지 않기 위해 창의성과 도전정신을 강조한다. 하지만 이상과 현실은 다르다. 특히, 규모가 큰 회사일수록 스스로 무언가를 생각하고 나만의 방식으로 실행하는 것은 불가능에 가깝다. 이런 회사에서 나의 역할은 거대한 시스템에 문제가 없도록 맡은 바 임무를 묵묵히 하는 것이다. 내 자리를 벗어나 새로운 일을 시도하게 되면 모두가 피곤한 상황이 될 수도 있다. 사장을 꿈꾸던 나는 어디로 가고 이렇게 된 것일까? 나는 거대한 공장을 돌리는 하나의 부속품이 되어 버린 지 오래다.

평생을 몸 바쳐 일한 직장에서 사장(or 임원)이 되지 못하고 평사원으로 머무는 것은 매우 슬픈 일이다. 하지만, 꿈을 잃었다고 슬퍼만 할 필요는 없다. 지금의 회사에서 사장이 될 수 없다면 다른 곳에서 사장이 되면 된다. 예전과 다르게 우리는 외부에서 다양한 기회를 가질 수 있다. 직장 밖의 도전을 통해 월급 이상의 부수입을 얻는 직장인이 많아지고 있다. 어떤 이는 회사에서는 평범한 직원이지만 파워포인트 강의를 통해 월 천만원 이상을 벌고 있다. 또한, 육아로 경력단절을 경험했지만, 블로그를 통해 쇼핑몰 CEO가 되어 매월 수천만원을 버는 사람도 있다. 이제 회사에서 평범한 직원, 실패자라도 직장 밖에서 사장이 될 수 있는 시대가 온 것이다.

05
직장에 대한 기대를 낮추고, 다양한 직업에 도전하자

다음날 출근하는 것을 기다리며 매일 밤 설레는 마음으로 잠드는 직장인이 몇 명이나 있을까? 특히, 대부분 직장인에게 일요일 저녁은 고통의 시간이다. 마치 군대에서 2박 3일의 달콤한 휴가를 마치고 복귀하는 느낌과 같다. 왜 우리는 하루에 대부분 시간을 보내는 일터에 가는 것이 힘든 것일까? 이는 일이 적성에 맞지 않아서 일 수도 있고, 같이 일하는 사람의 관계 때문일 수도 있다. 여러 가지 이유가 있겠지만, 회사에 너무 많은 기대를 하기 때문이기도 하다.

우리는 회사를 통해 너무 많은 것을 얻으려고 한다. 우리가 회사에 기대하는 사항은 다음과 같다.

❶ 남들에게 창피하지 않을 정도의 명성
❷ 높은 연봉
❸ 나와 말이 통하는 동료
❹ 나를 인정해주는 상사
❺ 적성에 맞고 창의적인 업무
❻ 빵빵한 복지
❼ 저녁 시간과 주말 보장
❽ 밝은 회사의 미래
❾ 집에서 가까울 것 등

이렇듯 회사에 대한 기대가 너무 크기 때문에 기대에 못 미치면 쉽게 실망하는 것이다. 능력이 출중해서 이직할 수 있다면 그나마 다행이다. 하지만, 대부분은 하루하루를 회사에 불만이 가득한 상태로 살아간다. 이직을 하더라도 이 모든 것을 채워줄 회사는 어디에도 존재하지 않기 때문이다.

이제 우리는 회사에 대한 기대를 조금 낮출 필요가 있다. 회사 즉 직장에 대한 정의를 새로 내릴 필요가 있다. 구글에서 직장의 정의는 '돈을 벌기 위해 일정한 직업을 가지고 일하는 곳'이다. 그리고 직업은 '생계를 유지하기 위해 본인의 적성과 능력에 맞춰 소득 활동을 하는 일'이다. 가끔 모임에 가서 '무슨 일 하세요?'라고 물어보면, 보통의 대답은 다음과 같다. '저는 LG 다니고, 이 친구는 삼성 다녀요.' 우리는 직장과 직업을 동일시한다. 하지만, 직장과 직업은 구분되어야 한다. 직장은 우리의 직업을 가지고 돈을 벌기 위해 일을 하는 곳이다. 그 이상을 바라면 서로가 피곤해지고 힘들어진다.

우리는 우리의 직업이 무엇인지에 대해 명확히 해야 한다. 내 적성에 맞고 생계를 유지해 줄 수 있는 나만의 일을 찾아야 한다. 이 부분이 명확해지면 우리는 나만의 직업을 가지고 지금의 직장에서도 일하고, 기회가 되면 다른 곳에서 일 할 수 있다. 이를 혼동하다 보니, 지금의 직장이 인생의 전부인 것처럼 일하고 실망도 하는 것이다. 또한, 회사에서도 직장과 직업을 동일시하기에 겸업 금지라는 말이 나오는 것이다. 엄밀히 말해서 우리는 우리의 직업으로 어디에서도 일 할 수 있다. 단지 지금의 직장에서 일하는 동안은 회사 정보를 유출하거나 업무 소홀 등으로 피해를 주면 안 될 것이다. 그런 경우가 아니라면, 우리는 지금의 직장과 계약된 시간 이외에는 자유롭게 N잡을 할 수 있다.

전 세계에는 다양한 직업이 존재한다. 2014년 글로벌 리포트에 따르면 우리나라는 11,440개, 일본은 25,000개 미국은 30,654개의 직업이 있다. (2016년 한국직업사전 기준 직업은 우리나라 15,715개이다) 그런데, 우리는 평생 하나의 직업, 직장에만 올인하고 있다. 물론 하나의 직업에 몰입했을 때 그 분야에 경험이 쌓이고 전문성이 올라갈 수 있다. 하지만, 맛있고 영양가가 높은 음식들이 많은데 하나의 음식만 먹을 필요가 있을까? 예전에는 먹을 것이 없어 쌀밥에 김치만 먹었지만, 지금은 시대가 변해 먹을 것이 많아졌다. 풋팡퐁커리, 샥스핀, 스테이크 등 맛있는 음식을 고르 듯 직업도 다양하게 경험하고 선택할 수 있는 시대가 온 것이다.

06
N잡의 시대는 이미 시작되었다

IT 모바일의 발전으로 일반인이 돈 벌 기회가 열렸다. (소비자가 생산자가 되다)

한동안 '타다' 때문에 난리였다. 서울에서 택시 잡는 어려움을 겪었던 사람이라면, 타다의 편리함에 아쉬움을 가졌을 것이다. 이런 아쉬움을 뒤로 하고 이번 이슈는 '운전이 과연 특별한 기술인가? 택시기사는 전문직인가?'라는 의문을 남겼다. 예전에 택시 기사님들은 뛰어난 운전 실력, 차에 대한 해박한 지식, 특히 일반 사람이 모르는 샛길을 많이 알고 있었다. 하지만, 이제 운전은 누구나 다 잘 하게 되었고, 자동차 정보는 동호회와 카페를 통해 알 수 있다. 또한, 네비게이션만 있으면 굳이 샛길을 몰라도 가장 빠른 길을 알 수 있게 되었다.

타다는 택시기사에게는 삶의 위협을 받는 중대한 문제였다. 하지만, 시대가 변하며 일반인도 기회만 있으면 시장의 플레이어로 참여할 수가 있게 되었다. IT, 모바일의 발전 속에 소비자들이 생산자가 되고, 평범한 일반인들이 돈을 벌 기회가 생겼다. 이런 현상은 다만 택시만이 아니다. 카풀, 배달(배송)대행, 대리운전 등 특별한 기술 없이 스마트폰만 있으면 돈을 벌 수 있다. 또한, 에어비앤비, 쉐어하우스의 등장으로 숙박업도 전문영역이 아니게 되었다. 이제 누구라도 몇백만원만 있으면 나만의 공간에서 숙박, 임대업을 할 수 있게 되었다.

예전에는 직업이라 하면 매장도 있고, 제품도 있어야 하는 것으로 생각했다. 퇴사를 앞둔 선배들은 최소 몇억을 들여 창업을 했다. 하지만, 시대가 바뀌고 모바일 시대가 오면서 직업의 개념이 바뀌고 있다. '단군 이래 돈 벌기가 가장 쉬운 시대가 왔다'라는 유명 유튜버의 말처럼 이제 스마트폰만 열면 누구나 돈을 벌 수 있는 시대가 되었다. 이제 직장보다는 직업과 능력이 중요해졌다.

나만의 특별한 기술이 있다면, 직장을 다니지 않더라도 나를 홍보하고 판매할 수 있게 되었다. 심지어, 부업으로 시작한 일을 통해 본업보다 많은 수입을 올리는 N잡러를 쉽게 볼 수 있다.

일에 대한 개념이 변하고 있다. 노동 시장 트렌드의 변화

필자가 입사 후 Staff 부서에 근무했을 때 평균 퇴근 시간은 10시~12시 사이였다. 임원보고라도 있으면 새벽 3~4시까지 일하는 것도 부지기수였다. 하루는 오후 10시에 회의를 끝내고 잠시 휴식을 하려고 하는데 영업팀 후배가 퇴근을 안 하고 있었다. 반가운 마음에 왜 퇴근을 안 하는지 물었다. 그는 "팀장님이 퇴근하면서 A제품 유통전략을 내일 보자고 하셨다."고 했다. 결국, 후배와 필자는 새벽 3시가 넘어서야 같이 퇴근할 수 있었다. 이제 이런 일은 정말 꼰대 아저씨들 사이에서 전설처럼 하는 이야기가 되어 버렸다. 사실 수 없이 야근하면서 배운 점도 많이 있었다. 하지만, 낮 시간에 집중도 있게 일하고 조금 일찍 퇴근하기를 간절히 바랬었다.

우리나라는 여전히 OECD 국가 중 근로시간이 가장 긴 나라 중에 하나이다. (멕시코 1위, 우리나라 2위) 제조업 기반으로 경제 성장을 이루었던 우리에게 노동력은 가장 중요한 요소였다. 하지만, 시대가 변하면서 노동력 중심이던 제조업은 서비스업 중심으로 산업이 대체되었다. 이제 연봉보다는 일과 삶의 균형을 중시하는 워라벨(Work and Life Balance)이 더 중요한 시대가 되었다. 최근 직장에서도 주 52시간 근무에 따른 칼퇴근 문화가 확산되고 있다. 혹시라도 추가 근무라도 하게 되면 다음 날 2시에 퇴근하는 직장인도 생겼다. 예전처럼 밤새워 일하기보다는 업무 시간에 집중적으로 일하고 저녁과 주말에는 내 생활을 즐길 수 있는 여건이 마련되고 있다.

이런 사회적 현상으로 최근에는 *샐러던트(Saladent), *하비슈머(Hobbysumer)와 같은 신조어가 생겨났다. 직장인들은 삶의 질을 높이기 위해 여유 시간을 활용해 다양한 활동을 하기 시작했다. 이는 자연스럽게 온라인 재능마켓 플랫폼의 성장으로 이어졌다. 클래스101, 크몽, 탈잉 등은 직장인들의 참여로 빠른 성장을 하고 있다. 이들은 단순히 소비자(교육생)로 머무르지 않고 직접 생산자(강사)가 되어 자신의 재능과 경험을 팔기 시작했다. 각자의 자리에서 묵묵히 일하며 능력을 키운 직장인 고수들이 강사가 되어 자신의 능력을 발휘하고 있다. 이제 부업으로 본업보다 많은 돈을 버는 직장인들이 늘어나고 있다.

---

* 샐러던트 : 샐러리맨(Salaryman)과 스튜던트(Student)의 합성어.직장에 다니면서 자기계발을 하거나 공부하는 직장인을 의미함
* 하비슈머 : 취미(hobby)와 소비자(consumer)의 합성어.퇴근 후 자신의 삶을 다양한 취미활동을 위해 소비하는 사람을 의미함

07
한 번 뿐인 인생, N잡으로 주인공이 되자

필자는 박지성 선수의 오랜 팬이다. 모두가 주목하는 공격수는 아니지만, 팀을 위해 묵묵히 자기 할 일을 하는 박 선수를 좋아한다. 2002년 월드컵 이후에는 세계 최고의 팀인 맨유에서 선수 생활을 했으니 그야말로 전설이라고 할 수 있다. 이런 이유로 회사에서 미래의 나의 모습에 대해 발표할 때면 '20년은 박지성 선수처럼 열심히 일하고 20년 이후에는 히딩크 같은 훌륭한 지도자가 되겠다'라고 말하곤 했다. 하지만, 팬으로서 아쉬운 점도 있다. 바로 중요한 골 찬스에 본인이 해결하기보다는 호날두와 루니에게 패스하는 것이었다. 그러다 보니 결국 팬들은 박 선수보다 골을 넣은 두 선수에 관심이 집중되었다.

최근 이런 박지성 선수와 손흥민 선수 중 '누가 더 뛰어난 선수인가?' 비교하는 행복한 기사를 볼 수 있다. 서로의 특징과 장단점이 다르기에 직접적인 비교는 무리가 있다. 하지만, 두 선수에 대한 평가는 우리나라와 영국에서 조금은 다르게 나타난다. 우리나라에서는 박지성 선수에 대한 평가가 후하다. 축구계의 인맥이 없는 소위 듣보잡에서 히딩크 감독의 선택을 받고 맨유에서 주전으로 자리 잡은 일련의 스토리를 알기 때문이다. 하지만, 영국의 팬들은 다르다. 여러 가지 *객관적인 수치들을 기준으로 박지성보다는 손흥민을 더 나은 선수로 평가한다. 또한, 손흥민은 팀의 간판급 선수지만 박지성은 서브(SUB)라는 평가이다.

---

* 연봉 (손 108억 원, 박 83억 원) / 이적료 (손 1,203억 원 vs 박 89억) / 임팩트 (손 53골 29도움, 박 19골 25도움), 2019~2020 시즌까지 기록

두 선수의 비교는 마치 과거 선배들과 지금의 후배들을 비교하는 것과 같은 느낌이다. 과거의 선배들은 개인보다는 회사를 우선시하며 본인을 희생했다. 최근의 신입사원들은 회사보다는 내가 우선이다. 다른 특징의 두 선수를 비교하는 것처럼 누가 더 낫다고 결정하기는 어려울 것이다. 하지만, 이제는 나를 희생하기보다는 나를 홍보하는 시대가 되었다. 자신을 희생만 해서는 나를 알릴 수가 없고, 영원히 일등이 될 수 없다. 우리 스스로가 주인공이 되어야 한다. 회사도 마찬가지이다. 모든 기업이 일등을 부르짖는데, 회사가 일등이 되려면 직원들이 주체적으로 일하고, 일등이 되어야 할 것이다. 직원들에게는 희생을 강조하면서 회사만 일등이 될 수는 없을 것이다.

우리나라 농구 발전이 더딘 이유
우리나라 선수들은 감독과 선배에 대한 존경심이 너무 크다.
미국에서 선배는 존경의 대상이면서 동시에 뛰어넘어야 할 대상이다.
그들은 자신의 우상을 뛰어넘으려고 노력한다.
코비는 조던을, 르브론은 코비를 뛰어넘으려고 했다.
그래야 스스로 발전할 수 있기 때문이다.
선배를 그저 존경의 대상으로만 생각하면 절대 그들보다 더 잘할 수 없다.
귀화한 농구 국가대표 선수 '라 건아' 선수 인터뷰 편집

인생을 살다 보면 수많은 선택을 하게 된다. 어찌 보면 인생은 태어난 순간부터 모든 것이 선택의 연속이었다. 그렇지만 '초-중-고-대학교-회사'의 과정에서 내가 원한 선택을 한 적이 있었나? 많은 사람들이 원하는 대학이 아닌 점수에 맞는 대학과 전공을 선택한다. 원하는 회사에 수도 없이 떨어지고 원하지도 않은 회사를 어쩔 수 없이 다니고 있다. 그나마, 대기업에 입사한 사람은 회사가 나의 미래이며 꿈이라 생각하고 열심히 근무했을 것이다. 하지만, 그들도 순간순간 불합리한 대우와 계속되는 야근과 주말 출근에 퇴사를 고민한다. 대기업이라는 간판만 아니면 진작에 퇴사했을 것이다.

이제 우리 스스로 인생의 주인공이 되어야 한다. 그게 회사 안에서라면 좋을 것이다. 하지만, 그렇지 못하더라도 실망할 필요는 없다. 우리에게는 회사 말고도 다양한 기회가 존재하기 때문이다. 지금의 직장에서 쿨하게 회사를 떠나라는 이야기가 아니다. 직장은

내 삶을 유지시켜 주는 중요한 수입원이다. 지금의 직장에 충실하면서 퇴근 후, 주말의 여유시간을 활용해 또 다른 수입 파이프라인(PIPELINE)을 찾아야 한다. 이런 과정에서 우리는 내가 좋아하는 꿈에 대해 다시 한번 생각할 수 있을 것이다.

본업 외 다양한 수입 파이프라인을 구축한 많은 사람은 이 과정에서 회사에 더 집중할 수 있게 된다고 말한다. 부업에만 집중하면 회사에 미안한 마음이 생기기 때문에 전보다 더 열심히 일한다는 것이다. 전에는 회사일에 열의없이 퇴근 시간만 기다렸다면 이제는 진심을 다해 노력하게 된다고 한다. 오히려 부업이 회사의 발전에 도움이 된다고도 말한다. 일에 대한 자신감과 열정이 생기면서 주인의식을 가지고 일하게 되었고, 회사의 문제점도 솔직히 말할 수 있다는 것이다. 이렇게 나의 발전은 회사의 성장으로도 확장된다.

다가올 미래는 회사생활만으로 대비할 수 없다. 스스로 좋아하는 것과 잘하는 것에 대해 진지하게 고민해야 한다. 지금 당장 새로운 수입 파이프 라인을 찾기 위해 노력해보자.

PART 02

'N잡러'들은 단순한 부업을 넘어 새로운 직업을 창출해내고 있습니다.
나와 같은 평범한 직장인에서 다양한 시도로 삶을 바꾸어 나가는 이들의 성공스토리를 소개합니다. 이들의 능동적인 도전의 과정을 알아보며, 여러분도 새로운 시대의 주인공이 되길 바랍니다.

성공한 N잡러가 되기 위한
수익 파이프라인 만들기

01 SNS를 통한 수익 파이프라인 만들기
02 지식창업을 통한 수익 파이프라인 만들기
03 e-커머스를 통한 수익 파이프라인 만들기
04 공유 경제를 통한 수익 파이프라인 만들기
05 취미&관심사를 통한 수익 파이프라인 만들기

01
SNS를 통한 수익 파이프라인 만들기

1 _ 유튜브

직장인이여 유튜브 하자!

요즘의 대세 트렌드는 유튜브다. 출퇴근하는 전철에서, 점심을 먹으면서, 커피를 마시면서도 유튜브를 본다. 유튜브에는 기존 방송 매체인 TV, 라디오와 다른 재미와 매력이 있다. 이렇게 유튜브의 인기가 올라가면서 많은 사람이 채널을 개설하고 있다. 기존에 유명한 유튜버들은 1인이 아닌 기업형으로 바뀌고 유명 연예인들까지 유튜브에 진출했다. 이제 유튜브는 포화 상태이고 일반인이 유튜브에서 성공하는 것은 불가능하다고 말한다. 그럼 직장인들이 유튜브에서 성공하는 것은 불가능할까? 결론부터 말하면 아직 늦지 않았다. 도전해 볼 만하다.

유튜브의 인기가 높아지면서 이전보다 참여자가 많아진 것은 사실이다. 하지만 경쟁이 심해졌다기보다는 시장이 커졌다고 보는 것이 맞다. 예를 들어 기존 뷰티 유튜버의 구독자가 100만 명이라고 했을 때, 새로운 뷰티 유튜버의 구독자가 100만 명이 되었다고 해서 기존 뷰티 유튜버의 구독자가 0명이 되지는 않는다. 두 유튜버 모두 구독자 100만 명을 유지하는 것이다. 유튜브 세계에서는 서로 뺏고 뺏기는 경쟁의 구도가 아니다. 기존 관심 채널에 한 번 구독한 구독자는 다른 채널을 구독하기 위해 탈퇴하지 않는다. 두 채널에 관심을 두고 두 군데에 구독을 유지한다.

이는 콘텐츠가 새롭고 시대 흐름에 맞는 내용이라면 나도 100만 유튜버가 될 수 있다는 이야기이다. 흔히 말하는 '떡상'(원래는 주식 용어로 갑자기 상승하는 주식을 의미하지만, 유튜브에서는 갑자기 조회수가 폭발적으로 증가한 영상에 쓰임) 한 영상은 꼭 100만 유튜버에게만 있는 일이 아니다. 유튜브에서는 일반인 유튜버가 조회수 '떡상'을 치는 경우를 흔히 볼 수 있다. 100만 유튜버도 구독자가 많지 않았을 때 조회수가 '떡상'하면서 100만 유튜버로 접어든 경우가 많이 있다. 물론 유튜브를 통해 당장 큰 돈을 벌기는 어려울 수도 있다. 하지만 회사에 얽매인 지루한 일상에 활력을 불어넣어 줄 것이다. 유튜브를 통해 새로운 인연들을 만날 수 있으며, 새로운 기회들이 생길 것이다.

스마트폰의 증가로 모바일 영상 시장은 지속해서 성장하고 있으며 유튜브도 아직 성장 중이다. 시간이 지나 유튜브도 예전에 싸이월드가 그랬던 것처럼 새로운 플랫폼으로 대체될 수도 있다. 하지만, 아직 유튜브를 대체할 만한 것은 나오지 않았다. 앞으로도 유튜브 이용자와 이용시간은 계속 증가할 것이며 콘텐츠도 더 다양해질 것이다. 모두가 유튜브 세계에서 성공할 수는 없어도 누구에게나 기회는 열려 있다. 혹시라도 내가 올린 유튜브 영상이 '떡상'을 쳐서 퇴사의 꿈을 이루게 될지도 모를 일이다. 하루빨리 누구에게나 주어진 이 넓은 땅에 씨앗을 뿌려 부자가 될 기회를 잡을 수 있기를 바란다.

❶ 직장인이 유튜브를 못하는 이유

유튜브에 무한한 가능성이 있다고 해도 직장인이 유튜브를 시작하는 것이 쉬운 일은 아니다. 직장인들은 왜 유튜브를 하지 못하는 것일까?

첫 번째는 유튜브에 대한 막연함과 너무 잘 하려고 하는 마음 때문에 아예 시작하지 못한다.
두 번째는 영상에서 보이는 어색한 내 모습과 다른 사람에게 내 얼굴이 공개되는 두려움이다.
세 번째는 회사업무로 피곤하고 힘들어 유튜브 할 시간이 없다는 것이다.

이제 문제들을 하나씩 해결해보자. 문제들을 해결하면 유튜브를 시작하기가 좀 더 수월할 것이다.

첫 번째 문제 해결하기
'천릿길도 한 걸음부터'라는 옛말이 있듯 일단 시작을 해야 한다. 유튜브 세계에서 우리는 초보자라는 것을 인정해야 한다. 이등병이 병장처럼 일을 잘 할 수 없고 초등학생이 대학생보다 똑똑할 수 없지 않은가? 초보자의 마음으로 하나씩 알아갈 필요가 있다. 유튜브를 시작하는 프로세스는 '채널개설 – 주제선정 – 촬영 – 편집 – 업 로드'이다. 우선 채널 개설하기부터 시작해보자. 구글이나 네이버에 '유튜브 채널 만들기'를 검색하면 쉽게 채널 개설하는 방법에 대해 알 수 있다. 유튜브에서 제공하는 가이드 영상도 있고, 우리말로 된 많은 영상과 포스트들이 있다.

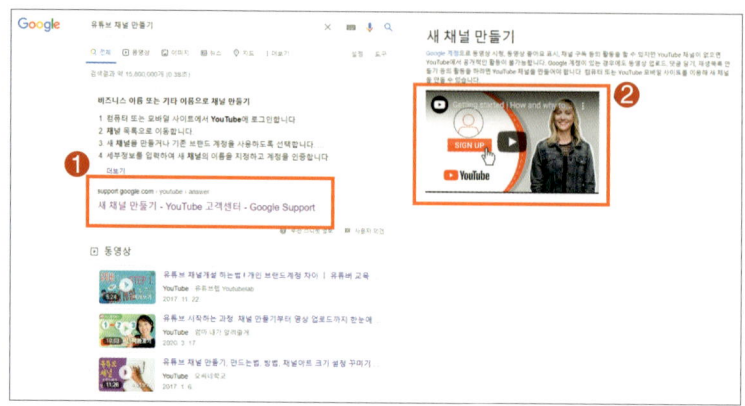

▲ 유튜브 채널 개설하기

채널을 개설한 후에는 유튜브에 대한 전반적이고 체계적인 공부가 필요할 것이다. 우선은 유튜브에서 무료로 제공하는 '크리에이터 아카데미'를 통해 하나씩 배워 나가 보자. 유튜브에서 제공하는 교육 프로그램만 따라 해도 유튜브를 시작하는 것이 어렵지 않을 것이다. 이렇게 유튜브에 대해 이해하고 난 후 책을 구매하거나, 유료 강의를 들어도 늦지 않다. 시중에 유튜브 섬네일, 영상 제작까지 해주는 업체들이 있지만, 일단은 스스로 배우고 익혀보자.

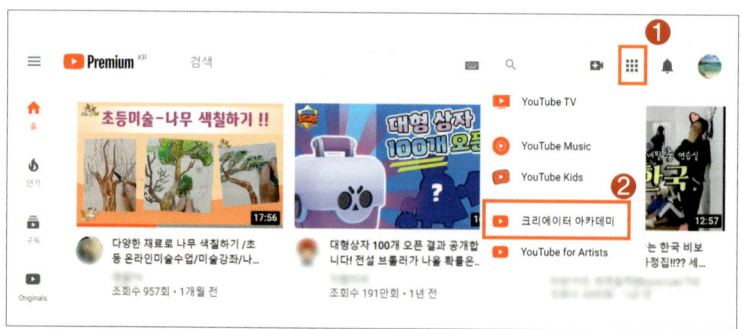

▲ '크리에이터 아카데미'를 통한 공부하기

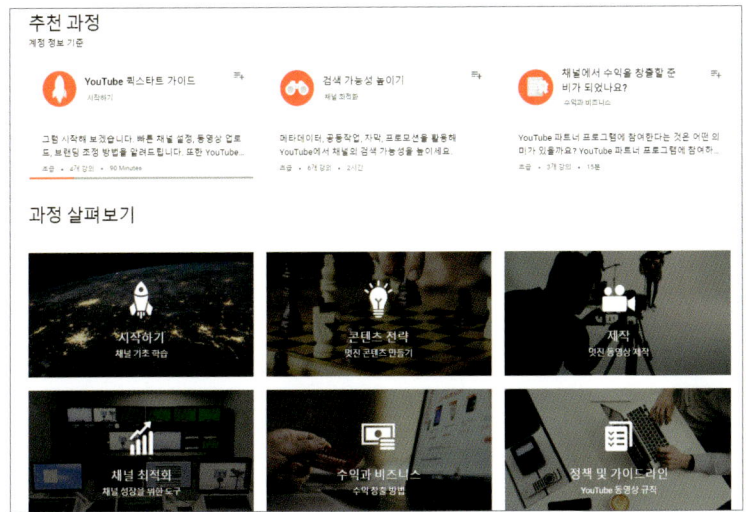

두 번째 문제 해결하기

'구더기 무서워서 장 못 담글까?'라는 속담이 있듯이 우리는 일어나지도 않은 일에 대한 걱정으로 시작조차 못 하는 경우가 많다. '유튜브 했다가 회사에서 잘리는 거 아니야?'라고 걱정하는 사람들이 있다. 유튜브 한다고 처음부터 대박이 나서 사람들이 나를 알아볼 가능성은 크지 않다. 유튜브에서 수익이 창출되려면 1,000명의 구독자와 4,000시간의 시청시간이 있어야 한다. 그전까지는 수익이 일어나지 않으니 겸업도 아니다. 혹시라도 구독자가 1만 명이 넘어가고 내가 올린 영상이 대박이 나면 그때 가서 고민하면 된다. 그래도 부담이 되어서 못하겠다면 다음의 방법들을 사용해 보자.

- 목소리만 나오는 방법이다.

책을 읽어주거나, 최신 시사 뉴스를 공유하는 채널에서 많이 쓰는 방법이다. 영상 제작을 위한 콘텐츠를 구하기도 쉽고 편집도 많이 필요 없어 직장인이 하기에 적당하다. 참고할 만한 채널은 체인지그라운드(구독자 93만 명), 책그림(구독자 43만 명), 유튜브 읽어주는 남자(구독자 32만 명) 등이 있다.

- 가면, 마스크, 선글라스 등을 끼고 나오는 방법이다.

첫 번째 방법보다 조금 더 구독자에게 다가갈 수 있고 서로 소통할 수 있는 장점이 있다. 아이폰을 사용하고 있다면 '아이폰 미모지' 기능을 사용하면 나만의 캐릭터를 만들어 촬영할 수도 있다. 참고할 만한 채널은 알간지(구독자 60만 명), U.M.A.우마(구독자 88만 명) 등이 있다.

- 신체 일부만 나오는 방법이다.

요리 채널이나, 그림 채널 등에서 많이 사용되는 방법으로 손재주를 활용하는 채널과 제품 리뷰 채널을 생각하고 있다면 이 방법을 사용하면 좋겠다. 참고할 만한 채널은 하루한끼(구독자 404만 명), 사나고(구독자 280만 명), 이연.LEEYEON(구독자 51만 명) 등이 있다.

- 나 이외에 주변을 이용하는 방법이다.

반려동물과 함께하는 생활을 하고 있거나, 아이가 있는 상황에 해당한다. 반려동물과 함께하는 영상은 불과 몇 년 사이에 급성장하고 있는 콘텐츠다. 키즈 분야 역시 유튜브 정책의 변화로 수익이 감소한 면이 있지만, 여전히 수요가 많은 시장이다. 내 목소리나 손조차도 나오기가 창피하다면 이 방법을 사용해 보자. 참고할 만한 채널로는 크림히어로즈(구독자 385만 명), 말이야와 친구들(구독자 216만 명) 등이 있다.

세 번째 문제 해결하기

아직 직장인 유튜버의 수가 많지 않지만, 그들의 등장으로 '주경야유'(낮에는 업무에 집중하고 밤에는 유튜버를 한다)라는 신조어가 생겨났다. 일상 V-log를 찍는 직장인 유튜버들은 출퇴근 시간을 활용해 하루 2개의 영상(출근길, 퇴근길)을 촬영하기도 한다. 이제 주 52시간 근무제의 정착으로 저녁 시간과 주말은 온전히 나만의 시간을 가질 수가 있다. 온종일 업무 후 집에 오면 피곤하겠지만 미래에 대한 투자라 생각하고 1일 1영상에 도전해 보자.

성공한 유튜버들에게 어떻게 영상이 대박이 났는지? 물어보면 본인도 모르는 경우가 많다. 괜찮다고 생각했던 영상은 조회수가 적고, 생각지도 못한 영상에서 조회수가 터지는 경우가 많다. 어디에서 대박이 터질지 아무도 모른다. 영상의 품질도 중요하지만 영상의 수도 중요한 이유다. 특히, 유튜브를 시작하는 시점에는 콘텐츠의 질보다는 양이 중요하다. 영상이 한두 개밖에 없는 채널이라면 아무리 영상이 좋아도 구독을 누르는 사람은 많지 않기 때문이다.

❷ 나만의 채널 정체성 및 주제 선정하기

초보 유튜버들에게 가장 어려운 것이 바로 주제 선정이다. 그동안 수많은 영상을 시청해 왔지만 내가 영상을 제작하려면 주제 선정하기부터 쉽지가 않다. 그러면 유튜브의 주제는 어떻게 정해야 할까?

첫 번째는 내가 좋아서 할 수 있는 것이 무엇인지를 생각해봐야 한다. 내가 좋아하는 것을 주제로 선정해야 지치지 않고 즐기면서 콘텐츠를 만들 수 있기 때문이다. 초기에 유튜브가 안정적으로 자리 잡기 위해서는 얼마나 끈기 있게 지속해서 영상을 올리느냐가 중요하다. 유튜브 알고리즘상 새로 개설한 채널의 영상이 많이 노출되도록 설정되어 있다. 초반에 끊김 없이 영상을 올려 구독자를 확보해야 한다. 여기서 한가지 고려할 점은 내가 좋아하는 것을 하되 나만 좋아하는 것을 하면 안 된다는 것이다. 육아를 주제로 채널을 개설한 유명 연예인은 구독자 1만명을 간신히 넘겼다. 이미 TV의 많은 육아 프로그램에 지친 시청자들이 유튜브에서까지 보고 싶지 않았던 것이다.

두 번째는 내가 남들보다 잘 할 수 있는 주제를 선정하는 것이다. 이렇게 남들보다 잘할 수 있는 컨텐츠들은 구독자들에게 실질적인 도움을 줄 수 있기에 채널의 성장도 매우 빠르다. 더 많이 알고 경험했기 때문에 차별화가 될 수 있다. 최근 의사, 약사, 변호사 등 전문 직종의 유튜버들이 늘어나고 있다. 해당 분야에 전문지식을 갖고 있다 보니 차별성과 신뢰성을 확보할 수 있었다. 구독자 64만 명의 '닥터 프렌즈'는 우리가 궁금해했던 것을 의학적 지식을 바탕으로 쉽게 설명해준다. (CII '코 잡아당기면 오똑해진다는 엄마 말은, 사실일까?' 등) 이런 주제는 양질의 컨텐츠를 만들어 내는 데에 큰 장점이 된다.

세 번째는 내 채널 분야에 대한 시장조사와 경쟁 채널을 벤치마킹하는 것이다. 내가 활동할 분야가 '요리'로 정했다면 기존에 인기 있는 '요리' 유튜버들의 영상 중 조회수가 높은 영상과 낮은 영상에 대한 이유를 분석해봐야 한다. 그리고, 조회수가 높은 영상의 성공 포인트에 맞추어 모방해서 영상을 찍어본다. 이렇게 모방을 하면서 계속 연습을 해보자. 어느 정도 익숙해지면 이제는 콘텐츠를 살짝 틀어보는 것도 괜찮다. (CII 조회수 8천만 명의 기록한 '계란볶음밥 만들기' 영상을 '조회수 8천만 명의 볶음밥 내가 하면 왜 맛이 없을까?' 로 바꾸어 나만의 비법 등을 추가해서 소개)

❸ 유튜브 영상 찍고 올리기

유튜브를 하겠다고 마음먹고 선뜻 시작하지 못하는 이유 중에 촬영 장비가 비싸기 때문인 경우가 의외로 많다. 이름도 복잡한 장비들에 1천만원씩 하는 가격을 보고 시작도 전에 포기해버리는 것이다. 하지만, 직장인 유튜버라면 고가의 장비는 필요가 없다. 우선 스마트폰으로 촬영해보자. 굳이 장비를 사야 한다면 10만원 정도의 마이크와 삼각대만 있어도 충분하다. 구독자 10만 명이 넘는 유튜버 중에 아직도 스마트폰을 활용해 촬영하는 사람들이 많이 있다. 그러니 장비 걱정은 하지 말고 지금 당장 촬영을 시작해보자. 다음은 직장인 초보 유튜버들이 고려할 사항들이다.

- 적절한 유튜브 영상의 길이는 어느 정도가 좋을까?

콘텐츠마다 다르므로 정답은 없겠지만, 채널 개설 초반에는 5분 정도 영상이 좋겠다. 유튜브 시청자들의 평균 시청시간은 3~5분 사이이다. 그러니 굳이 10분 이상의 긴 영상을 제작하기 위해 스트레스를 받을 필요는 없다. 단지 유튜브에 어느 정도 익숙해지고 구독자가 생긴 다음에는 8분 이상의 콘텐츠 제작을 고려해보자. 8분 이상 영상에는 중간 광고를 넣을 수 있어 더 많은 수익을 낼 수 있기 때문이다.

- 제목은 키워드 중심으로 적자.

제목은 시청자가 내 영상을 찾아오게 하는 중요한 요소이기 때문에 신중하게 작성해야 한다. 반포 서래마을의 중국집에서 20~30대 단체 손님이 찾아오도록 광고를 한다면 어떻게 해야 할까? 20~30대 손님은 '서래마을 중국집', '수요미식회 중국집' '서래마을 단체 주차 가능 중국집' 등을 찾아볼 것이다.

"강남에서 가장 오래된 50년 역사와 전통의 중국인 화교가 직접 운영하는 중국집" (X)

"수요미식회 소개된 서래마을 중국요리 맛집, 20명 이상 단체 및 주차 가능" (O).

제목은 우리 영상을 찾아오게 하는 광고이기 때문에 시청자가 검색할 만한 키워드 중심으로 작성해야 한다.

- 섬네일은 자극적이어야 한다.

섬네일은 왜 중요할까? 섬네일은 찾아온 손님이 비싼 요리를 고르게 하는 메뉴판과 같다. 우리가 팔고 싶은 요리에 대해 아무런 설명이 없다면 손님은 짜장면, 짬뽕만 찾을 것이다. 손님이 비싼 요리를 선택하기 위해서는 맛있고 선명한 사진과 큰 글씨로 되어 있어야 한다. 섬네일은 시청자가 호기심을 끌 수 있도록 다소 자극적일 필요가 있다.(**예**) 해신탕 5만원 VS 해신탕 사진 + 진시황제만 먹었다는 '황제 해신탕' 5만원)

- **편집 프로그램은 무료 vs 유료 어떤 것이 좋을까?**

시중에 편집 프로그램은 너무나 많고 각각의 특성이 있어 어떤 것이 좋고 나쁨을 말하기는 어렵다. 단지 무료 프로그램은 무료 사용 기한이 7~30일 정도로 정해져 있다. 편집 후 워터마크가 찍히고 편집 기능이 제한적이기 때문에 유료 프로그램을 사용할 수밖에 없다. 초반에 여러 가지 무료 프로그램을 하나씩 써보고 나에게 맞는 프로그램을 선택하면 될 것이다. 스마트폰으로 편집한다면 아이폰 기본앱인 아이무비나 VLLO앱 등을 통해 간단한 편집은 무료로 할 수 있다.

- **매주 1개 영상 이상은 업로드하자.**

앞서도 이야기했지만, 유튜브는 신규 채널의 영상을 우선하여 노출해준다. 그러므로 채널 개설 초반에 최대한 많은 영상을 올려 구독자를 모아야 한다. 직장인은 매일매일 영상을 찍고 올리기가 쉽지 않다. 가능하면 채널을 개설하기 전에 틈틈이 영상을 찍어 재고를 확보하자. 그리고 일주일에 2~3개의 영상을 꾸준하게 올리는 방법을 선택하자. 유튜브를 시작하기 전 재고 영상은 30개 정도를 확보해 놓자.

성공사례 1 _ 그림 배우러 왔다가 인생을 배우는 채널 "이연. LEEYEON"

'이연.LEEYEON' 채널은 1년여 만에 구독자 40만명을 보유한 그림 채널이다. 다른 채널처럼 철저한 준비를 통해 시작되지는 않았다. 그저 재미로 시작한 유튜브 채널이 시청자의 관심을 받으며 갑작스럽게 소위 떡상을 했다. 그런 의미에서 부업으로 유튜브를 생각하는 직장인들에게 희망이 되는 채널이다. 물론 '운 좋게 성공한 채널에서 배울 점이 뭐가 있을까? 나는 미술에는 관심이 없으니 나와는 상관이 없겠네' 라고 생각할 수도 있다. 하지만, 그의 채널은 미술을 잘 모르는 필자가 보기에도 재미가 있다. 이런 매력 있는 채널을 알아보고 분석하는 것만으로도 초보 직장인 유튜버에게 또 하나의 가능성을 열어줄 것이다.

이연.LEEYEON의 채널의 운영자는 이연수씨로 92년생 29살의 밀레니얼 세대이다. 그는 대학에서 조형예술학과를 전공했지만, 취업을 위해 시각디자인을 부전공했다. 대학을 졸업한 후에는 중소기업 디자이너와 프리랜서로 일해왔으며, 최근에는 스타벅스 상품 디자이너로 근무했다. 그가 유튜브를 시작한 것은 직장을 그만두고 프리랜서로 일할 때였다. 평소에도 인스타그램 라이브 방송을 즐기던 그는 방송을 다시 보고 싶다는 이웃들의 제안으로 유튜브를 시작했다.

다른 유튜버들처럼 큰 목표를 갖거나, 채널 성공을 위한 전략적 기획은 없었다. 어릴 때부터 늘 그림을 그려왔고, 직업도 미술 관련 일을 해왔기에 다른 주제는 생각해보지 않았다. 자연스럽게 평소 그리던 그림과 생각들로 콘텐츠를 만들어 갔다. 그렇기에 처음 몇 달은 구독자 몇백 명을 보유한 작은 채널이었다. 그런 그의 유튜브가 크게 성장한 것은 열 번째 영상인 '겁내지 않고 그림 그리는 10가지 방법'이 큰 호응을 얻게 되면서부터였다. 1,000명도 안 되던 구독자가 하루 만에 2,000명을 넘기고 며칠 만에 몇만 명이 되었다.

당시에는 그림 유튜브 채널이 많지 않았지만, 그렇다고 적은 것도 아니었다. 이미 수십, 수백만의 구독자를 보유한 유명 그림 채널들이 존재하고 있었다. 그는 이 영상이 왜 터졌는지 아직도 정확히 모르겠다고 한다. 그저 유튜브의 성장과 지금 자신의 상황이 신기할 뿐이라고 이야기한다. 하지만, 그의 채널은 전문적인 교육 채널이나, 그림 그리는 과정을 감상하는 힐링 미술 채널과는 또 다른 차별점이 있다. 또한, 채널을 성장시키는 과정은 직장생활을 겸업하며 이루어졌기에 N잡을 꿈꾸는 직장인들에게 큰 의미가 있다.

기존 Player와 차별화되는 나만의 스타일을 만들기
　기존의 그림 채널은 작가 수준의 그림이 완성되어가는 과정을 보면서 마음을 힐링하거나, 그림 그리는 방법을 전문적으로 알려주는 채널이었다. 두 종류의 채널 모두 시청자와 소통이 매우 적은 정적인 특징이 있었다. 하지만, 그의 채널은 자신만의 감성이 드러나는 그림영상과 함께 자신의 생각을 담담하게 표현한다. 그는 유튜브가 성공하기 위해서는 어떤 방식이 되었던 시청자들에게 도움이 될 만한 콘텐츠를 제공해야한다고 이야기한다. 수많은 영상들 속에서 시청자의 선택을 받기 위해서는 재미가 있거나 도움을 줘야 한다는 것이다. 그렇게 그는 그림과 함께 시청자들에게 도움이 되는 이야기를 자신만의 스타일로 담아내기 위해 노력했다. 그가 영상에서 전하는 이야기들은 크게 3가지로 분류할 수 있다.

첫 번째는 그림과 관련된 사람들을 위한 다양한 그림 이야기를 전달한다.
　그림을 그리는 노하우와 미술도구 소개 등 그림을 시작하고 싶은 사람들이 궁금해할 만한 이야기를 한다. 그의 성공의 시작이 되었던 '겁내지 않고 그림 그리는 10가지 방법(조회수 91만)', '다이소 미술도구 리뷰(조회수 175만)'는 이들의 많은 공감을 받았다. 전공자에게는 특별하지 않은 이야기이지만 그림을 시작하는 초심자들에게는 매우 유익한 정보가 된 것이다. 그는 누구나 살아온 과정에서 또는 본업을 하면서 자신만의 소중한 경험이 있다고 생각한다. 그리고, 해당 영역에 초심자는 항상 존재하기 때문에 자신의 경험을 이야기하는 것이 바로 유튜브 주제가 될 수 있다고 말한다. 자신에게는 기본이 되는 당연한 정보가 그들에게는 매우 소중한 정보가 될 수 있다는 것이다.
　또한, 미술전공을 꿈꾸거나, 미술 전공자들이 공감할 만한 이야기를 한다. '미대는 어떻게 가죠? 미대 졸업하면 뭐 하고 살까?', '미술학원 보조강사 했던 후기' 등 그와 비슷한 고민을 하는 후배들, 또 동종 업계의 사람들도 공감할 수 있는 이야기를 솔직하게 풀어나간다. 중학교 때부터 미술을 해온 그의 경험과 이야기는 미술전공을 꿈꾸는 후배들에게 많은 공감을 받았다. 미술을 좋아하지만, 먹고 살기가 힘들 것이라 걱정하는 그들에게 그의 솔직한 이야기는 많은 도움과 위로가 되었다. 이렇게 미술 전공자들뿐만 아니라 미술에 관심이 있는 다양한 사람들의 관심을 받으며 그의 채널은 빠르게 성장할 수 있었다.

두 번째는 그만의 철학적 시선이 들어간 인생 이야기이다.

그의 영상을 보면 미술은 물론 영화, 음악, 철학 등 다양한 분야에 깊은 관심이 느껴진다. 미술에만 국한되지 않은 일상의 관심 있는 모든 분야가 이야기 주제가 된다. 그가 읽었던 책의 문구, 예술가들이 남긴 명언 등 영감을 주는 다양한 이야기들을 인용하고 자신만의 생각을 녹여낸다. 한 예로 상상력, 창의력이란 과연 무엇인가? 라는 독자의 물음에 "난 비범한 것을 찾아다니지 않고 평범한 것을 비범하게 만든다"라는 사진작가 에드워드 웨스턴의 말을 소개하면서, 아래와 같이 이야기했다.

"우리가 담고 있는 세계, 담고 있는 생각은 거기서 거기일지 몰라도 존재야말로 새로움입니다. 그런 당신 손끝에서 나오는 그림은 당신이 만들어 내지 않으면 존재하지 않을 그림입니다. 그러니 뭐든 만들어 내세요. 거기서 진정 우리가 원했던 깊은 새로움이 나옵니다."

이러한 철학적 사유가 있는 이야기들은 그의 그림 영상과 연결되어 보는 이의 흡입력을 높인다. 또한, 독자들의 마음에 많은 여운을 남기며, 다른 그림 채널과 차별성을 가진다.

세 번째는 누구나 공감할 수 있는 소소한 일상과 고민에 관한 이야기이다.

자전거를 타고 수영을 하는 시시콜콜한 하루의 일상뿐만 아니라, 직장인&프리랜서로 겪었던 다양한 경험과 생각들을 전한다. 누구나 한 번쯤은 고민하고 걱정하지만 쉽게 답을 얻지 못한 주제들에 대해 나름의 해답을 찾고 방법을 제안하기도 한다. '반복되는 지겨운 삶 벗어나는 방법', '남들이 부러울 때 열등감에 대처하는 방법' 등 나의 마음과 자세에 대해 그만의 말투와 감성으로 이야기해준다. 그림과 관련된 영상이 아닌 일상의 평범한 주제와 고민들을 자신의 소신으로 정리하고 풀어가는 과정은 그의 콘텐츠가 갖는 또 다른 매력이다. 또한 이런 영상들은 시청자들의 적극적인 참여(구독, 좋아요, 댓글)를 유도하고 소통을 이끌어내었다.

밀레니얼 세대와 직장인을 모두 품는 채널(점차적인 타겟 확장)

일반적으로 그림 채널의 타겟 시청자는 그림과 관련된 일을 하는 사람이라고 생각할 것이다. 하지만, 가장 많은 구독자를 보유한 채널들은 아이러니하게도 그림 그리는 영상을 시청하며 힐링하는 채널이다. 이렇게 힐링하는 그림 채널이 많다는 것은 그만큼 우리의 삶이 힘들기 때문이다. 사람들은 일상에서 오는 스트레스를 풀고 마음의 안정을 찾기 위해 무언가가 필요한 것이다. 이연 채널의 성공은 의도했든 의도치 않았든 이런 시청자들의 마음을 읽고 그에 맞는 영상을 선보였기 때문이다. 초기에는 그림을 배우고 싶거나 좋아하는 사람이 타겟이었지만, 점차 그림과 관련 없는 일반인으로 타겟이 확장되었다.

우선은 그에게 익숙한 20대, 90년생의 밀레니얼 세대의 고민을 담아내고 대변한다. 기성세대는 밀레니얼 세대를 큰 고생 없이 편하게 산다고 생각하지만, 그들 세대 역시 걱정과 고민이 있다. 성실하게 공부를 하고 대학을 졸업해도 취업은 어려워지고 경쟁은 더 심해졌다. 기성세대의 생각과는 달리 나름대로 힘들고 치열하게 치열하게 살아가며 또 다른 고민이 있다. 그는 같은 밀레니얼 세대로서 이러한 고민들을 이야기한다. 그들보다 조금 먼저 경험한 이야기들을 풀어가며, 밀레니얼 세대의 큰 공감을 끌어내었다.

밀레니얼 세대는 분명 기성세대와 다른 특징이 있다. 그들은 직장에서의 성공보다는 본인의 생활과 행복이 중요하다. 일과 개인은 철저하게 분리하길 원하며 퇴근 후에는 자신만의 취미 생활을 즐긴다. 이런 그들에게 회사는 정말 답답한 공간일 것이다. 아직도 많은 회사에는 상하관계가 존재하며 불공평한 일들도 많기 때문이다. 선배들은 이런 불편과 불공정을 참아야 한다고 생각하지만, 밀레니얼 세대는 그들의 생각을 표현하고 싶어한다. 그 역시 자신의 생각을 거침이, 자유롭게 표현한다. 기성세대는 종종 20대인 그에게 젊은 사람이 인생 이야기를 한다고 핀잔을 주기도 한다. 하지만, 40~50대만 인생에 고민이 있는 것은 아니다. 그는 '20대도 인생에 대해 이야기할 수 있지 않느냐?' 라고 되묻는다.

사실 그가 하는 삶의 이야기는 기성세대가 느끼기에 새로운 것은 아니다. '나를 사랑하려면 스스로를 먼저 봐야해요', '더 이상 손해보지 마세요, 거절의 5가지 방법' 등은 기성세대들이 살면서 수없이 들어왔던 이야기이다. 하지만, 이런 그의 이야기가 차별화가 되는 것은 바로 밀레니얼 당사자가 하는 이야기이기 때문이다. 부모님이 공부하라고 말하는 것은 아이들에게 와 닿지 않지만, 또래의 선배가 이야기하는 것은 다르다. 고등학교 때 좋은 대학에 입학한 선배들이 찾아와 한 번씩 조언하고 가는 것이 선생님의 말씀보다 더 효과가 있는 것과 같다. 같은 세대의 선배가 대학을 졸업하고 경험한 이야기가 그들에게 더 와닿는 것이다.

또한, 그의 영상은 30대이상의 직장인에게도 많은 공감을 받고 있다. 그는 직장인과 프리랜서로서의 경험이있기 때문에 그들의 고충을 잘 이해한다. 이러한 공감대 형성으로 직장인의 고민에 대한 다양한 이야기를 들려주며 삶에 대한 새로운 자세를 제시한다. 보통의 직장인은 취업 후 10년 차 정도가 되면 새로운 도전을 하기가 어려워진다. 직장에서 내 생각을 말하고 관철시키기 보다는 상사와 회사에 모든 것을 맞춰간다. 가족의 생계를 위해, 돈을 벌기 위해 어쩔 수 없는 과정이라 생각한다. 회사가 없으면 나의 미래도 없기에 회사를 위해 몸과 마음을 바친다. 하지만, 그는 회사에 나를 맡기기 보다는 자신이 주도하는 삶을 선택했다.

중소기업과 프리랜서 생활을 거쳐 많은 사람이 꿈꾸는 외국계 대기업에 들어갔지만, 다시 퇴사를 결정했다. 그리고, 퇴사하기 위해 1년여를 준비하고 실행으로 옮겼다. 유튜브가 성장한 것도 있었지만, 그것만으로 퇴사를 결정한 것은 아니었다. 유튜브 수입은 불안정하기에 안정적인 수입 구조를 만들고 퇴사를 실행했다. 그는 말로만 이야기하지 않고, 실제 자신이 원하는 방향의 길을 걸어가고 있다. 이렇듯 꿈을 현실로 이루어가는 그의 모습에 많은 직장인들이 대리만족을 느끼고 응원을 하는 것이다.

유튜브는 처음이지만 오랜 기간 준비된 채널

많은 사람들은 그가 남들과 차별되는 특별한 재능이 있었기에 유튜브에서 성공한 것으로 생각한다. 하지만, 그는 지극히 평범한 그림 실력을 갖췄다고 말한다. 일반인이 보기에는 매우 잘 그리는 그림이지만, 전문가로서는 평범한 수준이라고 솔직하게 이야기한다. 회사에서도 실력이 매우 뛰어난 디자이너가 아니라는 것이다. 다행히도 유튜브에서는 최고의 실력을 갖춘 사람만이 성공하는 것은 아니다. 오히려 그의 유튜브가 성공한 것은 뛰어난 그림 실력보다는 SNS와 소통에 익숙했기 때문이다. 유튜브를 한 것은 1년 남짓이지만, 오랜 기간 블로그와 인스타그램 등을 통해 자기 생각을 표현해왔다. 무명의 시간이 길었을 뿐 그의 성공은 오랜 시간 준비되어 있었다.

그는 유튜브를 하기 전에 이미 인스타그램 라이브를 통해 오랫동안 이웃들과 소통을 해왔다. 유튜브를 처음하는 사람들과 달리 얼굴이나 목소리를 노출하는데 어색함이 없었다. 이런 이유로 여타의 유명한 그림 채널과 달리 시청자와 적극적인 소통에도 문제가 없었다. 다른 그림 채널은 많은 구독자를 보유하고 있지만, 시청자와 크리에이터 간에 괴리가 존재한다. 구독하고는 있지만, 크리에이터는 현실 세계의 사람이 아닌 연예인으로 인식되는 것이다. 반면에, 그는 일상의 고민과 질문들을 진정성 있는 조언으로 다가가기에 구독자와 친밀도가 매우 높은 편이다. 게다가, 유튜브에 국한하지 않고, 인스타그램에서도 활발하게 라이브 방송을 하고 있다. 이렇게 구독자와 적극적으로 소통하기 때문에 진정한 이웃과 팬을 보유할 수 있었다.

▲ 인스타 라이브를 통해 팔로워들과 적극적인 소통 진행

종종 "유튜브에 얼굴을 노출하는 것이 부끄럽지 않으냐?"는 질문을 듣는다. 오히려 그는 자신을 표현하고 시청자와 소통하는 것을 즐긴다. 유튜브 하기를 두려워하는 사람들은 얼굴이 나오고 회사 사람이 알게 될까봐 걱정한다. 하지만, 우리는 모두 누군가에게 관심 받고 사랑받기를 원하지 않는가? 지금 당장 영상을 올린다고 나를 알아볼 사람은 많지 않다. 혹시 회사에서 나를 아는 사람들이 생긴다면, 그 채널은 어느 정도 성공했다고 볼 수 있다. 그러면 새로운 기회가 생길 수도 있다. 걱정은 접어두고 그때 가서 채널을 더 키울 것인지 접을지를 결정하면 된다.

그는 오랜시간 다양한 SNS 채널을 통해 자신을 노출하고 표현해왔다. 어느 순간 갑자기 성공하는 것은 정말 특별한 상황에 해당한다. 그의 유튜브가 성공할 수 있었던 것은 운도 있었지만, 오랜시간 경험을 통해 성장해 왔기에 가능한 일이었다. 블로그, 인스타를 거쳐 유튜브에서 그의 잠재력이 터진 것이다. 그의 유튜브는 1년이 아니라 10년 만에 성공한 것이라고 할 수 있다. 누구에게나 자신의 성향에 맞는 SNS 채널이 있을 것이다. 그리고 어떤 채널이 나에게 맞는지는 해봐야 안다. 평범한 일반인, 특히 직장인이라면 결과물이 나오기까지 오랜 시간이 걸릴 수밖에 없다. 마음의 여유를 가지고 취미처럼 영상을 찍어보자.

N잡러로 살아가기, 평범함을 거부하다

"예술가는 배고프다." 그림으로 돈을 벌 수 있을까? 많은 사람이 돈도 안 되는 그림을 왜 그리는지 물어본다. 많은 예술가에게 부업은 본업과 같은 존재이다. 그 역시 회사 생활을 하면서 끊임없이 부업을 해왔다. 사실 그의 부업은 중학교 때부터였다. 만화동아리에 들어간 그는 축제 때 애니메이션 팬시 열쇠고리를 팔아 14만원의 인생 첫 수익을 올렸다. 고등학생 때는 교과서 삽화 그림, 대학교 때는 미술학원 보조강사, 다양한 디자인 작업 등으로 돈을 벌었다. 그것이 그의 경력이 되어 본업이 되었다. 그렇게 그림으로도 돈을 벌고 직업을 가질 수 있음을 증명했다.

유튜브 또한 다르지 않았다. 지금은 전업 유튜버로 생활하고 있지만, 유튜브는 직장인인 그에게 가장 큰 부업이었다. 부업은 꼭 돈을 벌어야 가치가 있는 것은 아니다. 스스로를 발전시킬 수 있는 일이라면 결국 자신의 가치가 올라가서 장기적으로 돈을 벌게 될 것이다. 그는 직장인들에게 부업을 꼭 하기를 제안한다. 우리는 일주일 중 5일을 회사에 얽매여 있다. 나의 미래가 확실하게 보장된다면 모르겠지만, 인생의 5/7를 회사에 희생하기는 너무 아깝고 불공평하다는 것이다. 내가 하고 싶은 일을 하는 것은 모든 직장인의 꿈이다. 부업은 그런 의미에서 매우 유용하다. 좋아하는 일을 부업으로 하면 그 일을 본업으로 할지 아니면 겸업으로 할지 판단할 수 있다. 또한, 부업을 하면서 스스로 역량이 발전하고 내 꿈에 한 걸음씩 다가갈 수 있다.

우리는 내가 좋아하는 부업이 본업이 되기를 희망한다. 유튜브에 도전하는 것도 새로운 기회를 찾고 회사로부터의 독립을 꿈꾸기 때문이다. 하지만, 부업이 성공하기 전까지 본업이라는 안전장치가 필요하다. 그는 프리랜서 생활을 하면서 안정적인 본업의 필요성을 절감했다. 부업은 적극적으로 하되, 본업과 부업을 잘 조율해야 서로에게 시너지가 된다. 그는 직장생활과 유튜브를 철저하게 분리하여 본업에 문제가 없도록 했다. 주중에는 온전히 회사에 집중하고 유튜브는 주말에만 진행했다. 또한, 회사업무와 관련된 디자인 콘텐츠는 유튜브에서 제외했다. 초보 디자이너를 위한 디자인 콘텐츠를 만들 수도 있었지만, 유튜브에서는 그림 영상만 제작하여 회사 일인 디자인을 더욱 철저히 분리하였다.

직장인이 부업으로 수입을 내기 위해서는 꽤 오랜 시간이 필요하다. 안정적인 본업이 있어야 부업을 서두르지 않고 하나씩 할 수 있다. 본업은 부업이 성공할 수 있는 원동력이 되는 것이다. 반대로 본업 역시 부업이 있어야 좀 더 의미 있는 회사 생활을 할 수 있다. 우리에게 부업이 있다면 나의 발전은 물론, 회사에 도움이 되는 일이 무엇인지도 생각할 수 있게 될 것이다. 그는 부업이 본업이 되고, 다시 새로운 부업 찾기를 지속해서 해왔다. 이런 과정에서 그에게 가장 적합한 일을 찾을 수 있었고, 성공을 이룰 수 있었다.

'종종 아무것도 없는 상태에서 미술로 성공할 수 있을까요?'라고 묻는데
나도 모르는 미래를 남이 어떻게 알아요? 그건 내가 해야 하고 내가 증명해야 해요.
답을 정해 놓고 그냥 그 길로 가요. 허락은 내가 나에게 하면 됩니다.
어차피 자기 인생 내가 주인공이잖아요. 사장님 마인드로 사세요

막연한 위로가 아닌 때로는 깊이 있는 고찰, 때로는 재기발랄하고 속 시원한 대답, 또 실천으로 보여주는 그의 영상에 많은 시청자들이 공감하며, 채널은 지속적으로 성장하고 있다.

성공사례 2 _ 평범한 직장인의 데일리 패션 룩 '식스타일'

일반적으로 패션 유튜버라고 하면 키도 크고 얼굴도 잘생긴 모델 같은 외모를 생각한다. 패션 분야의 특성상 소위 옷발이 잘 받고 남들에게 어필하기 위해서는 외모가 기본이기 때문이다. 이들은 남들보다 뛰어난 감각과 독특함으로 많은 구독자를 보유하며 인기몰이를 하고 있다. 이런 패션 유튜버들 사이에서 '식스타일'은 비교적 평범한 외모로 꾸준하게 사랑을 받고 있다. 그는 전업 모델이나 패션 종사자가 아닌, 사회복지 업무를 하는 지극히 평범한 직장인이다. 전업 전문가도 살아남기 힘든 패션 분야에서 그의 채널은 어떻게 도태되지 않고 꾸준함을 유지할 수 있었을까?

사실 그는 학창시절부터 외모에 열등감을 가지고 있었다. 외모에 자신감이 없다 보니, 다른 사람의 시선을 의식하고 모든 일에 자신감이 떨어졌다. 대학 입학 후 그는 조금씩 자신을 바꾸어 나갔다. 안경을 벗고 마른 체형을 보완하기 위해 옷을 코디하기 시작했다. 처음에는 연예인 사진을 보면서 따라 하는 수준이었지만, 이후 계절별로 자신에게 어울리는 의상을 찾아냈다. 패션은 자신의 부족한 부분을 개선하기 위한 선택이 아닌 필수가 되었다. 예전과 달라진 모습과 사람들의 호의적인 반응에 자신감을 회복할 수 있었다.

그가 유튜브를 시작한 것은 우연히 해외 출장 보고서를 영상으로 제작하면서였다. 2달 동안 독학으로 영상 공부를 했지만, 출장 이후 이렇다 하게 써먹을 기회가 없었다. 배운 것을 활용하고 싶은 마음에 시작한 것이 바로 유튜브였다. 영상 제작 경험이 있었기에 시작은 그리 어렵지 않았다. 하지만, 유튜브에 직접 출연하는 것은 또 다른 이야기였다. 카메라 앞에만 서면 긴장이 되어 평소의 모습이 반도 나오지 않는다. 이를 이겨내기 위해 패션 TV를 보고, 유사채널을 벤치마킹하며 스스로 공부하고 발전해 나갔다. 최대한 일반인들이 이해하기 쉬운 영상을 제작해 시청자와 소통했다. 그렇게 꾸준하게 영상을 올리자 20~30대 젊은 직장인들의 호응을 받을 수 있었다.

직장인 유튜브, 시작은 내가 좋아하는 주제로 하자

직장인 유튜버, 초보 유튜버에게 가장 어려운 문제는 어떤 주제로 영상을 찍느냐이다. 유튜브에 있는 수많은 영상을 보면서 더 이상 나 같은 초보자가 할 수 있는 것이 없다고 생각한다. 사실 유튜브 시장에는 이것으로 밥을 먹고 사는 전문가들이 많이 있다. 그들은 새로운 영상 주제를 찾기 위해 전 세계 기삿거리들을 수집하고 경쟁 채널을 벤치마킹한다. 전문가들이 모여 새롭고 재미있는 영상을 위해 머리를 맞대고 아이디어를 짜낸다. 이런 상황에서 유튜브 초보인 내 영상이 대박이 나고 채널을 성장시키기가 쉽지 않을 것이다. 이런 이유로 직장인의 처음 유튜브는 내가 좋아하는 주제를 담담히 담아내는 것이 좋다.

특히, 일과 병행하는 직장인이라면 전업 유튜버만큼 양질의 영상을 제작하기가 쉽지 않다. 조금 쉬운 시작과 지속성을 위해 나에게 익숙한 주제를 선정하는 것이 좋다. 그가 많은 주제 중에서 쉽지 않은 패션을 선택한 것도 꾸준하게 이야기할 수 있는 주제였기 때문이었다. 대박을 꿈꾸기보다는 지루한 일상의 활력소로 유튜브를 선택했고, 스스로 만족과 재미를 추구했다. 그는 조그만 원룸에서 처음 영상을 시작했다. 구독자의 피드백을 받아 조명을 사고 최소한의 투자로 하나씩 개선해 나갔다. 당시 대다수의 패션 채널이 일반인에게는 다소 어렵고 난해했다. 하지만, 그는 동네 형 같은 친근한 외모로 시청자에게 '나도 할 수 있겠네!'라는 자신감을 심어주었다. 평범한 사람들의 관점에서 어려운 패션을 쉽게 풀어주고 이야기하면서 공감을 받은 것이다.

물론, 자신이 좋아하는 주제를 선택한다고 모두가 성공하는 것은 아니다. 유튜브 주제 선정 시 단골 질문인 '좋아하는 것을 해야 할까? vs 잘하는 것을 해야 할까?'에 정답은 없다. 어떤 사람은 좋아하는 것으로 성공했고, 또 다른 사람은 잘하는 것을 해서 성공했기 때문이다. 다만, 직장인의 유튜브라면 좋아하는 주제가 좋을 것이다. 유튜브라는 것이 생각보다 외롭고 힘든 자기와의 싸움이기에 일단은 스스로 재미가 있어야 지속이 가능하다. 그 과정에서 유튜브에 점점 익숙해지고, 어떤 주제의 영상이 조회수가 많은지 알게 된다. 그렇게 스스로 발전하면서 좀 더 좋은 주제 선정이 가능하게 되는 것이다.

유튜브의 성공은 며느리도 모른다는 말이 있다. 유튜브 전문가들도 새로운 채널을 시작하기 전에 철저한 기획을 하지만, 계획대로 성공하는 것은 아니다. 수십, 수백만의 구독자를 보유한 성공한 유튜버조차도 그들의 성공 원인을 정확히 알지 못한다. 대부분은 '그냥 열심히 하다 보니, 이 자리에 와 있네요', '그걸 알면 새로운 채널 계속 만들어서 재벌 되게요?'라는 대답이다. 초보자인 우리의 영상이 한 번에 떡상을 치고 성공한다는 것은 쉽지 않다. 100만 유튜버들도 몇 번의 실패를 경험한 후 성공을 할 수 있었다. 처음부터 대박의 결과를 바라기보다는 새로운 세계를 경험하고 공부하면서 답을 찾아가는 것이다.

틈새시장을 파고들어라

유튜브의 속성상 예쁘고 화려하게 차려입은 모델 같은 패션 유튜버가 인기를 얻는 것은 당연하다. 하지만, 현실로 돌아와 그들이 입은 옷을 평범한 직장인이 따라 하기에는 다소 무리가 있다. 인터넷에는 모델이 입은 옷을 구매했다 우스꽝스러운 모습이 되어버린 사진들을 많이 볼 수 있다. 그는 이러한 화려함보다는 누구나 쉽게 따라 할 수 있는 평범한 일상의 데일리 룩을 소개한다. 특히, 평범한 직장인들이 일상에서 쉽게 접목할 수 있는 의상을 많이 소개한다. 바로 '평범한 젊은 직장인들을 위한 패션'이라는 틈새시장을 찾은 것이다.

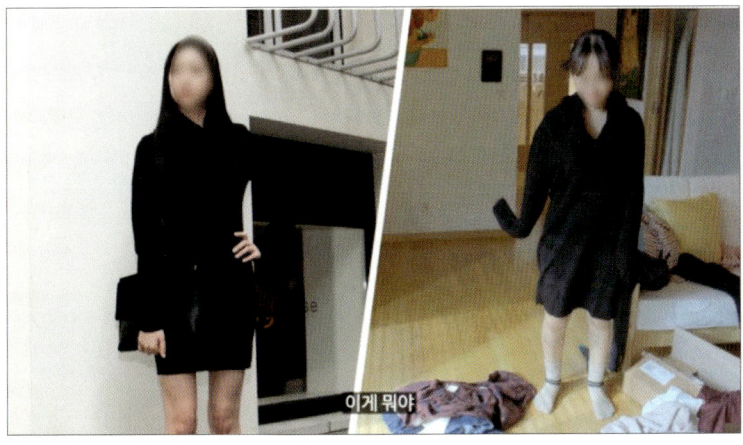

▲ 모델과 일반인의 차이

이렇듯 그의 채널은 타겟이 명확하다. 바로 20~30대의 새내기 직장인이다. 유튜브 초기에는 20대 초반의 대학생들이 활용할 수 있는 캐주얼 패션을 소개했다. 하지만, 시간이 지나면서 새내기 직장인을 위한 영상이 많아지고 있다. 유튜브에서 '내 채널을 구독하고 듣는 사람은 누구인지? 누구에게 내 이야기를 하고 싶은지?'는 매우 중요하다. 특히, 회사를 다니며 유튜브를 하는 직장인에게 명확한 타겟은 채널 차별화와 효율성을 위해 매우 중요하다. 우리가 회사에서 많이 사용하는 마케팅 전략인 *STP는 유튜브에도 유용하게 적용할 수 있다.

마케팅에서 STP 전략을 활용하는 이유는 한정된 자원, 시간, 노동력으로 최대의 결과를 내기 위해서이다. 즉, 선택과 집중을 통해 효율성을 높이고 효과를 극대화하는 것이다. 이는 직장인의 유튜브에도 적용할 수 있다. 직장인은 본업으로 시간과 체력이 충분하지 않다. 전업 유튜버처럼 유튜브에만 집중할 수 없으므로 효율적인 채널 운영이 필요하다. 이를 위해서 STP를 생각하자. '식스타일'은 수많은 주제 중 남성 패션을 선택했고, 30대 전후의 직장인을 타겟팅했다. 그들의 특성과 상황에 맞춰 '평범한 남자의 코디 이야기 식스타일(sik's)'이라는 채널 이름을 도출했다. 화려함을 추구하기보다는 평범함과 실용적인 의상을 소개하는 채널로 포지셔닝을 한 것이다.

※식스타일의 STP 전략
Segment : 패션 → 남성 패션
Targeting : 30대 전후 남성 직장인, 패션수용자, 중저가의 실용성 추구
Positioning : 평범한 남자의 일상 코디 이야기

구분	성별	연령대	직업	패션수용	가격	패션스타일	라이프스타일
패션	남성	15~20	학생	패션선도자	명품	클래식	보수적
	여성	25~30	회사원	패션추종자	고가	엘레강스	현대적
	공용	31~35	전문직	패션전기수용자	증가	캐주얼	낭만적
		36~40	자영업	패션후가수용자	중저가	모던	실용적
		41~50	기타	무관심자	저가	스포티	평범
		51~60					

* STP(Segment-Targeting-Positioning) : 기업이 개별 고객의 선호에 맞춘 제품, 서비스를 통해 타사와의 차별성과 경쟁력을 확보하는 마케팅 기법이다. 일정한 기준에 의해 전체 시장을 구분하고, 특정 시장을 타겟으로 하여 고객에게 타사와 다른 자사 제품의 이미지를 각인시키는 전략이다. (네이버 지식백과)

그만의 차별점은 이러한 타겟 고객에게 맞는 영상을 제작한다는 것이다. '20~30대 직장인에게 필요한 패션이 무엇일까?'를 고민하고 연구한다. 타겟 고객에게 벌어질 수 있는 상황을 기반으로 그들에게 필요한 영상을 제작했다. 우선 직장인에게 벌어질 수 있는 상황들(출근, 결혼식, 휴가, 소개팅, 남자친구, 커플 등)을 정리했다. 그리고 이를 계절과 연결해 다양한 영상을 만들 수 있었다. 영상을 만들 때 내가 하고 싶은 콘텐츠보다는 구독자(타겟 고객) 입장에서 '궁금할까? 흥미를 느낄까? 도움이 될까?' 등을 항상 고민해야 한다. 아무리 잘 만든 영상이라도 그들에게 흥미 있는 주제가 아니라면 선택을 받지 못하기 때문이다.

상황		계절			
		봄	여름	가을	겨울
출근	정장	○	○	○	○
	캐주얼	○	○	○	○
결혼식 하객	정장	○	○	○	○
	캐주얼	○	○	○	○
휴가		○	○	○	○
소개팅		○	○	○	○
남친		○	○	○	○
커플		○	○	○	○
생일		○	○	○	○

▲ 상황별 계절을 접목한 다양한 주제 선정

유튜브는 장기전이며 꾸준함이 중요하다

유튜브를 해본 사람은 수익화 기준인 구독자 1,000명, 시청시간 4,000시간이 생각보다 쉽지 않다는 것을 알 수 있다. 모든 지인을 총동원한다고 해도 구독자 500명을 넘기기가 쉽지 않다. 힘들게 1,000명이 된다고 해도 이번에는 시청시간 4,000시간을 채우기가 어렵다. 시청시간을 확보하기 위해 긴 영상을 올리지만, 흥미를 유발하지 못하면 시청자는 다른 채널로 가버린다. 그 역시 수익화하는 과정이 쉽지 않았다. 직장인으로서 아무런 수익이나 협찬 없이 1년을 운영해야 했기 때문이다. 아마도 유튜브를 전업으로 했다면 쉽지 않았을 것이다.

직장인 유튜버에게 가장 중요한 것이 바로 시간 관리이다. 그도 유튜브를 할 수 있는 시간이 절대적으로 부족했다. 회사는 본업이고 유튜브는 부업이기에 최대한 회사업무에 방해되지 않도록 해야 했다. 이를 위해 업무 외 시간을 최대한 잘게 쪼개서 사용했다. 보통 업무 시간(09:00~18:00)을 제외하면 하루에 8시간 정도를 사용할 수 있었다. 출퇴근 시간과 짬짬이 시간은 주제 선정과 유사채널 벤치마킹을 했다. 아침에는 촬영하고, 퇴근 후 저녁에는 편집을 했다. 이렇게 시간을 잘 활용하니 일주일에 1~2개의 영상을 업로드할 수 있게 되었다. (처음에는 퇴근 후 저녁에 촬영을 했지만, 시끄럽다는 이웃들의 민원으로 촬영 시간을 아침으로 변경함. 이웃들이 대부분 노인분들이라 오히려 아침 시간에는 문제가 없었음)

유튜브를 하는 데 있어 일주일에 최소 1개 이상의 영상을 올리겠다는 목표는 매우 중요하다. 꾸준히 영상이 올라와야 구독자의 이탈이 없고, 꾸준한 채널의 영상이 추천받을 확률이 높기 때문이다. 우리도 꾸준한 영상을 좋아하는 것처럼 유튜브 알고리즘도 꾸준한 채널을 선호한다. 이를 위해서 영상 제작/편집을 위한 고정 시간을 정해두어야 한다. 그렇지 않으면 친구와의 약속, 회식 등으로 영상 제작을 위한 시간이 줄어들고 계속 뒤로 밀리기 때문이다. 나의 채널이 어느 정도 안정화(수익화)되기까지는 집중이 필요하다.

또한, 체력과 마인드 관리도 매우 중요하다. 그의 경우 영상 촬영 후 편집 시간에 최소 7시간 정도를 할애한다. 매일 30~40분씩 운동을 하며, 이를 소화할 수 있는 체력을 단련하고 핏(fit)도 유지한다. 유튜브 초기에는 큰 기대를 안 하고 시작하지만, 시간이 지날수록 조회수에 집착하게 된다. 그만큼 잘하고 싶은 마음이 생기는 것이다. 하지만, 영상에 대한 반응이 없으면 스트레스를 받게 된다. '싫어요' 또는 '악성 댓글' 하나만 있어도 마음에 큰 상처를 받기도 한다. 그는 이제 '잘 하기' 보다는 '주 1개 이상 영상 제작'에 초점을 두고 있다. 장기적인 채널 유지를 위해 자기만의 마인드컨트롤이 필요한 것이다.

터지는 영상은 따로 있다. 터지는 영상의 비밀

그의 영상은 섬네일이나 제목이 자극적이지는 않다. 하지만, 한눈에 봐도 어떤 영상인지 쉽게 알 수 있다. 그의 영상은 호기심을 자극해 클릭을 유도하기보다는 영상이 필요한 시청자라면 스스로 클릭을 한다. 조회수가 급격히 많아지거나, 떡상이 되지는 않지만, 높은 영상 시청 시간을 확보할 수 있었다. 또한, 2년간 총 170여 개의 영상을 제작하면서 어떤 영상이 시청자의 관심을 두는지 조금은 알게 되었다. 인기가 많았던 영상은 일정한 특징과 패턴이 있었다.

❶ 계절과 트렌드에 맞는 코디 추천

인기 있는 상위 10개 영상 중 7개는 각 계절에 맞게 코디를 제안한 영상이었다. 여기서 포인트는 각 계절에 영상을 올리는 것이 아니라, 계절보다 한 시즌 앞서 영상을 올리는 것이다. 이를 통해 다른 채널보다 트렌드를 선점할 수 있었다. 즉, 여름 코디 제안은 봄 시즌에, 가을 코디는 여름에 영상을 올리는 것이다.

예 남자분들 이번 여름 이렇게 한 번 입어보자 / 2019.4.30 업로드 / 조회수 32만
이번 여름 코디는 이 영상으로 끝낼 수 있다. / 2020. 4. 30 업로드 /조회수 24만
남자분들 이번 가을 이렇게 한 번 입어보자 / 2019. 8. 6 업로드 / 조회수 23만

❷ 하나의 코디 제안이 아닌, 트렌드를 총정리

인기있는 상위 10개 영상 모두 이 방법을 사용했다. 트렌드를 총정리하는 영상은 많은 정보를 수집하고 정리해야 하기에 많은 시간이 들었다. 하지만, 시청자에게 다양한 선택지를 줌으로써 그들이 자신의 상황에 맞게 코디를 선택할 수 있게 했다. 다른 영상을 볼 필요 없이 하나의 영상으로 모든 정보를 얻을 수 있기에 큰 호응을 얻었다. 특히, 여기저기 찾아다니는 것을 귀찮아하는 젊은 세대의 특성과 맞으며 많은 조회수를 기록할 수 있었다.

예 이번 여름 코디는 이 영상으로 끝낼 수 있다. → 58가지 여름 코디 제안

특히, ❶과 ❷가 조합을 이룬 영상 '[2019남자 여름 코디] 남자분들 이번 여름 이렇게 한 번 입어보자'가 유튜브 알고리즘과 맞아 떨어지며, 조회수 대박이 터졌다. 그동안 유튜브 수익화 기준(구독자 1,000명, 시청시간 4,000시간) 중 시청시간이 모자라 수익화 신청을 못했는데, 이 영상 하나로 단번에 수익화 조건을 채울 수 있었다.

▲ 식스타일 인기 영상 TOP 10

구분	제목	내용	조회수
1	[2020 남자여름 코디] 남자분들 이번 여름 이렇게 한번 입어보자.	여름코디 34가지 소개	32만
2	[2020 남자여름코디] 이번 여름 코디는 이영상으로 끝낼 수 있다.	여름 코디 58가지 소개	24만
3	[2020 남자가을코디] 남자분들 이번 가을 이렇게 한번 입어보자	가을 코디 8가지 소개	23만
4	맨투맨 코디 방법 4가지 이렇게 한번 입어보자!	맨투맨 코디 4가지 소개	10만
5	새학기 데일리 백팩 추천 드립니다./무신사 백팩 랭킹 추천/직장인 데일리 백팩	데일리 백팩 추천 BEST 5	8만
6	깔끔한 데일리 백팩 6가지 추천9고등학생/대학생/직장인 백팩)	깔끔한 백팩 추천 6가지	8만
7	[새학기 남자 봄코디 1편/남자 맨투맨 코디] 패션 유튜버 시스타일	봄에 활용하기 좋은 코디 26가지 소개	7만
8	[2020남자가을코디]남자분들 이번 가을 코디 모아 봤습니다. 가을 코디 이 영상으로 끝	가을 코디 34가지 소개	6만
9	[남자 코트 이쁘게 입는 방법] 2019년 남친룩 코디 방법	코트 이쁘게 입는 다양한 코디 제안	5.5만
10	[남자 결혼식 하객 룩 이렇게 입어보는건 어때?] 남자 하객 룩	총 5가지 하객룩	4.7만

반면에 똑같이 정성을 쏟았지만, 안타깝게도 시청자의 선택을 받지 못한 영상도 있었다. 이런 영상들 역시 뒤돌아보면 선택을 받지 못한 이유가 있었다.

❶ 시청자보다는 내가 관심 있는 영상 제작

'스토브리그 주인공들 패션을 분석해봤습니다.'는 그가 재미있게 보았던 드라마를 기반으로 영상을 만들었다. 스포츠 드라마였기에 채널의 타겟 시청자가 남자들이 관심을 가질 것으로 생각했다. 남자 주인공 3인의 패션을 분석한 시도는 새롭고 흥미를 끌만 했지만 성공하지 못했다. 드라마는 여성의 영역임을 확인할 수 있었고, 남자 주인공들의 인지도가 다소 떨어지는 것도 영향을 미쳤다. 게다가 드라마가 끝난 이후 시청자가 더는 찾을 이유가 없어지며, 영상의 조회수는 멈춰버렸다.

❷ 브이로그는 생각보다 관심도가 떨어진다

유튜브를 처음 시도하는 직장인들이 브이로그를 많이 생각한다. 그냥 일상을 찍으면 되기에 영상 제작이 쉽기 때문이다. 하지만, 유튜브에서 시청자의 관심을 끌기 위해서는 흥미, 정보, 감동 등의 요소가 필요하다. 즉, 남들이 영상을 클릭할 만한 자기만의 확실한 컨셉과 매력이 있어야 한다. 안타깝게도 우리는 생각보다 남들에게 관심이 없다. 유명인이라면 브이로그로 성공할 수 있는 확률이 높지만, 보통의 직장인이라면 성공이 쉽지 않다.

성공한 직장인들의 브이로그 영상에는 확실한 컨셉이 있다. 뛰어난 외모, 특수 직업 등과 같은 독특함이 있거나 재미, 감동을 통해 극한 공감대를 형성할 수 있어야 한다. 그가 제작한 영상 중 브이로그는 시청자들로부터 많은 호응을 얻지 못했다. 평범한 일상의 브이로그 영상은 쉽지 않음을 알 수 있었다. 일상을 담은 브이로그 영상은 유튜브에 너무나 많이 존재한다. 브이로그를 계획하고 있다면 수많은 영상에서 시청자의 선택을 받기 위한 나만의 매력이 무엇인지 고민해야 할 것이다.

▲ 식스타일 비인기 영상 5가지

구분	제목	내용	조회수
1	발열내의 3종 추천드립니다. 국내 최고의 발열 내의는?	국산 발열내의 3가지	858
2	얼굴형에 어울리는 선글라스와 선글라스 추천	얼굴형에 잘 어울리는 선글라스 추천	891
3	패션위크 가서 차승원, 배정남 봤어요 in 송지오옴므(브이로그)	송지오 옴므 패션쇼 참관 브이로그	939
4	탑골 지디 양준일 패션을 모아봤습니다. 양준일 패션 분석	양준일 패션 소개	1천
5	스토브리그 주인공들 패션을 분석해봤습니다.	스토브리그 남자 출연자 3명 패션 분석	1.1천

그는 패션업 종사자가 아니기에 영상 제작을 위해 끊임없이 공부하고 자료를 찾아야 한다. 평범한 직장인이 유튜브를 직장과 병행하는 것이 쉬운 일이 아니다. 하지만, 스스로 좋아하는 일을 하기에 힘들지 않다. 2년이라는 짧지 않은 시간 동안 더 나은 영상을 위해 공부하고 노력을 해왔고, '직장인 패션 유튜버'라는 퍼스널 브랜딩을 완성해가고 있다. 많은 패션업체의 관심을 받으며 패션쇼에 초대되거나, 다양한 협업 제안을 받고 있다. 사실 유튜브 자체로 수익은 크지 않지만, 월급으로 새로운 옷을 구매할 일은 없어졌다.

그에게 유튜브는 인생의 새로운 도전이며 자극이었다. 회사 생활만 했다면 생각이 고립되었겠지만, 유튜브를 통해 사고의 유연성이 커졌다. 또한, 패션이라는 새로운 분야의 사람들과 만나며 인맥도 생겼다. 유튜브는 그에게 수익 이상의 보람과 기회를 제공하고 있다. 그는 유튜브를 시작하기 전에 남들과 차별되는 것이 무엇인지 고민이 필요하다고 한다. 누구나 남들과 다른 장점이 분명히 있다는 것이다. 그리고, 그 부분이 명확해지면 앞뒤 생각하지 말고 일단 시작하라고 이야기한다. 생각만 하고 하지 않아서 후회하는 것보다 실패하더라도 해보는 게 더 좋기 때문이다. "나도 할 수 있으니까, 너도 할 수 있어"라는 그의 말처럼 자신 있게 도전해보자.

2 _ 팟캐스트

유튜브가 부담된다면 팟캐스트 하자

현재 SNS 마케팅의 대세가 유튜브라는 것은 부인할 수 없는 사실이다. 특히, 콘텐츠 자체만으로도 돈이 될 수 있다는 것은 큰 매력이라고 할 수 있다. 하지만, 직장인이 혼자서 유튜브를 운영하는 것이 쉬운 일은 아니다. 유튜브가 부담된다면 팟캐스트에 도전하는 것도 괜찮은 선택이다. 팟캐스트는 주부와 직장인이 많이 사용하는 플랫폼이다. 영상이 아닌 음성으로 전달되기에 직장인이 출퇴근, 외근 중에 많이 듣는다. 타겟이 명확하고 직장인에게 익숙하기에 직장인의 N잡으로 적합하다.

팟캐스트는 아이팟(I POD)의 POD와 방송(Broadcast)의 CAST가 결합한 말이다. 녹음된 음성 파일을 인터넷에 공유하면서 시작된 것으로 '인터넷 라디오 방송'이라고 할 수 있다. 일반 라디오와 달리 청취자가 방송을 구독하고 언제라도 들을 수 있는 장점이 있다. 팟캐스트가 우리나라에서 활성화된 것은 시사방송인 '나꼼수'의 열풍 때문일 것이다. '나꼼수'는 애플 아이튠스를 통해 음지(?)에서 아는 사람들만 듣던 방송이었다. 이후 안드로이드 스마트폰에서도 방송을 들을 수 있게 되면서 빠르게 퍼졌다.

이런 영향으로 지금도 팟캐스트하면 정치적 색깔이 들어 있는 방송으로 생각하는 사람들이 많이 있다. 하지만, 팟캐스트는 정치뿐만 아니라 경제, 문화, 교양, 예능 등 다양한 분야의 방송들이 있다. 실제 국내 팟캐스트의 1등 플랫폼인 팟빵에는 교양 방송이 가장 많은 비중을 차지한다. (그림 참조) 최근 국내에는 다양한 팟캐스트 플랫폼이 생기고 있다. 팟빵, 애플 팟캐스트, 네이버 오디오클립이 메인이며 스푼 라디오, 팟프리카도 성장 중이다. 직장인이 팟캐스트에 도전한다면 1위 플랫폼인 팟빵이 적합하다. 직장인이 가장 많이 듣고, 사용도 간편하기 때문이다.

▲ 팟캐스트 '팟빵' 방송 카테고리 현황

　유튜브를 위해서는 여러 가지 제약 조건들이 있다. 우선, 카메라 앞에 서야 한다는 부담이 있다. 회사에 얼굴이 노출된다는 걱정을 뒤로하더라도 카메라 앞에 서는 것 자체가 어색할 수 있다. 두 번째는 영상 제작과 편집에 시간이 많이 소요된다. 촬영과 편집에 익숙하지 않은 초보 직장인에게 이 역시 부담이 되는 부분이다. 마지막으로 유튜브를 하다 보면 장비 욕심이 생기게 된다. 처음에는 휴대전화로 시작해도 무방하지만, 점차 좋은 영상을 위해 좋은 장비를 찾게 된다. 이런 이유들로 유튜브가 부담스러운 직장인들에게 팟캐스트는 좋은 대안이 될 것이다.

성공사례 1 _ 혼자가 힘들 땐 같이, 둘이라 즐거운 팟캐스트 '윤식단'

일반적으로 다이어트 방송은 의사나 의학 전문기자가 진행하는 경우가 많다. 그만큼 전문성과 지식이 중요하기 때문이다. 하지만, 팟캐스트 다이어트 채널 '윤식단'을 진행하는 윤지홍, 이보경 씨는 평범한 직장인이다. 윤 씨가 여성 전문 PT* 회사에 근무했지만, 해당 부문을 전공한 전문가는 아니다. 이 씨 역시 공대를 나와 대기업 기획팀에서 근무 중이다. 평소 팟캐스트를 즐겨 듣던 두 사람은 인기 TV 방송인 '윤식당'을 패러디해서 채널을 만들었다. 두 사람의 궁합이 맞으면서 방송은 인기를 끌게 되었다.

팟캐스트에 출연했던 경험이 있던 윤 씨는 회사에 근무하면서 다이어트 방송을 생각했다. 회사업무가 다이어트와 관련이 있었고 모든 여성의 관심사이기에 수요층도 있다고 판단했다. 하지만, 다이어트 채널의 주요 청취자가 여성이기 때문에 윤 씨 혼자 진행하기에는 한계가 있었다. '남자 혼자 운영하는 다이어트 채널을 누가 듣겠는가?' 그렇게 구독자와 소통을 위해 여성 진행자가 필요했고 대학 후배였던 이 씨에게 제안했다. 대기업에 근무하던 이 씨는 지루한 회사 생활에 새로운 활력소를 찾기 위해 동참을 결정했다.

윤 씨가 차분하고 섬세한 성격의 소유자라면 이 씨는 털털하고 외향적인 성격이다. 윤 씨가 자세한 다이어트 정보를 전달한다면 이 씨는 톡톡 튀는 개성으로 재미를 제공한다. 혼자서는 지루했을 방송이 함께하며 '지식과 재미'를 제공할 수 있게 되었다. 그렇게 두 사람은 서로의 부족한 부분을 채워주며 방송에서 시너지를 낼 수 있었다. 방송 경험이 쌓이고, 두 사람은 유쾌한 궁합을 발산하며 청취자의 공감을 끌어냈다. 그렇게 여성을 중심으로 골수 팬을 확보하며 인기 채널로 성장하게 되었다.

---

* PT : Personal Training

일반적으로 팟캐스트는 유튜브와 다르게 큰돈을 벌 수 없다고 말한다. 하지만, 팟캐스트는 나름의 마니아층이 형성되어 있다. 당장 큰돈을 벌 수는 없지만 확실한 구독자를 바탕으로 나의 브랜드를 상승시킬 수 있다. 또한, 방송 이외의 다양한 기회를 제공한다. 두 사람 역시 기업 콜라보 행사, 출판 제안, 공공 기관에서 강의 등의 기회를 얻을 수 있었다. 최근 여러 가지 활동으로 바빠진 두 사람은 잠시 휴식기를 가지면 시즌 2를 준비하고 있다. 평범한 직장인으로서 팟캐스트에서 성공할 수 있었던 두 사람의 노하우에 대해 알아보겠다.

차별화되고 전문적인 Contents로 청취자의 신뢰를 얻다

'윤식단'이 성공할 수 있었던 이유는 바로 콘텐츠의 차별화다. 다이어트 정보는 이미 인터넷상에 많이 있었기에, 그것과 차별화할 수 있는 콘텐츠가 필요했다.

우선 두 사람은 방송이라는 특성상 흥미 유발이 중요하다고 판단했다. 주위 사람들로부터 평소 궁금했던 내용을 파악하고, 인터넷상에 떠도는 정보 중 흥미를 끌 만한 내용을 수집했다. '야생 동물은 왜 비만이 없을까?' '제로 콜라는 진짜 제로인가?' 등 평소 궁금했지만, 정확히 알 수 없던 내용을 알려주자 청취자들이 관심을 두기 시작했다.

두 번째로 전문가 수준의 신뢰를 확보하기 위해 노력했다. 다이어트 성공을 위해서는 꾸준한 운동과 음식관리 그리고 꺾이지 않는 의지가 필요하다. '윤식단'은 이 중 음식과 심리 부분에 집중했다. 팟캐스트 특성상 운동과 관련된 부분을 다루는 데 한계가 있었기 때문이다. 인터넷상에는 많은 정보와 지식이 있었지만 모든 정보가 정확한 것은 아니었다. 그들은 정확한 정보 전달이야말로 중요하고 차별화할 수 있는 부분이라 생각했다. 특히, 건강과 관련된 일이기 때문에 전문성을 갖추는 것이 중요하다고 판단했다.

하지만, 두 사람은 의사도 약사도 아니었기 때문에 이 부분이 가장 취약한 부분이었다. 윤씨가 관련된 업무를 하고는 있었지만, 전문가는 아니었다. 사실 윤 씨는 173cm 60kg으로 다이어트와는 크게 상관이 없는 사람이었다. 이 부분을 해결하기 위해 두 사람은 다이어트 관련 책과 논문을 독파했다. 책과 논문에는 저자의 오랜 고민과 깊이가 있기에 신뢰성을 확보할 수 있었다. 그리고, 전문가로부터 철저하게 조언을 받았다. 또한, 특정 제품과 관련해 논란의 여지가 있을 때는 해당 회사에 직접 문의를 해 사실관계를 확인했다.

세 번째로 트렌드에 맞는 다양한 콘텐츠를 제공했다. 매년 새롭고 다양한 다이어트 방법들이 소개된다. 그리고 유명 연예인들은 자신의 다이어트 비법을 소개하기도 한다. 이렇게 다이어트에도 트렌드가 있으므로 재빠르게 해당 다이어트에 대한 자세한 정보를 제공했다. 곤약젤리 다이어트가 유행하자 '곤약젤리에 곤약은 3%밖에 되지 않아요?'를 간헐적 단식이 유행할 때는 '간헐적 단식 결국에는 야식하지 말라는 이야기이다.' 등을 제작했다. 트렌드에 맞는 콘텐츠 제작과 정확한 정보 제공으로 청취자의 관심을 지속해서 끌 수 있었다.

네 번째는 깊이 있고 다양한 정보를 제공했다. 두 사람이 많이 사용한 방법은 다이어트 관련 책을 리뷰하는 것이었다. 별도의 코너를 만들어 책을 요약하고 다이어트 원리를 소개하고 다양한 에피소드를 소개했다. 책 리뷰를 통해 부족할 수 있는 방송 콘텐츠를 확보하고 신뢰성을 확보할 수 있었다. 또한, 하나의 주제에 깊이 있는 접근을 시도했다. 예를 들어 '고구마와 다이어트'라는 주제에 대해 단순한 다이어트 방법을 소개하지 않았다. 고구마 종류, 종류별 특징/칼로리/요리법, 고구마 다이어트가 실패한 원인 등을 상세히 소개했다. 다른 채널에서 다루지 않는 깊이 있는 정보를 제공하기 위해 노력했다.

청취자와 소통을 통해 매니아 팬을 확보하다

팟캐스트는 유튜브와 같이 많은 구독자를 확보하지는 못한다. 유튜브보다 접근성이 쉽지 않고 콘텐츠가 다양하지 않기 때문이다. 유튜브가 다양성과 재미를 추구한다면 팟캐스트는 진정성과 깊이가 있다. 이런 이유로 팟캐스트를 구독한 청취자는 유튜브보다 깊은 팬심을 가진다. 특히, 다이어트 채널은 단순한 정보 전달만으로는 구독자의 공감을 얻기가 쉽지 않았다. 이에 '윤식단'은 다른 팟캐스트와 다르게 구독자들과 다양한 소통을 시도했다. 이러한 쌍방향 소통을 통해 구독자가 많지는 않지만 찐팬을 확보할 수 있었다.

'윤식단'이 구독자들과 소통했던 첫 번째 방법은 구독자를 방송에 적극 참여시키는 것이었다. 구독자와 전화 연결을 통해 다이어트 사례를 소개하고 아픔을 함께 나눴다. 심지어 구독자를 초대해 함께 방송을 진행했다. 구독자가 방송에 출연해 솔직한 이야기를 나누자 다른 구독자들의 댓글과 참여가 늘어났다. 구독자는 단순히 방송을 듣는 사람이 아닌 함께 방송을 만들어 가는 존재가 되었다. 방송 횟수가 늘어나면서 청취자들은 하나의 가족 같은 존재가 되었다. 자연스럽게 '윤식단'에 대한 청취자들의 애정은 깊어졌다.

두 번째 방법은 청취자의 질문과 댓글로 방송 내용을 구성하는 것이다. 처음에는 청취자들의 댓글을 조금씩 소개했다. 점점 청취자들이 늘어나면서 질문과 댓글을 모아 매월 별도의 '댓글 방송'을 진행했다. 또한, 별도의 오픈 채팅방을 만들어 청취자들과 교류를 강화했다. 별도의 채팅방에 초대되고 참여하는 청취자는 일반 청취자들과 차별화됨을 느낄 수 있었다. 오픈 채팅방에서는 방송에서 하지 못했던 솔직한 고민과 질문들이 오가며 스스로 소속감을 느끼게 되었다. 또한, 일부는 방송의 재료로도 사용할 수 있었다.

세 번째는 다양한 이벤트를 통해 청취자들의 참여를 유도했다. 우선 '나만의 식단' 이벤트를 진행했다. 3일 치 식단을 댓글이나 메일로 보내면 그것을 분석해 올바른 식단을 컨설팅해 주었다. 식단에 대한 정확한 진단을 해주자, 청취자들의 댓글이 폭주했다. 이는 '김생민의 영수증'이라는 프로그램을 빌려서 재해석한 것이었다. 또한, 방송 내용에 대한 퀴즈 이벤트를 통해 청취자들의 흥미를 유발하고 참여율을 높였다.

예 제56회 '다이어트 한약의 살빼는 원리는 ○○○○이다' 등

직장인이라는 특징을 고려한 최적의 방송 방법 찾기

두 사람은 방송 전문가가 아닌 평범한 직장인이었다. 방송 품질(음질, 편집 등)을 높이기 위한 욕심이 없지 않았지만, 직장인으로서 한계가 있었다. 두 사람은 직장인으로서 한계를 인정하고 핸디캡을 극복하기 위한 나름의 다양한 시도를 했다. 유튜브와 다르게 팟캐스트는 방송만으로 특별한 수익이 발생하지는 않았다. 방송이 인기를 얻으면서 새로운 기회가 생겼지만, 그 전까지는 개인 비용이 들어갈 수밖에 없었다. 이에 최소한의 비용으로 최대의 효과를 낼 방법들을 고안해야 했다. 또한, 혼자가 아닌 두 사람이 진행해야 했기에 서로를 이해하는 노력이 필요했다.

직장인의 한계를 극복하기 위해 우선 두 사람은 주말에 방송 녹음을 진행했다. 직장인이었던 두 사람에게 가장 큰 문제는 서로의 일정을 맞추는 것이었다. 방송 초반에는 평일 저녁에 녹음하고자 했으나, 현실적으로 불가능했다. 이에 두 사람은 한 번 만날 때 많은 녹음을 하기로 했다. 주말에 3편의 방송 녹음을 목표로 했다. 이를 위해서는 철저한 준비가 필요했다. 출퇴근 시간을 활용에 아이디어를 수집하고 평일 저녁에 대본을 작성해 공유했다. 금요일에 대본을 확정하고 주말에는 잠깐의 미팅 후 바로 방송 녹음을 진행했다.

두 번째로 음질의 한계를 극복해야 했다. 팟캐스트의 특성상 음질은 가장 중요한 요소였다. 전문 녹음실을 대여하는 것이 가장 좋은 방법이었지만 비용이 문제였다. 전문 녹음실은 시간당 2~4만원 정도의 비용이 필요했다. 짧게는 3시간에서 6시간까지 걸리는 경우가 있었기에 적은 비용이 아니었다. 이에 두 사람은 다양한 장소에서 녹음을 시도했다. 회사 회의실, 스터디 카페 등 다양한 장소에서 녹음을 진행했다. 하지만 주변의 잡음과 소리 울림으로 안정적인 음량을 확보하기가 쉽지 않았다. 그렇게 다양한 시도를 통해 두 사람은 차 안에서 핸드폰으로 녹음을 진행했다. 자동차 실내는 주변의 소리와 울림이 없는 최적의 장소였다.

마지막으로 청취자들의 선택을 받을 방법들을 고민했다. 우선 차수별 방송 시간을 짧게 조절했다. 최대 30분을 넘지 않게 조정하고 길어지면 차수를 1, 2부로 나누었다. 방송 차수를 나누자 청취자들의 궁금증을 유발할 수 있었다. 방송 수가 늘어나며 팟캐스트 순위에도 영향을 미쳤다. 또한, 블로그, 인스타그램, 유튜브를 개설하고 방송을 편집해 홍보를 진행했다. 하지만, 추가 청취자를 모집하는데 큰 효과는 없었다. 일반 대중을 대상으로 한 홍보보다는 팟캐스트 청취자에게 홍보하는 것이 중요함을 알게 되었다. 두 사람은 활동비를 절약해 팟캐스트 내 유료 광고를 진행했다. 월 5만원 정도의 비용으로 많은 청취자를 확보할 수 있었다.

사실 팟캐스트를 통해 많은 돈을 벌지는 못했다. 어떤 이는 유튜브를 했으면 돈이라도 벌지 않았겠냐고 말한다. 하지만 얼굴이 노출되는 것이 부담스러운 직장인에게는 오히려 팟캐스트가 쉽고 부담이 없다. 또한, 이를 통해 출판과 다양한 강의 제안 등 새로운 경험의 기회를 얻을 수 있었다. 특히, 회사에서 지루한 일상을 탈출하는 데 큰 역할을 했다. 이 씨는 '윤식단'을 통해 10년의 회사 생활 동안 잊고 있던 인생의 두근거림과 떨림을 찾았다고 했다.

팟캐스트가 모두에게 아닐 것이다. 하지만, 유튜브가 부담스러운 직장인이라면 도전해 볼 만하다. 팟캐스트는 유튜브와 비교하면 촬영, 편집 등이 수월하다. 절반도 안 되는 노력으로 방송을 진행할 수 있다. 그동안 연락하지 못했던 친구들과 대학교 동기들에게 연락해보자. 팟캐스트를 시작하는 것은 생각보다 어렵지 않다. 지금 바로 도전해보자.

3 _ 블로그

SNS의 기본, 블로그는 무조건 해야 한다

블로그를 해야 하는 이유

유튜브, 인스타그램 등 다양한 SNS가 나오면서 블로그는 한물간 플랫폼이라고 말한다. 과열된 경쟁과 지나친 상업화로 블로그가 예전만 못한 것은 사실이다. 하지만, SNS를 통해 N잡을 생각하는 직장인에게 있어 블로그는 기본이라고 해도 과언이 아니다. 더 나아가 퍼스널 브랜딩(Personal Branding)*을 통해 직장에서 독립을 꿈꾸는 사람이라면 블로그는 무조건 도전해봐야 한다. 그러면 다른 SNS 중에서도 블로그를 시작해야 하는 이유는 무엇일까?

우선, 블로그는 네이버, 다음과 같은 국내 최대 포털사이트와 연결되어 있다. 우리가 궁금한 것을 검색하려면 포털을 이용한다. 그리고 많은 경우에 블로그를 통해 답을 얻는다. 유튜브를 통해 정보를 얻는 경우가 늘어나긴 했지만, 영상을 시청해야 하는 제약이 있다. 언제 어디에서나 손쉽게 검색하고 정답을 얻을 수 있는 것은 블로그만 한 것이 없다. 우리나라에 등록된 블로그는 1,600만 개가 넘는다. (2020.7월 블로그차트 기준) 그만큼 다양한 사람이 활동하며 많은 정보가 지속해서 나오기 때문에 블로그의 힘은 계속되는 것이다.

두 번째는 직장인이 하기에 쉽다는 점이다. 본업이 있는 직장인이 부업으로 하기 위해서는 쉽고 편해야 한다. 블로그는 다른 SNS에 비해 직장인이 손쉽게 시작할 수 있다. 유튜브나 팟캐스트 모두 별도의 장비가 필요하고 촬영&녹음 후 편집도 해야 한다. 그리고, 평범한 콘텐츠로 구독자를 모으기가 쉽지 않다. 블로그는 일상생활의 모습이나 그때그때 이슈에 대해 내 생각을 적어 나가면 된다. 다양한 주제를 어렵지 않게 찾을 수 있고, 글과 사진을 작성해 올리는 것도 편리하다. 친구&가족과 함께 방문한 식당이나 여행의 흔적 등을 사진과 함께 올리면 된다. 게다가, 여행의 경우는 하루하루 시리즈로 올리면 1일 1 포스팅이 그리 어려운 것은 아니다.

세 번째는 수익화가 가능하다는 것이다. 우리가 힘들게 회사에 다니는 이유가 무엇인가? 결국에는 돈을 벌기 위해서이다. 회사에서 버는 만큼 스스로 수익을 낼 수 있다면 회사에 매달릴 이유는 없을 것이다. 블로그는 직장인이 회사의 월급에서 독립할 수 있는 기본 틀이 된

---

* 퍼스널 브랜딩 : 특정 분야에서 차별화되는 나만의 가치를 높여 자신을 브랜딩하는 것

다. 블로그를 통해 광고, 체험단, 제휴마케팅 등 직접적인 수입을 올릴 수 있다. 또한, 블로그를 통해 다른 플랫폼으로 연결 및 확산을 할 수 있다. 물론 수천만 개의 블로그가 존재하기에 당장 큰돈을 번다는 것은 어려운 일이다. '블로그로 당장 1,000만원 수익 내기'와 같은 광고가 있지만, 이는 성공한 블로그 이야기이다. 하지만, 블로그의 주제를 정하고 글을 쓰고 사진을 올리는 과정에서 많은 것을 배울 수 있다. 블로그는 더 넓은 곳으로 가기 위한 기본이 된다.

블로그 시작하기 & 안정화하기

앞서 이야기했듯이 우리나라에 블로그 수는 1,600만 개가 넘는다. 이렇게 많은 블로그 중 수익을 내고 제대로 운영되는 블로그는 1%도 안 된다. 그만큼 경쟁이 치열하고, 평범한 직장인이 블로그로 수익을 내기가 쉽지만은 않다. 많은 직장인이 블로그를 취미나 단순한 호기심으로 시작하지만 거기 까지다. 조금이라도 수익화를 내고 살아남기 위해서는 전략적으로 접근해야 한다. 수많은 블로그들 사이에서 살아남으려면 어떻게 해야 할까? 직장인 초보 블로거가 지속적으로 블로그를 유지할 수 있는 방법에 대해 알아보겠다.

- 블로그 주제 선정하기

첫째, 일상의 주제로 시작하자. 많은 직장인의 문제점은 바로 시작하는 것이 어렵다는 것이다. 야근, 회식, 아이가 아파서 등등 이런저런 핑계로 시작하지 않는다. 또한, 무엇을 하든 완벽하게 시작하려는 습성이 있다. 그러다 보니 주제를 선정하는데만 몇 달이 걸린다. 너무 어렵게 생각하지 말자. 일단 블로그를 개설하고, 내 주변의 소소한 일상에 관한 이야기로 시작해보자. 친구, 가족, 회사에서 있었던 일, 흥미로운 기사, 책을 읽고 내 생각을 적어보자. 초반 잘못된 블로그 컨셉이 나중까지 영향을 미치는 경우가 있지만, 일단 시작이 중요하다. '일상'이라는 카테고리를 만들어 하나씩 글을 써보자. 일단 시작하고 나중에 고쳐가자.

두 번째, 블로그 컨셉 및 주제 정하기. 일단 블로그를 시작했다면, 이제 정식으로 내 블로그에 대한 컨셉을 생각해보자. 우리는 블로그를 통한 '퍼스널 브랜딩'과 그를 통한 수익을 목적으로 한다. 이를 위해서는 나에 대한 진지한 자기 성찰과 정체성이 있어야 한다. 블로그는 나의 어떤 면을 보여주고, 어떻게 브랜딩할 것인지에 대한 고민을 해보자. 내가 지금까지 살아온 삶과 앞으로 어떻게 살아갈 것인가? 이웃들과 어떤 것을 함께 공유하고 싶은지 고민해보자. 컨셉이 명확하지 않고 주제 선정에 어려움이 있다면 네이버 블로그 주제 분류를 참조하자. (그림 1 참조) 네이버 블로그 주제는 4개의 큰 주제와 32가지의 세부 카테고리로 분류된다. (그림 2 참조) 주제는 이 32가지 카테고리 중에 선택하면 된다.

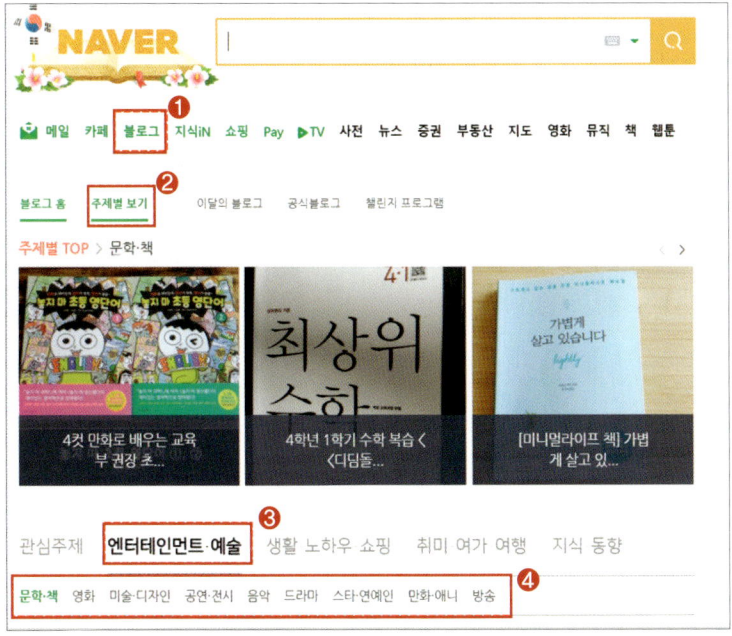

▲ 그림 1. 네이버 블로그 주제 확인하는 법

엔터테인먼트·예술	생활·노하우·쇼핑	취미·여가·여행	지식·동향
문학·책	일상·생각	게임	IT·컴퓨터
영화	육아·결혼	스포츠	사회·정치
미술·디자인	애완·반려동물	사진	건강·의학
공연·전시	좋은글·이미지	자동차	비즈니스·경제
음악	패션·미용	취미	어학·외국어
드라마	인테리어·DIY	국내여행	교육·학문
스타·연예인	요리·레시피	세계여행	
만화·애니	상품리뷰	맛집	
방송			

▲ 그림 2. 네이버 주제별 세부 카테고리 리스트

세 번째, 내가 집중할 하나의 주제를 선정하자. 블로그 주제는 너무 광범위하면 안 된다. 내가 가장 관심 있고 남들보다 많이 아는 1~2개의 분야를 선정해야 한다. 블로그의 주제가 너무 많으면 집중도가 떨어진다. 블로그를 처음 방문한 사람은 이후 내 블로그가 어떤 블로그인지

살필 것이다. 이것저것 분야가 너무 많으면 전문성이 없어 보이고 신뢰도가 떨어진다. 메뉴가 많은 동네식당과 하나를 전문으로 하는 식당 중 고객의 선택을 받는 것은 후자이다. 마찬가지로 블로그의 주제가 너무 다양하고 광범위하면 방문한 사람의 선택을 받기가 어려워진다. 우선은 가장 많이 알고 지속해서 콘텐츠를 생산할 수 있는 분야에 집중하자.

- 블로그 글쓰기 & 포스팅하기

첫 번째, 블로그를 처음 시작하는 초보 블로거에게 가장 중요한 것은 꾸준함이다.

누구나 처음은 어색하고 두려운 법이다. 처음에 어색했던 글들도 자꾸 쓰다 보면 익숙해지고 쓰면 쓸수록 실력이 늘어날 것이다. 글들이 쌓이면서 방문자들이 읽을거리가 생기고 머무는 시간은 늘어나게 된다. 방문자들은 자연스럽게 이웃이 되고 공감, 댓글, 스크랩이 늘어나고 좋은 블로그로 평가받게 된다. 좋은 블로그로 평가받으면 네이버에 노출될 확률이 높아지고 다시 방문자가 늘어나게 된다. 첫술에 배부를 수 없으니 초반에 1일 1포스팅을 목표로 꾸준하게 진행해보자.

> **네이버 좋은 블로그 로직**
>
> 네이버에서 좋은 블로그가 되기 위한 로직으로 C-RANK와 DIA가 있다. C-RANK는 블로그가 한 가지 주제에 얼마나 전문적인지 판단하는 것으로 하나의 주제에 대해 매일 꾸준히 글을 쓰면 지수는 올라간다. DIA는 포스팅한 글이 얼마나 잘 쓰였는지 판단하는 로직이다. 즉, 한 가지 주제에 대해 전문성을 가지고 꾸준하게 글을 쓰고 좋은 글을 써야 한다는 이야기이다.

두 번째, 자기 생각과 경험을 담아야 한다.

직장인이 당장에 수백 개의 글을 써 C-RANK를 올리는 것은 현실적으로 쉽지 않다. 1일 1~2 포스팅을 꾸준히 한다면 C-RANK가 점점 올라가고 있으니 조급해하지 말자. DIA를 올리기 위해서는 양질의 글을 써야 한다. 방문자들이 그냥 훑고 지나가는 글이 아니라 정독할 수 있는 글을 써야 한다. 그러기 위해서는 자기 생각과 경험이 포함되어야 한다. 종종 신문 기사나 다른 사람의 글을 퍼오는 형태로 글의 수를 늘리는 경우가 있다. 관심 있고 의미 있는 글을 함께 공유하기 위한 순수한 목적이라도 내 생각이 포함되어야 한다. 그리고, 내가 경험한 사진과 글을 통해 방문자를 오래 머물게 하고 이웃으로 만들어야 한다.

세 번째, 다른 글과 차별성이 있어야 한다.

차별화된 글쓰기를 위해 '3S'를 기억하자.

❶ SPEED : 일상의 작은 변화와 트렌드의 변화에 빠르게 대응하기
❷ SPARK : 방문객의 흥미를 유발할 수 있는 차별성과 흥미 요소 찾기
  단순한 글만으로는 NO. 사진/이미지/영상 등 활용하기
  다른 블로그 벤치마킹을 통해 차별화 요소 찾기
❸ SOUL : 해당 주제에 대한 내 생각과 경험 정리하기

예 동네 커피숍
❶ SPEED : 새로 생긴 커피숍에 대해 가장 먼저 방문하고 경험하기
❷ SPARK : 해당 커피숍에 대한 사진 찍기
  다른 커피숍과 다른 차별화 요소 작성 ➡ 고유한 메뉴, 바리스타 대회 1등, 인테리어 특징, 이벤트 등
❸ Soul : 커피숍에 대한 나만의 느낌을 정리하기 ➡ 가격, 맛, 친절도 등등에 대한 솔직한 느낌 및 평가 등

블로그 활성화하기 & 키우기

앞서 좋은 블로그가 되기 위해서는 '한 분야에 집중해서 좋은 글을 많이 쓰는 것'이었다. 한달정도 1일 1~2 포스팅을 지속했다면, 어느 정도 블로그에 익숙해졌다고 볼 수 있다. 이제는 본격적으로 방문자를 모으고, 내 블로그를 키우는 방법에 대해 알아보겠다.

• 블로그 제목 정하기

유튜브는 섬네일과 제목을 통해 시청자의 선택을 유도한다. 섬네일은 시청자의 시선을 끌 수 있게 다소 과장되며, 제목은 키워드 중심으로 작성한다. 블로그도 마찬가지이다. (그림 3. 참조) '괌호텔'로 검색했을 때, 섬네일과 제목이 먼저 보임을 알 수 있다. 방문자의 흥미를 유발해 클릭을 유도할 수 있는 섬네일과 제목을 만들어야 한다.

▲그림 3. '괌호텔' 검색 時 섬네일, 제목

1) 섬네일도 전략적으로

많은 경우에 검색을 통해 방문이 이루어지기 때문에 섬네일보다는 제목에 많은 신경을 쓴다. 하지만, 방문자의 시선을 끌 수 있는 섬네일을 작성한다면 클릭률을 높일 수 있다.

❶ 섬네일은 글을 대표하거나 호기심을 유발할 수 있는 사진으로 구성한다.
❷ 한 눈에 주목을 끌 수 있도록 사진의 선명도와 채도를 높인다.
❸ 글씨 카드뉴스 제작 시 글자를 크게 해서 한눈에 보일 수 있도록 한다. 그림 3의 '다섯 번째 블로그'처럼 글자를 작게 하면 보이지 않는다.

2) 매력적인 제목 만들기

❶ 제목은 심플하고 짧게

제목이 너무 길게 되면 한눈에 들어오지 않는다.

불필요하게 긴 설명은 요약하고, 조사와 서술어는 삭제하자.

제목은 키워드 중심으로 짧고 간략하게 작성하자.

예 괌에서 가장 시설 좋고 저렴한 힐튼 호텔에서 아이와 함께 행복한 여름휴가 보내기!!

➡ 괌 최고 가성비 힐튼 호텔!! 아이와 행복한 여름휴가 !!

❷ 가능한 강조하고 싶은 단어는 앞으로

강조하는 단어가 앞쪽에 위치할수록 노출 확률은 올라간다.

'괌호텔' 검색 시 첫 번째 노출되었던 블로그가 '괌 두짓타니'로 검색 시 일곱 번째 위치함

❸ 호기심을 자극하라

제목에 방문자의 궁금증을 유발하고, 호기심을 자극하는 단어를 사용해보자.

- **예** 숫자 활용 또는 순위 매김 : 나만 아는 3가지 꿀팁, ~ 명소 TOP 3, ~ 3곳 추천 등
    궁금증을 유발하기 : ~한 이유, ~의 숨겨진 비밀 등
    극단적으로 표현하기 : 최고의 선택~, 설명이 필요 없는~, 반박 불가~ 등

❹ 분야별 주요 단어 사용하기

나의 블로그 주제와 관련된 부분에서 자주 사용되는 단어를 활용하자.

- **예** 여행 블로그 주요 단어 : ~ 가볼만한 곳, ~ 맛집, ~ 추천, ~후기, 현지인만 아는~, ~ TOP3 등
    IT/컴퓨터 블로그 주요 단어 : 가성비 최고, 최신, 개봉기, 사용 후기, ~써보니 등
    요리/레시피 블로그 주요 단어 : 초간단~, 실패없는~, 쉬운~, ~꿀팁, ~비법 등

- 세부 키워드를 활용해 방문자 유입하기

내 블로그에 많은 방문자가 유입되기 위해서는 검색 시 상단에 노출되어야 한다. 하지만, 초보 블로거의 글이 상위에 노출된다는 것은 거의 불가능하다. 특히, 초보 블로거들이 많이 하는 실수가 조회수가 높은 메인 키워드*를 선택한다는 것이다. 메인 키워드는 그만큼 경쟁이 치열하기에 내 글이 상단에 노출되기가 어렵다. 검색 시 내 블로그가 10 페이지(PAGE) 밖에 위치한다면 검색될 확률은 거의 없을 것이다. 블로그 초기에는 세부 키워드를 통해 방문자를 유입하고 이웃을 늘려야 한다.

메인 키워드	새부 키워드
괌	괌 여행
	괌 호텔
	괌 PIC
	괌 가볼만한 곳
	괌 자유여행
	괌 맛집
	괌 여행비용

방문을 유도하는 세부 키워드를 찾는 방법은 크게 세 가지가 있다.

첫 번째는 자동 완성 키워드 활용하기이다.

자동 완성 키워드는 검색창에 메인 키워드를 검색하면 자동으로 뜨는 단어들이다.

* 메인 키워드 : 누구나 쉽게 떠올리는 넓은 범위의 핵심 키워드. 검색량 많음
* 세부 키워드 : 메인 키워드보다 범위가 좁은 키워드. 검색량 적음

두 번째는 연관 검색어이다. 네이버 검색 시 창 아래(or 페이지 맨 아래)에 연관 검색어를 찾을 수 있다.

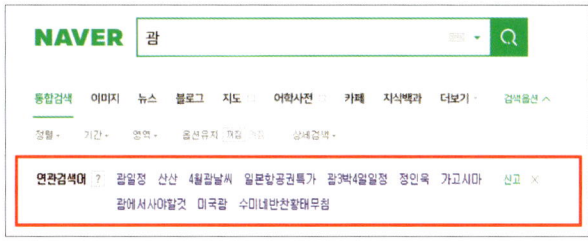

세 번째는 네이버 광고 검색 키워드 활용하기이다.

이는 네이버 키워드 광고와 문서 수를 비교하여 경쟁이 심하지 않은 주제 키워드를 찾는 방법이다. 순서는 아래와 같다.

❶ 네이버 광고에서 키워드 검색
❷ 연관 키워드 中 월간 검색 수 확인 ➡ 가능 키워드 뽑기
❸ 블로그에서 문서 수 확인
❹ 키워드 월간 검색 수 vs 블로그 문서 수 비교
❺ 세부 키워드 선택

예 '코로나'로 경쟁력 있는 키워드 찾기
❶ 네이버 광고에서 키워드 검색

❷ 연관 키워드 中 월간 검색 수 확인 ➡ 가능 키워드 : 소독기, 귀안아픈마스크

❸ 블로그에서 문서 수 확인 ➡ '소독기' 문서 수 확인

➡ '귀안아픈 마스크' 문서 수 확인

❹ 키워드 월간검색 수 vs 블로그 문서 수 비교

구분	네이버광고 월간 검색수		블로그 문서수
	PC	모바일	
소독기	2,170	5,360	257,368
귀안아픈 마스크	1,530	9,900	746

❺ 세부 키워드 선택 ➡ '귀안아픈 마스크'로 최종 선택

- 블로그 홍보하기 & 이웃 모으기

블로그에 이미 수많은 경쟁자가 있기에 내 블로그를 당장 키우기는 쉽지 않다. 시간이 오래 걸릴 수밖에 없음을 인정하고 꾸준함을 유지해야 한다. 블로그에 글이 쌓이기 시작하면 이제 내 블로그를 홍보하고 이웃을 늘려보자. 초보 블로거의 초기 운영 및 홍보 방법은 아래와 같다.

❶ 블로그 시작 후 한 달 정도는 블로그 글쓰기에 집중하자

내 블로그에 글이 없는 상태에서 이웃을 늘리는 것은 의미가 없다. 글도 없는 블로그에 누가 이웃을 신청하겠는가?

❷ 하나의 주제에 집중해 전문성을 확보하자

앞서도 이야기했지만, 블로그 주제가 너무 다양하면 방문자가 헷갈릴 수 있다. 내 블로그에 대한 정체성이 명확해야 한다.

❸ 서로 이웃 신청하기

이웃은 내 블로그와 유사한 블로거에게 해야 한다. 블로그 활성화를 위해 하루에 100명(하루 최대 신청 가능 인원)에게 무작위로 서로 이웃을 신청할 수가 있다. 단시간에 이웃을 확보할 수도 있지만, 자칫 잘못하면 저품질 블로그가 될 수 있다. 나와 비슷한 관심사의 사람과 이웃을 신청해야 소통하는 재미가 있다.

❹ 유사 블로거 찾는 방법

- 내 블로그 주제를 검색해 나오는 블로그 글을 방문해서 이웃 신청하기

'괌여행' 검색했을 때 나오는 문서만도 131,942건이다. 이웃 신청할 수 있는 블로거는 수만 명이 넘는다.

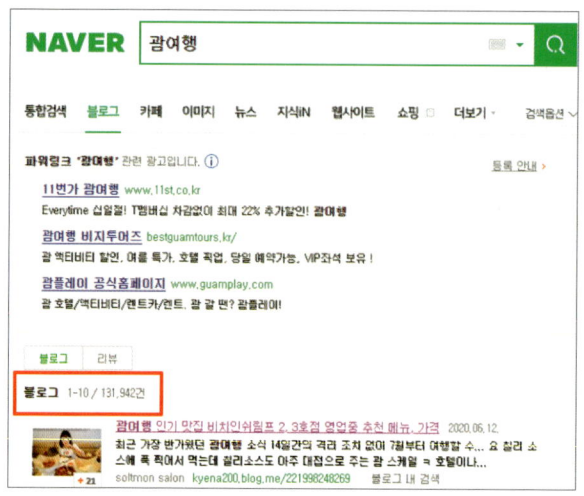

- 유사 우수 블로거의 글에 공감, 댓글을 다는 사람에게 이웃 신청하기
❺ 이웃 신청은 최대한 관심사를 표현하고 친근하게

단순하게 이웃을 신청하기보다는 이웃 블로거의 글을 읽고 공감과 댓글을 달자. 그리고, 해당 블로거나 포스팅한 글에 대한 느낌을 적어보자.

예 0000을 읽으니 000이 좋았어요. 저랑 생각이 비슷하신 거 같아요.

블로그 수익화하기

블로거를 통한 제품 및 서비스 광고

블로그는 시장규모가 큰 만큼 경쟁이 심하다는 것을 명심해야 한다. 다른 어떤 플랫폼보다 쉽게 접근할 수 있지만, 성공하기 위해서 많은 노력과 시간이 필요하다. 물론, 수익화를 하는 것도 쉬운 일이 아니다. 그럼 도대체 블로그로 어떻게 수익을 만들 수 있을까? 블로그를 통해 수익화하는 방법은 아래와 같다.

❶ 제휴마케팅

제휴마케팅은 가장 흔하게 많이 사용하는 방법이다. 내 블로그에 다른 사람의 상품 광고를 링크하여 판매가 이루어지면 일정 비율의 수수료를 받는 것이다.

- CPC (Cost Per Click) : 배너나 링크를 클릭 시 수익이 발생
- CPS (Cost Per Sale) : 클릭 후 제품 구매가 이루어졌을 때 수익이 발생
- CPA (Cost Per Action) : 회원가입, 상담신청, 견적문의 등이 이루어졌을 때 수익 발생

※ 네이버 애드포스트 승인 기준 (네이버 공식 입장은 아닌 블로거 의견 종합)
- 블로그 개설일 : 90일 이상
- 게시글 수 : 50개 이상
- 방문자수 or 페이지뷰 : 100명 이상

❷ 체험단
블로그에 상품에 대한 사용 경험을 후기로 작성해주고 수수료를 받는 방법이다.
- 방문 체험단 : 매장을 직접 방문해 체험하고 후기 작성 (예 맛집, 카페 등)
- 제품 체험단 : 제품을 받고 사용 후기를 작성 (예 전자제품, 화장품 등)
- 기자단 : 직접 체험하는 것이 아니라, 사진/콘텐츠를 받아 소개 글 작성

블로그로 물건 팔기 '블로그 마켓/쇼핑몰' 운영

블로그를 통해 유입된 방문자와 이웃을 기반으로 상품을 판매하는 방법이다. 온라인 쇼핑몰과 비슷하나, 별도의 쇼핑몰 구축비용과 광고비가 들지 않는 장점이 있다. 블로그 자체가 고객 유입을 위한 마케팅 도구이며, 광고/판매 채널이 되기 때문이다. 취향과 성향이 비슷한 이웃들이 잠재고객이기에 일반 쇼핑몰보다 구매확률이 높다. 직장인은 온라인 쇼핑몰을 바로 운영하는 것이 부담스러울 수 있다. 우선 블로그 마켓을 통해 경험을 쌓은 후 독립 브랜드 쇼핑몰을 개설해도 늦지 않다. 블로그 마켓은 이웃과의 '소통'을 기반으로 운영됨을 잊지 말자.

'지식 콘텐츠'로 돈 벌기

블로그 운영을 통해 '퍼스널 브랜딩'을 구축하고, 이를 기반으로 다양한 지식 콘텐츠 사업을 할 수 있다.

❶ **PDF 전자책** : 블로그를 운영하면서 포스팅했던 글을 기반으로 여러 개의 PDF 전자책을 판매할 수 있다. 여행 관련 블로그를 운영했다면, 지역별/나라별-자유여행/패키지-숙박/식당 등으로 분류한다. 그리고 사진과 느낌, 경험을 담은 전자책을 만들 수 있다. (**예**. 노르웨이 자유여행 _ 현지인만 아는 여행지 TOP 20)

❷ **출판** : PDF 전자책과 같이, 내가 포스팅한 글을 책으로 엮을 수 있다. 직접 출판사에 투고할 수도 있고, 블로그가 활성화되면 출판사로부터 제안을 받을 수도 있다. 갑자기 책을 쓴다면 힘들겠지만, 1일 1 포스팅 365일이면 출판할 수 있는 글감을 확보한 것이다.

❸ **강의** : 최근에 크몽, 탈잉 등 다양한 재능마켓 플랫폼이 생겨났다. 이들 플랫폼을 통해 오프라인으로 원데이클래스, 코칭, 1:1 컨설팅 등을 진행할 수 있다. 또한, 에듀캐스트, 유데미 등과 같은 온라인 플랫폼을 통해 내 강의를 개설할 수도 있다. 된다. 강의 경험이 쌓이면 정부 기관, 기업으로부터 다양한 강의 제안을 받을 수 있다. 또한, 블로그를 통한 수강생을 모집할 수도 있다.

다른 채널로 확장&연결을 통해 퍼스널 브랜드 강화하기

블로그를 운영하며 포스팅한 글/사진/영상 등을 다른 채널로 확장하자. SNS는 점점 진화하고 있다. 예전에는 웬만한 궁금증은 네이버 블로그에서 해결할 수 있었다. 하지만, 이제는 구글을 통한 검색이 늘어나고 있다. 유튜브는 더 설명이 필요도 없고, 인스타그램과 브런치의 성장도 눈에 띈다. 그 외에도 네이버 카페, 페이스북, 밴드 등이 있다. 이들 모두를 블로그와 연계할 수 있다. 블로그에 포스팅한 영상은 유튜브로, 사진은 인스타그램으로, 연결하자. 그리고 다양한 이웃들은 카페를 통해 소통하도록 하자. 이들 채널과 연계하면 상호 보완하며 나의 브랜드를 키울 수 있다. 퍼스널 브랜드가 강화되면 기회는 그만큼 더 많아질 것이다.

최근 네이버는 인플루언서 검색*을 출시했다. 네이버 인플루언서는 블로그에 머무르지 않고, 유튜브, 인스타그램 등의 영향력을 포함한다. 네이버도 자체 블로그에만 머물러서는 더 이상 성장이 어렵다고 판단한 것이다. 개인도 마찬가지이다. 어느 하나의 채널에 머물러서는 안 된다. 진화하는 채널에 빨리 올라타서 선점하고 연결해야 한다. 유튜브, 인스타그램 등 분야별

---

* 네이버 인플루언서 검색 : 분야별 전문 창작자들이 네이버 검색 결과에 직접 참여하여 만들어 내는 새로운 검색. 네이버 블로그, 포스트, 네이버TV, 유튜브, 트위터 등

로 시장을 선점한 사람들은 더 큰 이익을 누리고 있다. 또한, 최근에는 분야를 넘나들며 개인 브랜드 파워를 늘려가고 있다.

SNS 채널에서는 High Risk! High Return!이 아니다. 아무런 Risk도 없으니, 지금 당장 도전하고 시작하자.

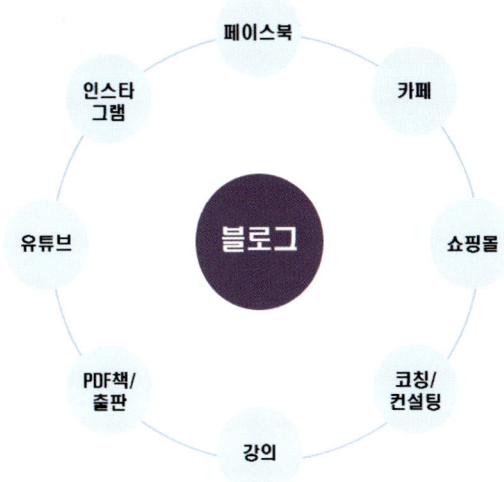

▲ 블로그를 통한 다른 채널로 확장하기

성공사례 1 _ 블로그 3대장 '세수하면이병헌'의 블로그 성공 스토리

블로그 차트 전체 3위
블로그 누적 방문자 수 2천 5백만 명
블로그 하루 평균 방문자 수 2.5만 명
블로그 구독자 2.1만 명

명실상부 국내 최고의 육아/IT 블로그인 '*세수하면이병헌'을 운영하는 황성원 씨는 인사/노무를 담당하던 직장인이었다. 맞벌이 부부로 평범하게 살던 그는 첫째 아이가 생기면서 많은 변화를 겪게 되었다. 가장으로서 무게감이 커짐은 물론이고, 맞벌이 부부가 주변의 도움 없이 아이를 키우는 것은 매우 힘들었다. 아이가 90일이 된 시점부터 어린이집 종일반(08:00~19:00)에 맡기고 직접 등하원을 시켰다. 부모로서 아이를 사랑하는 마음은 컸지만, 경제적인 부분 때문에 회사를 포기할 수는 없었다. 하지만, 직장에 대한 근본적인 고민을 하기 시작해 회사를 벗어나 가족과 함께하는 생활을 꿈꾸었다.

아이를 키우면서 자연스럽게 외부생활(친구와 술자리/회사 회식 등)은 줄어들었다. 집에서 시간이 늘어나면서 월급을 벗어난 부수입에 대해 고민을 하기 시작했다. 2015년 지인을 통해 블로그를 통한 수입 창출이 가능하다는 것을 알게 되었다. 블로그는 별도의 비용이 들지 않고 하루에 1~2시간만으로 운영할 수 있었다. 그렇게 아빠 육아를 중심으로 직장인, 늦깎이 대학생, 밴드 보컬로 살아가는 일상을 공유했다. 처음에는 글을 쓰는 것도 사진을 찍는 것도 모두 어색했다. 블로그 관련 글과 책을 보고 하나씩 공부하며 1일 1 포스팅을 지속해서 해나갔다.

* '세수하면이병헌'은 황성원 씨가 영화배우인 이병헌 씨와 닮은 외모로 인해 붙여진 별명임.

평범하지만 진솔한 그의 글에 많은 사람이 관심을 두기 시작했다. 블로그 시작 6개월 만에 1백만 조회수를 기록하며 블로그는 빠르게 성장할 수 있었다. 가족과 함께 하는 생활을 꿈꾸던 그는 전업 블로거를 목표로 다양한 시도를 해나갔다. 특히, 6개월의 육아휴직 기간 동안 온전히 블로그에만 전념했다. 그렇게 블로그를 통해 제품 리뷰와 글 기고 등으로 월급 외 부수입을 창출할 수 있었다. 블로그를 시작한 지 2년여 만에 월급보다 많은 수입을 얻으면서 그는 퇴사를 결정했다. 현재는 전업 블로거의 삶을 살아가며 블로그 강의와 유튜브 등을 통해 자신의 브랜딩을 확장하고 있다.

블로그를 시작하는 직장인을 위한 3가지 조언

그는 이제 블로그 3대 장으로 불리며, 영향력 있는 블로거로 성장했다. 누적 방문자는 2천 5백만 명, 하루 방문자는 2만 명이 넘는다. 하지만, 평범한 직장인으로서 블로그를 시작하고 키우는 것이 쉽지만은 않았다. 그는 직장인 블로거는 전업 블로거와 다른 마음가짐과 접근이 필요하다고 이야기한다. 다음은 블로그를 시작하는 초보 직장인 블로거들을 위한 그의 조언 사항이다.

첫 번째는 '꾸준함'이다.

2015년에 블로그를 개설한 이후로 횟수로 6년 동안 거의 매일 글을 올리고 있다. 한두 번 글을 쓰는 것은 어렵지 않겠지만, 매일 글을 쓰는 것은 쉬운 일이 아니다. 글을 올리기 위해 글감을 찾고, 사진을 찍어야 한다. 그리고, 매력적인 제목을 정하고 편집을 해서 글을 올려야 한다. 처음에는 이 모든 과정이 어려웠지만, 꾸준하게 실행하니 점점 익숙해졌다. 그는 블로그 초기에 육아와 병행하였기에 하루 4시간 이상을 자본 적이 없었다. 이 세상에 무엇도 꾸준함을 이길 수는 없을 것이다.

블로그를 시작하는 많은 사람들이 시작도 하기 전에 포기한다. 본인은 글쓰기, 사진찍기에 소질이 없다고 생각한다. 하지만, 그 역시도 블로그 초기에는 글 쓰는 것, 사진 찍는 것 모두 익숙하지 않았다. 글쓰기는 지속해서 반복해서 쓰다 보면 실력이 좋아진다. 그의 초기 블로그 글과 지금의 블로그 글에는 많은 차이가 있다. 글쓰기를 두려워하지 말고 일단 시작해야 한다. 그렇게 1일 1 포스팅을 위해 노력하다 보면 자연스럽게 블로그 글의 품질은 향상될 것이다.

두 번째는 '이웃관리' 이다.

블로그는 나의 일상을 올리고 이웃과의 소통하는 것이 전부라고 해도 과언이 아니다. 그만큼 이웃관리는 블로그에 있어 매우 중요하다. 검색을 통해 내 블로그에 방문하고 이웃이 되는 경우도 있지만, 초기에는 내가 먼저 다른 블로그를 찾아가 공감과 댓글을 표현해야 한다. 가끔 블로그를 찾아다니면서 이웃 신청하는 것을 안 좋게 보는 경우가 있다. 하지만, 초기에 나를 알리는 작업도 필요하다. 어느 가게든지 초기에 홍보를 안 하는 가게는 없을 것이다. 조용히 가게만 열어놓으면 스스로 찾아오는 손님이 몇 명이나 있겠는가? 선배 블로거들에게 나를 소개한다는 생각으로 먼저 찾아가기 바란다.

종종 다른 블로그를 찾아가 기계적으로 서로 이웃을 신청해 이웃을 늘리기도 한다. 무작정 이웃을 늘리기보다는 나와 관심사가 비슷한 블로거와 이웃을 맺어야 한다. 그리고 상대방의 글을 읽고 진심 어린 댓글을 남겨야 한다. 그러면, 상대방도 나의 진심을 알아줄 것이다. 상대방이 먼저 이웃을 신청할 수도 있고, 나의 이웃 신청을 흔쾌히 수락해줄 것이다. 그는 자신과 비슷한 육아 블로그를 찾아갔다. 육아라는 공통의 관심사로 서로 쉽게 이웃이 될 수 있었다. 블로그도 현실 세계와 다르지 않다 먼저 다가가면 상대방도 다가올 것이다.

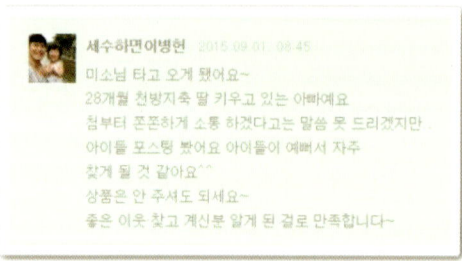

▲ 블로그 초기에는 관심사가 비슷한 블로그를 먼저 찾아가 적극적으로 나를 알려야 한다.

블로그는 오롯이 나 혼자 운영해야 하기에 이웃과 소통이 없다면 지속하는 데 어려움이 있다. 그 역시 초기에 블로그를 활성화하는 데 어려움이 있었다. 1일 1 포스팅을 꾸준히 했지만, 생각만큼 활성화가 안 되었고 외로움과 싸워야 했다. 어려운 상황에서 그에게 도움을 주었던 것은 바로 이웃이었다. 보다 많은 경험을 한 이웃 블로거들의 조언으로 어둠의 터널을 뚫고 나올 수 있었다. 많은 이웃을 모으는 것도 중요하지만 찐 이웃을 만드는 일도 중요하다. 가벼운 이웃 1,000명보다는 진짜 이웃 1~2명이 더 낫기 때문이다. 나 역시 이웃의 진짜 이웃이 되기 위해 노력해야 한다.

세 번째는 '글쓰기'이다.

유튜버에게 말 잘하는 능력이 중요하다면, 블로거에는 필력이 중요하다. 필력을 늘리는 방법은 결국 꾸준함이다. 글쓰기에 왕도는 없다. 오랜 기간 고민하고 다양한 시도를 하면 글쓰기 실력은 자연스럽게 향상될 것이다. 또한, 글은 내가 아니라 읽는 사람을 생각해야 한다. 나는 글의 스토리를 이미 알고 있으므로 대충 글을 써도 내용을 이해할 수 있다. 하지만, 처음 방문한 사람은 다르다. 나에 대해 모르는 사람이 대부분이다. 누구라도 이해할 수 있게 논리적이고 가독성이 있어야 한다. 나에게만 재미있는 글이 아니라 방문자를 배려하는 글을 써야 한다.

그가 글을 쓰는 방법은 '150년 하버드 글쓰기 비법'의 OREO를 활용한다. OREO는 'Opinion – Reason – Example – Opinion/Offer (핵심 – 근거 – 예시 – 핵심)'의 총 4단계로 글을 쓰는 방식이다. 두괄식으로 핵심 의견을 제시하고 근거와 예시를 대고 최종 의견과 제안으로 마무리한다. 예를 들어 '수영장이 좋았던 펜션 후기'를 쓴다고 한다면 아래와 같다.

❶ 핵심 : 강원도의 OOO 펜션은 수영장이 정말 좋았어요.
❷ 근거 : 수영장 물이 엄청 깨끗하고, 시설이 좋았어요.
❸ 예시 : 수영장 물은 150m 천연 암반수를 사용해서 수질이 좋았고, 수영장에 비치체어와 타올이 배치되어 있고, 샤워 시설까지 갖춰져 있었어요..
❹ 핵심 : 수영장이 좋았던 OOO 펜션에서 행복한 시간 보냈네요.

이 방식을 활용하면 글이 논리 정연해지고 가독성을 높일 수 있다. 더불어 글 쓰는 방식에 대한 고민이 줄어들어 시간을 단축할 수 있다.

글쓰기 주제 찾는 노하우

첫 번째는 일상에서 글감 찾기이다. 매일매일 글을 쓰기 위해서는 일상에서 글감을 찾는 노력을 해야 한다. 글감을 찾기 위해 다음 두 가지에 대해 스스로 인터뷰하듯 질문을 해보기 바란다.

- '나의 관심사'에 대한 질문이다. 나는 무엇을 좋아하지? 오늘 하루 제일 많이 생각하고 시간을 제일 많이 투자한 것이 무엇이었지? 생각해본다. 내가 제일 좋아하는 것이 내 블로그의 가장 좋은 글감이 될 것이다
- '내가 하는 일'에 대한 질문이다. 일을 좋아하는 사람은 많지 않을 것이다 하지만, 좋든 싫든 일을 하고 있다는 것은 다른 사람보다 그 일에 대한 노하우가 있다는 이야기이다. 나의 일중에 남들과 공유하고 소개하고 싶은 것이 어떤 것인지 생각해보기 바란다.

예를 들어, 전업주부라면 '밥', '빨래', '아이 교육' 등에서 다양한 글감을 찾을 수 있다.

- 아침에 밥 먹이기 힘든 아이들을 위한 간단한 아침 영양식사 준비
- 사랑하는 가족을 위한 특별한 저녁 레시피

'밥'에 대한 주제로 하루에 벌써 두 개의 글을 포스팅할 수 있다. '내 글을 과연 읽는 사람이 있을까?'라는 걱정은 일단 접어두자. 너무 걱정하지 말고 일단 소소하게라도 시작해야 한다. 그리고, 대단하고 맛있는 메뉴가 아니라, 그냥 평범한 일상을 보여주면 된다.

두 번째는 세분화하기이다. 전업주부의 경우 빨래에 대한 글을 쓴다면 네이버에 빨래에 대해 검색한다. 빨래 관련해서 빨래건조대, 빨래 쉰내제거, 빨래바구니, 빨래 삶는 법, 빨래 말리기 등이 나온다. 이 모든 것이 글감이 될 수 있다. 이 중 '빨래 쉰내 제거'와 관련된 글을 쓴다고 하면 '일상+정보+실행(경험)+느낌'이 들어가게 글을 작성한다.

예 – 일상 : 아침에 어린이집 보내려고 아이 옷을 입혔는데 빨래가 안 말랐어요 + 냄새나는 옷을 입고 얼굴을 찡그리는 아이 사진
- 정보 : 빨래 냄새 제거하는 방법을 검색해보니 OOO 방법이 있네요
- 실행 : OOO 방법으로 실행해 보았어요
- 느낌 : OOO방법 해보니, 정말 간단하고 효과도 좋네요 + 행복해하는 아이 사진

더불어 세부 키워드 검색을 통해 검색수 대비 문서수가 적은 주제를 찾는다면 더 좋을 것이다

유튜브 vs 블로그

최근 유튜브가 급성장하고 있다. 초등학생 장래 희망 1위가 유튜버일 정도로 유튜브는

대세 SNS로 자리 잡아가고 있다. 현 추세로만 보면 유튜브는 뜨는 해이고 블로그는 지는 해인 것은 맞는 이야기이다. 하지만, 블로그와 유튜브 그리고 다른 플랫폼들은 각자의 특성이 있다. 이는 어느 것이 더 좋고 나쁘다는 개념이 아니다. 유튜브도 블로그도 내가 생각하고 기획해서 창의적인 결과물을 만들어 낸다는 점에서 같다. 어떤 방식으로 이야기를 풀어나가느냐는 방식의 차이이다. 유튜브는 동영상이고 블로그는 글과 사진으로 만든 포스트의 차이이다.

본질적으로 두 가지는 다르지 않다. 중요한 것은 자신에게 어떤 것이 더 맞는지를 찾는 것이다. 어떤 사람은 글 쓰는 것을 잘할 수 있고, 어떤 사람은 영상으로 이야기하는 것을 잘할 수 있다. 결국은 경험해보고 내가 더 잘할 수 있는 것을 하면 된다. 유튜브로 돈을 엄청 많이 번다고 하지만, 내가 한다고 그렇게 벌 수 있는 것은 아니다. 많은 블로거가 유튜브로 넘어가는 경우가 있지만 성공하는 사람은 드물다. 단순히 트렌드를 따르기보다는 본인 적성에 맞는 것을 소신 있게 하는 것이 중요하다. 블로그 시장이 경쟁이 심하고 포화상태라고 하지만, 없어지지는 않을 것이다. 오히려, 많은 사람이 유튜브로 이동하면 남아 있는 사람들에게는 기회가 될 수 있을 것이다.

유튜브가 되었던, 블로그가 되었던 결국에는 나만의 차별성이 있어야 한다. 네이버에 IT 블로그는 엄청나게 많다. 그 안에서 경쟁하고 살아남는 것이 쉬운 일이 아니다. 항상 독자들이 정말 궁금해하는 것이 무엇인지를 고민해야 한다. 그는 IT 분야에 관심이 많기는 했지만, 전문가는 아니었다. 그래서, 직접 제품을 구매해서 사용하고 경험하면서 사용자 관점에서 궁금한 내용에 대해 글을 썼다. 특히, IT 분야에 특성상 독자가 이해하기 쉽게 쓰는 것이 중요했다. 결론적으로 독자가 궁금해하는 것에 대해 자신의 경험을 토대로 최대한 쉽게 썼기에 성공할 수 있었다.

성공사례 2 _ 블로그 쇼핑몰로 경력 단절을 극복하다. '허스타우먼' CEO 허지영

여성 패션 브랜드 '허스타우먼'을 운영하는 허지영 대표는 블로그를 통해 성공한 CEO가 되었다. 여성이라면 경험하게 되는 출산과 육아로 인한 경력단절을 블로그 쇼핑몰 창업으로 극복한 것이다. 지금은 쇼핑몰의 성공을 바탕으로 창업 컨설턴트, 작가, 기업 강사가 되었다. 또한, 자신의 힘들었던 경험을 타인과 공유하며 퍼스널 브랜딩 코치로도 활동하고 있다. 다양한 직업을 가진 그녀는 이제 성공한 N잡러이자 많은 직장 여성들의 롤모델이 되었다.

그는 대학에서 신문 방송학과를 전공했기에 방송국 작가가 꿈이었다. 다른 전공자들처럼 언론고시를 준비하다 우연히 지원한 승무원 시험에 합격하면서 스튜디어스가 되었다. 모집 공고를 처음 본 날이 원서 접수 마지막 날이었을 정도로 승무원에는 큰 관심이 없었다. 전혀 생각지도 못한 길을 가려 했기에 가족들의 반대도 심했다. 최종 면접을 앞두고 다리를 다치자 가족들은 지금이라도 그만두라며 만류했다. 하지만, 시험을 준비하면서 전 세계를 여행하고 다양한 사람들을 만날 수 있는 승무원의 매력에 빠져들었다.

승무원이 되기 위해 1~2년씩 준비하는 친구도 있었지만, 철저한 준비를 통해 짧은 시간에 합격할 수 있었다. 입사 후 승무원이 천직이라 생각하며 업무에 몰두했지만, 밖에서 보이는 것과 다르게 체력적인 소모가 컸다. 선천적으로 체력이 약했기에 다른 동료들처럼 승무원 생활을 충분히 즐기지 못했다. 그 대신 회사에서의 성공과 임원을 꿈꾸며 끊임없이 자기관리를 하고 일에 집중했다. 무슨 일이든 열심히 하면 좋은 결과가 있다는 신념으로 항상 최선을 다했다. 하지만, 다른 여성들처럼 아이가 생기자 많은 것이 바뀌었다. 육아와 회사 생활을 병행하기가 쉽지 않았다.

모든 일을 스스로 결정하고 주도적으로 살아왔는데 아이가 생기자 내 마음대로 할 수가 없었다. 특히, 승무원이라는 직업이 루틴하게 출퇴근하는 것이 아니다 보니 정상적인 육아가 불가능했다. 가족들의 권고와 엄마라는 역할에 충실하기 위해 10년 동안 해온 승무원 생활을 그만둘 수밖에 없었다. 출산 후 3~4년은 육아에 집중했지만, 아이가 어린이집에 들어가자 공허함에 우울증이 찾아왔다. 갑작스러운 퇴사로 재취업은 하늘에 별 따기만큼 어려웠고, 경력단절을 극복하기가 쉽지 않았다. 자연스럽게 나라는 사람에 대해 다시 돌아보게 되었다. 나의 꿈과 내가 좋아하는 것이 무엇인지에 대한 많은 고심 끝에 블로그를 통한 쇼핑몰 창업을 결정했다.

블로그 쇼핑몰로 경력단절을 극복하다

승무원 시절부터 옷을 좋아해 언젠가 쇼핑몰을 하겠다는 생각은 항상 가지고 있었다. 회사를 그만둘 생각은 없었지만, 쇼핑몰 관련 서적을 읽으며 꾸준히 공부를 해왔다. 하지만, 처음부터 블로그 쇼핑몰을 생각한 것은 아니었다. 처음에는 쇼핑몰에 대해 막연한 생각으로 독립 쇼핑몰을 생각했다. 우연히 단골 옷가게 사장님의 추천으로 블로그 쇼핑몰을 알게 되었고 이를 통해 경력단절을 극복할 수 있었다. 우연한 기회에 시작했지만, 블로그 쇼핑몰은 처음 사업을 하는 그에게 여러 가지 장점이 있었다.

우선 블로그 쇼핑몰은 소자본으로 창업할 수 있었다. 막상 쇼핑몰을 하려고 하니 생각보다 큰 비용이 필요했다. 쇼핑몰을 운영하기 위해 사이트를 구축하고, 제품별로 사진을 찍고, 상세페이지를 만들어야 했다. 제대로 된 쇼핑몰 사이트를 구축하려면 적게는 수백만원에서 1,000만원이 넘어갔다. 게다가 초기에 3개월 정도 광고를 진행하면 비용이 만만치 않게 들어갔다. 온라인 쇼핑몰을 시작하는 사람은 많았지만 살아남는 사람은 15% 정도에 불과했다. 처음부터 큰 비용을 들이고 시작하기에는 리스크(RISK)가 컸다. 반면에 블로그 쇼핑몰은 초기 비용이 거의 들지 않았다. 사이트 구축비용은 0원이었고, 많은 상품을 준비하지 않아도 되었다.

두 번째는 초보 창업자가 접근하기에 쉬웠다. 쇼핑몰을 제대로 운영하기 위해서는 생각보다 할 일이 많았다. 쇼핑몰 사이트 구축은 기본이고, 거래처와 제품을 확정하고 재고도 갖추어야 한다. 쇼핑몰을 알리기 위한 홍보 후 주문을 받고 배송과 고객의 A/S도 직접 해야 했다. 여기에 겉으로 드러나지 않는 세세한 부분들까지 신경 써야 할 부분이 너무 많았다. 하지만, 블로그 쇼핑몰은 한 번에 하나씩 단계별로 해나가면 되었다. 제품을 판매할 수 있는 블로그가 되기까지 다소 시간이 걸리지만, 심적으로 급하지는 않았다.

> **블로그 쇼핑몰 운영 과정**
> ❶ 쇼핑몰 컨셉에 맞는 글을 지속적으로 올린다.
> ❷ 방문한 고객과 소통하고 이웃을 늘린다.
> ❸ 이웃이 늘어나면 이를 기반으로 상품 판매를 시작한다.
> ❹ 상품 주문/결제를 받고 배송을 한다.
> ❺ 구매 고객과 소통을 통해 단골로 만든다.

세 번째는 고객과 신뢰를 기반으로 거래가 이루어지기에 가격 경쟁을 극복할 수 있었다. 초보 사업자는 기존 성공한 사업자보다 가격 경쟁력을 확보하기가 어렵다. 구매 물량이 많지 않고 도매업자와 신뢰가 적어 저렴한 가격에 제품을 받기가 어렵기 때문이다. 특히, 온라인 쇼핑몰에서 가격 경쟁력은 사업의 존폐가 걸린 큰 문제이다. 하지만, 블로그 쇼핑몰은 일반적 쇼핑몰과 다르게 고객과 소통이 매우 중요하다. 고객과의 소통을 통해 신뢰를 쌓고 그 신뢰를 바탕으로 거래가 이루어지기 때문이다. 이런 이유로 가격보다는 제품의 품질이 더 중요한 면이 있다. 쇼핑몰은 초보였지만 고객을 응대하는 것이 몸에 배어 있는 그에게 최고의 선택이 되었다.

네 번째는 고객과의 소통을 통해 스스로 힐링이 되었다. 블로거에서는 구독자/팔로워를 이웃이라고 부른다. 그녀가 블로그를 시작한 것은 쇼핑몰을 운영하기 위한 목적이었다. 하지만, 글을 올리고 이웃들과 소통하는 과정에서 육아로 지친 자신을 치유 받을 수 있었다. 그만큼 이웃은 하나의 가족 같은 존재였다. 이웃들은 그가 올리는 글과 상품들에 하나하나 반응해주고 칭찬해주었다. 블로그를 통해 잃었던 자존감을 다시 찾을 수 있었다. 블로그는 내 콘텐츠에 관심 있는 사람이 찾아오고 이웃을 맺기에 성향과 취향이 비슷하다. 이런 이유로 서로 소통이 쉽고 신뢰를 쌓는데 어려움이 없었다. 신뢰가 쌓이면서 이웃들은 그를 믿고 제품구매를 하게 되었다. 이런 관계를 바탕으로 가격보다는 품질에 신경쓰며 좋은 제품을 공급하는 판매자이자 이웃이 될 수 있었다.

블로그 쇼핑몰로 성공할 수 있는 필승 전략

그에게 블로그 쇼핑몰은 최고의 선택이었지만 안정적인 수익을 창출하기까지 쉽지만은 않았다. 우선 쇼핑몰을 운영할 수 있을 수준의 이웃을 모아야 했다. 그리고 거래처를 확보하고 제품 소개 글을 작성하고 고객과 지속적인 소통을 해야 했다. 여러 가지 시행착오를 통해 1년이 지나서야 안정적인 블로그가 될 수 있었다. 이웃을 모으고, 성공적인 블로그 쇼핑몰이 될 수 있었던 그의 노하우에 대해 알아보자.

• 블로그 컨셉 정하기

블로그 쇼핑몰에 있어 가장 먼저 고려해야 하는 것은 블로그 컨셉이다. 블로그 컨셉은 향후 판매할 제품과 연결이 되어 있어야 한다. 블로그 콘텐츠는 남성 스포츠 관련 내용을 올리면서 여성복을 판매할 수는 없을 것이다. 20~30대 여성 의류를 판매할 계획이라면 그들과 관련된 콘텐츠를 지속해서 올려야 한다. 그들이 많이 가는 카페와 식당 그리고 그들이 좋아하는 힙한 드라마와 연예인이 누군지 알아야 한다. 그리고 이와 연관된 콘텐츠를 올려 이들이 블로그를 방문할 수 있게 해야 한다. 그리고 그들과 소통을 해야 한다. 그는 승무원으로서 해외 경험을 살려 세련되고 고급스러운 이미지로 블로그 컨셉을 설정했다.

• 판매 아이템 선정하기

내가 팔려는 제품은 가장 좋아하고 관심이 많은 제품을 선정하는 것이 제일 좋다. 그는 자신이 가장 좋아하는 여성 의류를 아이템으로 선정했다. 승무원 생활을 통해 해외 브랜드와 의류 트렌드 정보에 익숙했다. 부업으로 쇼핑몰을 생각하는 직장인이라면 더더욱 잘 아는 분야의 제품을 선택해야 한다. 업체를 만나고 협상하는 일련의 과정이 생각보다 어렵기 때문이다. 잘 모르는 제품을 선정하면 시간이 오래 걸리고 체력적인 소모가 크다. 최대한 내가 많이 알고 관심이 있는 제품을 선택해야 에너지 소모를 줄일 수 있고 즐겁게 일할 수 있다. 그동안 내 생활을 객관적으로 살펴보자. 그리고, 회사업무와 병행해도 쉽게 지치지 않고 할 수 있는 제품이 무엇인지 생각해보자.

- 타겟 고객 구체화하기

모든 고객을 만족하게 하는 제품은 전 세계에 어디에도 없을 것이다. 고객을 세분화하고 타겟을 명확히 해야 효율적으로 일을 할 수가 있다. 성별과 나이, 직업과 소득, 그리고 패션 스타일 등의 세분화를 통해 타겟을 구체화해보자. 그리고 타겟 고객의 라이프 스타일과 트렌드를 살펴보자. 만약 30대 여성 직장인을 타겟으로 한다면, 최근의 트렌드는 52시간 근무, 복장 자유화, 워라밸, 취미와 배움 증가 등의 트렌드를 고려해야 한다. 아무래도 기존의 포멀한 정장 제품보다는 캐쥬얼한 제품의 수요가 늘어날 것이다. 그는 비슷한 경험을 가진 30대 이상의 여성 직장인을 타겟으로 하였다. 그리고, 여성들이 가장 원하는 날씬하고 세련된 스타일의 컨셉으로 한 제품을 판매했다.

구분	아이템	성별	연령	직업	월소득	사용상황	패션스타일	라이프스타일	추구하는 편의
패션	의류	여성	10대	학생	100만원~	회사	클래식	보수적	가격
	가방	남성	20대	직장인	200만원~	운동	모던	현대적	유행
	운동화		30대	전문직	300만원~	여행	캐주얼	낭만적	실용성
	모자		40대	자영업	400만원~	친구만남	댄디	과시적	심미성
	시계		50대	주부	500만원~	데이트	스포치		브랜드
	액서사리		60대	공무원		등산	엘레강스		품질

▲ 고객 세분화 예시

- 작은 규모로 시작하기

어떤 제품이 되었던, 시작은 큰 돈을 들이지 말고 작게해야 한다. 판매 경험이 적기에 실패할 확률이 높기 때문이다. 처음부터 다양한 제품을 판매하기보다는 고객, 트렌드 등을 고려해 한두 개 제품으로 시작해보자. 판매 추이를 보고 경험을 쌓은 후 아이템을 하나씩 더 추가해보자. 그리고 제품을 추가할 때는 유사 제품군으로 확장을 해야 한다. 여성 패션 정장을 판매했다면 다음은 가장 유사한 캐쥬얼 정장을 선택한다. 그리고 캐쥬얼 청바지/치마로, 다시 패션 잡화로 확장을 해보자. 유행에 따라 전혀 다른 제품을 늘리기 보다는 최대한 유사한 항목으로 조금씩 확장해보자.

- 이웃 관리 하기

블로그 쇼핑몰에서 무엇보다 중요한 것은 이웃 관리이다. 결국 제품을 구매하는 사람은 이웃이기 때문이다. 이웃이 없으면 블로그 쇼핑몰은 존재가 불가하다. 이웃은 내 제품을 구매하는 사람이라기보다는 하나의 가족과 같이 생각하고 대해야 한다. 그는 제품을 구매하는 이웃 모두에게 정성스러운 손편지를 통해 마음을 전한다. 편지를 쓰면서 이웃들의 이름을 다시 한번 기억한다. 오랜 승무원 생활로 인한 배려와 친절이 이런 소통에 도움이 되었다. 또한, 이웃은 그에게 단순한 고객 이상의 존재이다. 그는 이웃과 소통을 통해 우울증을 극복하고 자존감을 회복할 수 있었기 때문이다.

- 철저한 시장조사와 벤치마킹하기

블로그 쇼핑몰을 처음 시작하는 사람이라면 스스로 초보임을 인정해야 한다. 초보 셀러가 가장 쉽게 배울 수 있는 방법은 업계에서 성공한 사람과 실패한 사람에 대한 벤치마킹이다. 어찌 보면 경쟁자일수도 있기에 이들에 대해 철저하게 연구해야 한다. 대박 쇼핑몰은 나름의 판매 전략과 고객 응대의 원칙이 존재한다. 쇼핑몰을 자세히 살펴보고 고객의 댓글과 그들의 응대 방법 등도 상세히 살펴보자. 그리고 가능하다면 그들에게 제품을 구매하고 고객 응대를 어떻게 하는지도 직접 경험해보자. 그는 쇼핑몰을 시작하기 전 경쟁업체에 대해 철저한 분석을 진행했다. 경쟁사들은 저렴한 가격을 강조하고 고객 응대가 생각보다 좋지 않았다. 좋은 제품과 서비스로 충분히 성공할 수 있다는 확신을 갖게 되었다.

언젠가는 떠나야 한다. 지금부터 준비하자

그가 회사를 그만두고 가장 후회했던 것은 직장 다닐 때 아무런 준비를 하지 않았다는 것이었다. 몇몇 사람은 더 높은 꿈과 이상의 실현을 위해 일찍 회사에서 나오기도 한다. 하지만, 대부분의 직장인은 회사라는 좁은 세상에 갇혀서 그 안의 세계에 매몰되어 있다. 어느 순간 내 의지와 상관없이 회사를 그만두게 되고, 충분한 준비 없이 퇴사한다. 그러다 보니 새로운 세상에 적응하기 어렵고 실패할 확률은 높아진다. 이런 직장인들에게 블로그를 통한 창업은 퇴사 후에 평생직장으로 할 수 있는 대안이 될 수 있다. 직장을 다니면서 운영하는 것이 어렵지만 이 과정을 거치고 나면 지속적인 수익을 창출할 수 있다.

그는 직장에 있을 때 작고 다양한 경험들을 해보라고 조언한다. 당장 쇼핑몰을 운영하는 것이 부담된다면 우선 당근마켓 같은 중고 사이트를 이용해보자. 집에 있는 중고물품 판매를 통해 판매의 경험을 쌓을 수 있고 꽤 괜찮은 부수입을 얻을 수도 있다. (집에 생각보다 쓰지 않은 물건이 많음에 놀랄 것이며, 생각보다 많은 돈이 됨에 놀랄 것이다.) 물건을 판매하기 위해 사진을 찍어 제품을 올리고 가격을 책정해야 한다. 고객에게 제품을 설명하고 가격도 흥정해야 한다. 구매가 확정되면 물건을 포장하고 배송을 하고 마지막으로 고객 리뷰도 관리해야 한다. 또한, 나와 같은 제품을 팔고 있는 사람들이 얼마에 어떤 조건에 팔고 있는지도 확인해야 한다. 이런 일련의 과정이 일반적인 쇼핑몰과 아주 다르지 않고 비슷한 경험을 할 수 있을 것이다.

오랫동안 승무원 생활을 한 그에게 이웃과 소통이 중요한 블로그 쇼핑몰은 최고의 선택이었다. 하지만, 블로그 쇼핑몰로 수익을 올리기까지 많은 시간이 걸렸다. 블로그를 오픈하고 이웃들과 소통하며 신뢰를 쌓았고 6개월이 지나서야 수익이 발생했다. 안정적으로 수익이 날 때까지 1년이라는 시간이 걸렸다. 직장인이 퇴사하고 6개월 이상을 수입 없이 쇼핑몰을 운영하는 것이 쉽지 않을 것이다. 이런 이유로 회사에 다니면서 천천히 하나씩 해나가야 한다.

우리는 모두 본업에 충실해야 한다. 우리 삶의 바탕이기 때문이다. 하지만, 살면서 내가 원하는 대학, 원하는 회사, 원하는 일을 선택한 사람은 많지 않을 것이다. 회사의 일이 내가 좋아하는 일이고 나의 미래를 책임져주면 좋겠지만 대부분은 그렇지 않다. 회사에서의 미래가 불확실하고 적성이 맞지 않는다면, 직장에 대해 고민을 해보자. 10년, 20년을 나와 맞지 않는 직장에서 일할 수 있을까? 그게 아니라면 내가 진정 좋아하고 나를 행복하게 해줄 수 있는 것이 무엇인지 생각해보자. 당장에 직장을 그만두기는 어려울 것이다. 하지만, 조그만 회사 안보다는 회사밖에 더 많은 기회가 존재한다. 그리고, 그 기회는 그것을 잡기 위해 도전하고 움직인 사람만이 성취할 수 있다.

블로그 쇼핑몰로 경력단절을 극복한 그는 유명한 창업 컨설턴트이며, 6권의 책을 출판한 작가가 되었다. 또한, 직장인들에게 힘을 주는 동기부여가 이며, 퍼스널 브랜딩 코치로도 활동하고 있다. 블로그 쇼핑몰로 시작했지만, 자신을 브랜딩하며 성공한 N잡러의 삶을 살고 있다. 하지만, 지금의 다양한 직업과 자신감은 처음부터 계획하고 준비한 것은 아니었다. 우선 하나를 실천하고 움직여 결과물을 만들어 냈기에, 다음 기회들로 자연스럽게 이어질 수 있었다. 그가 퇴사하지 않고, 선배의 조언대로 조금만 참고 버티기만 했다면 지금의 행복은 없었을 것이다. 결과를 내기까지 쉽지 않은 과정이기에 지금부터 움직이고 준비해야 한다.

4 _ 네이버 카페
대기업 사장 안 부러운 네이버 카페 만들기

우리는 네이버 검색을 통해 수많은 정보를 찾는다. 대부분의 정보는 블로그를 통해 얻는 경우가 많다. 그리고 좀 더 자세한 실사용자의 생생한 경험을 듣고 소통하기 위해 카페에 가입한다. 네이버에 존재하는 카페 수만 1천만 개가 넘는다고 한다. 필자가 가입한 카페만도 30개가 넘는다. 아마도 개인별로 가입한 카페가 적게는 20개에서 많게는 100개가 넘는 경우도 있을 것이다. 이렇듯 네이버 카페는 생각했던 것보다 우리 생활에 가까이 존재해 있다.

그럼 왜 이렇게 많은 카페가 존재하는 것일까? 기본적으로 '인간은 사회적 존재' 이기 때문이다. 우리는 다른 사람과 정보와 감성을 공유하고 소통하기를 원한다. 더 나아가 이를 통해 정서적으로 안정감을 느끼길 원한다. 직장 동료와는 취미와 관심사를 공유하지 못하지만, 카페에는 나와 같은 취향의 사람들이 존재한다. 물론, 블로그, 페이스북 등과 같은 온라인을 통해 교류하지만, 카페처럼 소속감을 느끼지는 못한다. 또한, 카페는 온라인뿐만 아니라 오프라인으로도 교류가 이루어지기에 좀 더 관계 지향적이다.

그리고, 카페를 통해 사업화/수익화가 가능하다. 우리가 지속해서 직장 외 사이드 프로젝트를 고민하는 이유는 회사에 만족하지 못하기 때문이다. 회사의 업무에 만족하지 못하고, 조직 문화와 사람들의 관계가 만족스럽지 못하다. 그리고, 결정적으로 회사의 월급에 만족하지 못한다. 우리는 가능하다면 회사를 벗어나 나만의 사업을 꾸리고 성공하고 싶은 꿈이 있다. 카페는 마음에 맞는 사람들과 함께하며 이런 꿈을 이룰 수 있는 플랫폼이다. 카페는 지친 회사원에게 정신적으로 물질적으로 안정을 주는 대안이 될 수 있다.

최근 상업화된 카페들에 대한 비판의 목소리가 존재한다. 상업화 카페의 대표 격인 중고나라 카페와 각 지역에 존재하는 수많은 맘카페가 그렇다. 카페 초기의 순수한 목적을 벗어나 상업적으로 변했다는 점에서 많은 비판을 받는다. 그리고, 돈 문제가 있다 보니 이런저런 많은 말들이 나오는 것이다. 하지만, 이런 일들을 비판하고 비난만 하기보다는 '얼마나 많은 돈을 벌기에 이런 이야기가 기사로 나올까?'를 생각해보자. 즉, 네이버 카페가 돈이 될 수 있다는 점에 주목해보자. 그리고, 어떻게 카페로 돈을 벌 수 있을지 고민하고 도전해보자.

직장인이 네이버 카페를 운영해야 하는 이유?

모든 SNS는 일정 수준의 사람이 모이면 수익화가 가능하다. 왜 기업들이 누가 보는지도 모르는 TV 광고에 돈을 내고 광고를 하겠는가? 바로 많은 사람이 TV를 보기 때문이다. 유튜브도, 블로그도, 인스타그램도 모두 수익화로 연결될 수 있다. 사람이 모이면 돈을 벌 수 있다. 물론 취미와 소통을 위해서 운영하는 경우도 있지만, 수익화를 할 수 있다면 더 좋을 것이다. 그러면, 다른 SNS와 비교해 네이버 카페의 장점은 무엇일까? 직장인이 카페를 운영해야 하는 이유는 무엇일까?

첫 번째는 혼자가 아닌 함께 운영하기에 운영이 용이하다. 블로그, 유튜브, 인스타그램 등은 개인 플랫폼으로 운영자가 모든 것을 해야 한다. 하지만, 카페는 공동 플랫폼이다. 어느 정도 회원이 모이고 활성화되면 카페 매니저의 역할은 줄어든다. 각종 콘텐츠는 많은 회원이 자발적으로 올리고 댓글을 달며 서로 소통한다. 매니저는 카페 운영의 규칙을 정하고 회원간 문제가 없도록 관리하면 된다. 또한, 회원수가 많아지면 게시판별 운영자를 선임하고 권한을 부여해 운영할 수 있다. 매니저가 없어도 카페는 굴러갈 수 있다.

물론 회원을 모으고 카페를 활성화하고 관리하는 일련의 과정들이 쉬운 것은 아니다. 하지만, 일단 카페가 활성화되면 다른 SNS와 달리 채널 유지를 위한 매니저의 노력은 줄어든다. 블로그의 경우 구독자가 많아지면 그걸로 끝나는 것이 아니다. 구독자를 유지하기 위해 양질의 콘텐츠를 지속해서 업로드 해야 한다. 그리고, 구독자들의 댓글이나 문의에 답하고 직접 소통을 해야 한다. 콘텐츠가 띄엄띄엄 올라오거나, 품질이 떨어지면 블로그에 대한 구독자의 관심은 멀어진다. 매니저가 본업으로 바쁘거나 수술로 입원이라도 하면 블로그 관리가 어려워진다. 오롯이 운영자가 모든 것을 책임지고 해나가야 한다.

두 번째는 정보의 신뢰성이 높다. 우리는 정보의 홍수 속에 빠져 살고 있다. 인터넷에는 수많은 정보가 존재한다. 하지만, 모든 정보가 다 진실된 정보는 아니다. 출처가 불분명한 거짓 정보도 있고 상업적인 광고 정보도 너무 많다. 블로그는 과도한 상업 광고와 거짓 리뷰 등으로 문제가 많았다. 2016년에 기존에 운영하는 '파워 블로거' 제도를 폐지했다. 인스타그램 역시 왜곡된 사진과 과도한 상업 광고가 점점 많아지고 있다. 반면에, 카페는 가입 과정이 힘들기는 하지만, 회원들로부터 검증된 정보를 얻을 수 있다. 회원들과 소통을 통해 좀 더 확실하고 리얼한 정보를 얻을 수 있다.

세 번째는 수익화할 수 있는 방법이 다양하고 제품 구매확률이 높다는 것이다. 블로그를 수익화하는 방법은 크게 광고, 체험단, 제휴마케팅, 제품 판매 등이다. 인스타그램도 블로그와 비슷하지만, 최근에 개별 제품에 대한 판매가 많아지고 있다. 페이스북은 기존 제품에 대한 광고와 홍보를 통한 판매가 메인이다. 하지만, 이런 광고가 구매로 연결되고 수익화될 확률은 그리 높지 않다. 반면 카페는 주제에 따라 다르겠지만, 다양한 방법으로 수익화가 가능하다.(자세한 내용은 다음 단원을 참고한다.) 또한, 카페와 관련된 제품을 판매할 경우 다른 채널에 비해 구매확률이 높다.

카페 주제 선정 및 활성화하기

앞에서도 계속해서 이야기하지만, 카페가 성공하려면 사람을 모아야 한다. 카페의 수익화를 위해 정확히 정해진 회원수는 없지만, 보통은 1,000명 정도가 되면 수익화가 가능하다고 여겨진다.(활성화된 카페는 매매도 이루어지는데, 일반적으로 회원수가 1,000명 이상의 카페를 선호한다고 한다.) 하지만, 네이버에는 이미 1,000만 개가 넘는 카페가 존재한다. 수많은 카페들 사이에서 많은 회원을 확보하고 활성화하기 위해서는 어떻게 해야 할까? 성공한 카페가 되기 위해서는 나름의 전략이 필요하다.

• 카페 컨셉 및 주제 선정

카페가 성공하기 위해서 가장 중요한 것이 바로 주제 선정이다. 블로그도 그렇지만 카페 주제는 나와 밀접하게 관련된 주제여야 한다. 특히, 직장인이 본업 이외 사이드로 운영하기 위해서는 내가 좋아하고 잘 아는 주제여야 한다. 카페는 블로그와 다르게 운영 초기에 해야 할 일이 많다. 카페를 설계하고, 콘텐츠를 올리고, 회원들의 질문에 답변하고 등등. 결국, 사람을 모으고 카페 활성화를 위해서는 카페 주인이 모든 것을 해야 한다. 초기 힘든 시기를 이겨내고 본업과 함께 카페를 운영하기 위해서는 내가 즐겁게 할 수 있어야 한다. 또한, 내가 콘텐츠를 생성할 수 있을 만큼의 관심과 어느 정도의 전문성이 있어야 한다.

두 번째는 사람들의 관심이 많은 주제여야 한다. 많은 사람이 관심을 가진다는 것은 기존에 대형 카페가 존재한다는 의미이기도 하다. 이런 이유로 사람들의 관심이 많지 않은 주제를 선점해야 한다는 주장도 있다. 물론 어느 정도 일리가 있는 말이기는 하다. 하지만, 기본적인 수요는 존재해야 한다. 강남에 투자할 돈이 없다면 강북이나 수도권에 투자해야 한다. 사람이 오지 않는 외딴 섬을 사서는 돈을 벌 수가 없다. 지속해서 이야기하지만, 사람이 모이는 곳에 기회가 있는 것이다. 내가 관심이 있는 대형 카페에 가입해서 지속적으로 활동하다 보면 틈새시장이 보일 것이다.

세 번째는 트렌드에 맞는 주제 선정이다. 두 번째와 비슷하지만, 다른 점은 트렌드 변화에 빠르게 대응해서 카페를 선점해야 한다는 점이다. 이미 수많은 카페가 있기에 더 할 만한 카페 주제가 없다고 생각할 수 있다. 하지만, 지속해서 새로운 이슈들이 나오고 있다. 항상 이러한 변화를 주시하면서 빠르게 대응해야 한다. '미대촉(미세먼지 대책을 촉구합니다)'은 미세먼지가 이슈가 되자 카페를 개설해 회원수 10만을 넘겼다. '동물의 숲' 게임 카페도 트렌드에 발 빠르게 대응해 회원수 40만을 넘겼다. 그 외에 비트코인, 드론 카페와 다양한 신종 게임 카페 등이 지속해서 개설되고 있다.

네 번째는 사업적으로 활성화가 가능해야 한다. 비슷한 취미와 관심사를 가진 사람들과 만남 등의 순수한 목적으로 카페를 운영할 수 있다. 회사 생활에 지친 직장인에게 이 부분도 물론 중요하다. 그래도 조금이라도 돈을 벌 수 있는 주제라면 더 좋을 것이다. 우리의 카페는 비즈니스화할 수 있는 것을 목적으로 해보자. 이를 위해 가입하는 회원들을 예측하고 분석해보자. 가입할 회원이 구매력이 있으면 좀 더 수익화할 수 있는 확률이 높아질 것이다. 가입하는 회원이 초, 중, 고 학생이라면 그만큼 구매력이 떨어질 것이다. 반면, 각종 외제차 관련 카페와 고가의 명품 카페 등은 활성화된 카페가 많다. 그만큼 수익화도 활발히 이루어지고 있다.

- 유사/경쟁카페 벤치마킹하기

초기에 빠른 카페 구축을 위해 유사/경쟁 카페에 대한 시장조사는 필수이다. 특히, 경쟁 카페에 가입해서 전반적인 카페 구성과 운영방식에 대해 벤치마킹해야 한다. 최소한 한달 이상은 카페 회원으로 활동해야 한다. 회원 관점에서 게시판 구성, 운영 룰과 원칙,

회원 간의 소통 방식 등에 대해 경험해보자. 그리고 그 카페가 잘되는 이유와 개선할 점에 대해 분석하고 정리해보자. 장사가 잘되는 가게에 그만한 이유가 있듯이 잘되는 카페도 잘되는 이유가 존재한다.

반대로 잘되는 카페라도 개선점은 존재하고 빈틈은 존재한다. 이런 빈틈이 내가 카페를 운영할 수 있는 니치(틈새) 마켓이 될 수 있다. 예를 들어, 맘카페는 비슷한 목적을 가진 맘들이 모여 활발하게 소통하는 카페이다. 많은 맘카페는 지역의 정보를 서로 공유하며 지역 경제를 살리는 긍정적인 역할을 한다. 하지만, 매니저와 운영자들의 권력화와 독단적인 운영방식이 문제가 되기도 한다. 또한, 과도한 상업화와 정치적인 이슈 등으로 회원의 불만도 존재한다. 이런 이유로 비슷한 맘카페가 새로 생기는 것이다. 카페에 가입하면 이런 빈틈을 찾을 수 있다. 그리고 회원들과 소통을 통해 내 카페의 잠재 고객을 확보할 수도 있다.

- 장기 전략을 가지고 운영하기

한 번 활성화된 카페는 원동력을 가지게 되고, 후에도 어렵지 않게 돌아간다. 하지만, 이렇게 되기까지는 많은 노력과 시간이 필요하다. 회원수 1명에 별다른 콘텐츠가 없는 카페를 가입할 사람은 없을 것이다. 초기 카페 활성화를 위해서는 결국 카페 주인인 내가 모든 것을 해 나가야 한다. 카페 구성은 기본이고, 카페에 내용을 채우고 회원을 모아야 한다. 그래서, 카페를 개설하기 전에 충분히 시간을 가지고 준비해야 한다. 어느 날 갑자기 카페를 개설하고 모든 것을 채워 나가려고 하면 실패할 확률이 높다.

효율적인 시작을 위해 블로그, 페이스북, 인스타그램 등을 먼저 운영하는 것이 좋다. 블로그를 운영하면서 글쓰기 경험을 쌓고 콘텐츠를 확보해보자. 그리고 블로그 이웃을 확보하기 위해 노력해보자. 이런 과정들이 향후 카페 콘텐츠와 회원으로 전환될 수 있다. 그리고 각 채널이 서로서로 상호보완 작용을 하며 시너지를 창출할 수 있다. 카페는 짧은 순간에 갑자기 성공할 수 있는 플랫폼이 아니다. 장기 프로젝트를 진행한다는 생각으로 시간을 가지고 접근하고 준비해야 한다.

- 카페의 주인은 회원임을 명심하자

카페는 유튜브처럼 어느 순간 갑자기 성공할 수 있는 것이 아니다. 오랜 시간 회원들과 소통과 신뢰가 쌓여야 활성화될 수 있으며 수익화가 가능하다. 카페의 주인은 매니저가 아니라 카페 회원들이다. 이들이 적극적으로 카페에 참여해야 성장할 수 있다. 참여 이벤트, 댓글 이벤트 등을 기획해 회원들이 적극적으로 참여할 수 있도록 해야 한다. 매니저는 회원들이 서로 잘 소통할 수 있도록 판을 깔아주고 윤활유 역할을 하는 것이다. 회원 간의 소통이 이루어지지 않으면 그 카페는 점점 힘을 잃어갈 수 밖에 없다. 매니저가 많은 역할을 하고 권한을 가진다면 개인 블로그와 다르지 않은 것이다.

카페 수익화로 제2의 월급 벌기

네이버 카페는 다른 SNS보다 다양한 수익화가 가능하다. 또한, 회원들과 오랜 소통으로 신뢰를 쌓아왔기에 제품 구매율이 높다. 이번에는 네이버 카페를 통해 수익화하는 방법에 대해 알아보겠다.

첫 번째는 수익화 방법은 광고 배너이다.

어느 정도 회원이 모이고 활성화된 카페에서 가장 쉽게 볼 수 있는 것이 바로 배너들이다. 네이버가 처음 나왔을 때 사람들은 '도대체 수익이 어디서 나오는지?' 궁금해했다. 그렇다. 네이버 초기의 수익화 방법은 배너였다. 사람이 모인 카페의 첫 번째 수익은 바로 이 배너 광고이다. 예를 들어, 자동차 동호회 카페를 생각해보자. 자동차회사, 판매딜러, 부품회사, 보험회사 등에서 광고를 할 것이다. TV, 라디오 같은 불특정 다수의 대중 매체보다는 관련성이 높은 카페가 더 효과적일 것이다. 카페마다 광고 단가가 다르겠지만, 한 달 기준으로 1백만원을 넘어가는 경우가 많이 있다.

▲ 자동차 동호회 광고 배너

두 번째는 상품 판매 또는 공동구매이다.

회원수가 30만이 넘는 카페가 은행과 협업으로 카페 전용 신용카드를 만들어 이슈가 되었다. 자본주의 사회에서는 사람이 모이면 돈이며 힘이다. 사람이 모이는 곳에 기업들은 제품을 광고하고 판매하고 싶어한다. 특히, 공통의 관심사로 오랫동안 운영된 카페는 관련 제품에 대한 구매율이 높을 수밖에 없다. 카페 운영자들은 이들 기업과 연계해 제품을 판매하거나 자체 브랜드를 기획해 팔 수도 있다. 회원들은 기업으로부터 직접 구매를 할 수 있기에 저렴하게 구매할 수 있어 좋다. 기업도 확실한 구매처를 마다할 이유가 없다.

예 패션 관련 제품 판매, 맘카페 공동구매 등

세 번째는 게시판 분양, 전체 공지 글이나 단체 쪽지 등을 통한 수수료이다.

한 인테리어 카페의 경우 초반에는 제품별 자재 및 가시공 정보를 제공했었다. 이후 전국 각지에서의 회원들이 가입하면서 이를 전국의 지역별로 세분화했다. 그렇게 운영하는 게시판은 수십 개가 되었다. 가입자가 수십만 명이 되면 매니저가 운영할 수 있는 수준을 벗어난다. 게시판별로 운영자를 두고 운영할 수 있겠지만, 전국을 모두 커버하기는 힘들어진다. 이럴 때는 각 게시판을 지역별로 판매 또는 분양할 수도 있다. 그렇게 게시판을 구매한 사람은 게시판별로 지역 광고를 올려 수입을 창출할 수 있다. 또한, 기업 제품을 소개하는 글을 올리거나, 단체 쪽지 등을 통해 수익을 창출할 수도 있다. 이 경우에는 보통 10만원~50만원 정도의 수수료를 받는다.

이밖에도 네이버 카페를 통해 수익화할 방법은 다양하다. (카페를 활성화해 판매도 가능함. 최근 중고나라가 1천억에 판매된다는 기사*가 나오기도 했음) 많은 사람이 모이는 곳에 돈이 모인다. 식당을 내도 사람이 많은 강남이 더 비싸고 장사가 잘된다. 물론, 수많은 카페가 이미 존재하기에 성공하기가 쉽지는 않다. 하지만, 대형화 카페에 주눅 들기보다는 일단 1백 명을 목표로 하나씩 진행해보자. 처음부터 많은 것을 하려고 하기보다는 범위를 좁혀 할 수 있는 일에 집중하자. 수십만 명의 회원수를 보유한 대형 카페도 처음에는 0명에서 시작했다. 지금은 수십 개의 게시판을 운영하고 있지만, 초기에는 몇 개의 게시판으로 시작했다.

* https://hypebeast.kr/2020/8/joongna-will-be-sold-for-100-billion-won

필자도 15년 전에 모 카페에 가입했다. 당시에는 카페라는 것이 활성화되지 않았고, 업무 관련 정보를 얻고 단순한 교류를 하기 위함이었다. 그 당시 해당 카페는 그리 큰 규모의 카페가 아니었다. 카페 매니저가 직접 오프라인 모임에 참석해달라고 연락이 왔다. 카페 매니저는 여성분이었고 카페 활성화를 위해 많은 노력을 했다. 하지만, 필자는 바쁜 회사 일로 회원들과 지속적인 교류를 하지 못했다. 당시에는 사원이었고 야근에 주말 출근 등으로 외부 활동이 어려웠다. 그렇게 그 카페는 가입만 하고 기억 속에서 잊혀 졌다.

이후 이 카페는 각종 TV에도 나오는 대형 카페로 성장했다. 현재는 백만 명이 넘는 회원을 보유한 네이버 대표 카페가 되었다. 필자는 이직없이 한 곳의 직장에 근무하며 많은 것을 배우고, 성장을 할 수 있었다. 회사에서 인정을 받으며, 다양한 교육도 받을 수 있었다. 하지만, 냉정하게 지금 필자의 위치와 카페 매니저의 위치는 많이 달라져 있다. 각자의 삶이 다르니, 누가 더 좋다고 단정지을 수는 없겠지만, 해당 카페의 성장을 보며 매우 놀라웠다. 그리고, 가정과 취미를 포기하면서까지 회사일에 올인하는 것이 정답은 아니라는 것을 알게 되었다.

많은 직장인이 필자와 같이 하나의 회사에 평생을 몸담고 최선을 다한다. 그만큼 해당 분야에 전문성을 가질 수 있었고 보람도 있을 것이다. 하지만, 세상을 살아가는 방법은 하나가 아닐 것이다. 세상에 다양한 직업과 다양한 사람이 있다. 하나의 회사에서 제한된 사람과 만나고 제한된 경험을 하기보다는 다양한 경험을 해보는 것도 나쁘지 않을 것이다.

성공사례 _ 주부들의 소통 공간 A 카페 (가입자 30만, 카페 매니저 인터뷰 진행)

Q 카페는 어떻게 시작하게 되었나요?

처음에는 제가 모은 소장품을 소개하고, 좋아하는 취미 생활을 공유하기 위해 재미로 시작했습니다. 또한, 비슷한 생각을 가진 또래의 주부들과 소통을 하고 싶어 카페를 개설하였습니다. 제가 좋아하는 영역에 대한 글과 사진을 올리니, 관심있는 사람들이 카페에 가입하고 점점 회원이 늘어났습니다. 초기에는 카페 매니저와 일부 운영진이 대부분 글을 올렸지만, 점차 회원들도 자신들의 물건을 소개하고 글을 올리며 자연스럽게 카페가 활성화되었습니다.

Q 주요 회원 및 고객은?

30대 이상의 여성 및 주부입니다.

Q 카페 초기 회원 모집 및 홍보는 어떻게 했나요?

저희 카페는 순수한 취미 공유와 회원들 간의 소통이 목적이었습니다. 카페를 통해 돈을 벌려는 의도가 없었기에 특별한 광고나 홍보는 하지 않았습니다. 개설 초기에는 매니저인 제가 회원들이 관심을 가질 만한 글과 사진을 계속 올렸습니다. 초반에는 회원이 많지 않기에 매니저가 주도적으로 카페를 끌고 나가야 합니다.

Q 카페가 활성화된 계기는?

특별한 계기가 있기보다는 회원들 간 소통이 원활했기에 카페가 성장할 수 있었습니다. 카페의 성공은 결국 회원들이 적극적으로 참여하고 소통해야 합니다. 저희 카페는 회원들이 편하게 찾아오고 글을 쓰면서 자연스럽게 활성화가 되었습니다. 카페의 매니저는 회원들이 편하게 글을 올리고 소통할 수 있게 분위기를 조성해야 합니다. 저 역시 초반에는 글을 직접 올렸지만, 일정 시점부터는 회원들의 글에 하나하나 댓글을 달면서 카페가 활성화되도록 유도했습니다. 카페는 회원들이 편안한 마음으로 쉴 수 있는 공간이 되어야 합니다.

Q 카페가 성공할 수 있었던 성공 포인트는?

첫번째는 남들보다 빠르게 시작한 점입니다. 지금은 맘카페를 비롯해서 주부들이 참여할 수 있는 카페가 많이 있습니다. 하지만, 제가 카페를 개설할 때는 주부들이 참여할 수 있는 공간이 많지 않았습니다. 또한, 주부들이 관심을 갖는 아이템을 전문으로 다루는 카페는 거의 없었습니다. 이처럼 남들보다 한발 먼저 시작한 것이 선발자로서 혜택을 본 것 같습니다. 빠르게 시작한다는 것은 두가지 의미가 있습니다. 첫번째는 트렌드가 오기 전에 고객들의 불편함과 필요함을 먼저 캐치하는 것입니다. 두번째는 트렌드에 맞는 아이템을 남들보다 조금 빠르게 시작하는 것입니다. 저는 트렌드가 오기 전에 미리 회원들이 궁금한 점을 고민하고 소개했습니다. 시간이 흘러 제가 소개한 정보들을 많은 사람들이 찾고 트렌드가 되면서 많은 회원들이 유입되었습니다.

두번째는 내가 좋아하고 잘 아는 분야를 선택한 점입니다. 내가 좋아하고 많이 아는 분야라 회원들이 모르는 정보를 제공할 수 있습니다. 회원들이 이미 아는 뻔한 내용의 글과 사진이었다면 초기 활성화가 어려웠을 것입니다. 저는 남들이 모르는 새로운 내용으로 회원들의 관심을 유발할 수 있었습니다. 카페의 주제가 저의 관심 영역이다 보니, 애착을 많이 가지고 신경을 많이 썼습니다. 자연스럽게 회원들과 소통도 많아졌고 좋은 관계를 유지할 수 있었습니다. 이런 것들이 주부들 사이에 소문이 나면서 회원들이 많아지고 카페가 활성화되었습니다.

세번째는 다양한 이벤트로 회원들의 관심을 이끌어낸 것입니다. 카페 초기에 주부들의 특성에 맞는 다양한 이벤트를 진행했습니다. 특히 벼룩시장의 반응이 좋았습니다. 주부들이 집안 일을 하다 보면 안 쓰는 물건이 생기거나 지루해 하는 경우가 많습니다. 나한테는 소용이 없지만 다른 사람에게는 필요할 수도 있습니다. 이는 주부인 저의 경험에서 시작된 아이디어였고, 주부들의 많은 호응을 이끌어냈습니다. 이후에는 주부들이 필요한 물건들에 대해 공동구매 이벤트를 진행했습니다. 주부들이 모인 카페다 보니 니즈가 확실했고 구매력도 있다 보니 이벤트의 반응이 매우 좋았습니다.

Q 현재 회원과 고객 관리는 어떻게?

현재는 제가 생각했던 것 이상의 회원이 있습니다. 카페가 오래되다 보니, 신규 회원보다는 오래된 진성 회원들이 많습니다. 지금은 회원을 더 늘리기보다는 현재 회원들과 함께 원활한 소통을 유지하는 것에 집중하고 있습니다. 카페 회원들이 만족하는 커뮤니티를 만들고 유지하는 것이 현재의 목표입니다.

Q 현재 카페 운영자의 역할은?

현재 카페 운영자는 약 10명 정도 됩니다. 운영자들은 카페 활성화를 위해 다양한 일을 합니다. 우선 카페와 관련된 글과 사진을 지속해서 올리고 있습니다. 또한, 현재 카페에는 다양한 공동구매가 이루어지고 있는데, 운영자들은 회원들에게 필요한 제품을 소싱하고 공동구매를 진행하는 역할도 하고 있습니다.

Q 카페의 수익화는 어떻게?

첫 번째는 직접 제품을 소싱 해서 공동구매로 판매, 두 번째는 외부 상품을 공동구매로 판매하고 받는 수수료, 세 번째는 배너 광고 등 외부 광고협찬입니다.

Q 카페 운영을 준비하는 직장인을 위한 조언?

첫 번째는 내가 좋아하거나 잘하는 것을 선택해야 합니다. 카페 초기는 매니저가 스스로 운영해야 하기에 글과 사진을 직접 올려야 합니다. 이때 잘 모르는 내용만으로는 한계가 있습니다. 다른 카페의 글이나 기사를 복사해서 사용할 수 있지만, 다른 카페와 차별화가 되지 않습니다. 회원들이 직접 가입하는 만큼 그들이 모르는 새로운 정보를 지속적으로 제공해야 합니다.

두 번째는 카페는 관심사를 공유하고 즐기는 곳이 되어야 합니다. 최근 카페를 통한 수익화 이야기가 나오는 것 같습니다. 하지만, 카페는 수익화가 목적이 되어서는 안됩니다. 카페는 말그대로 회원들이 맘 편히 쉴 수 있는 공간이 되어야 합니다. 그러기 위해서는 관리자의 역할이 중요합니다. 관리자 스스로 카페를 즐겨야 합니다. 또한, 회원들간 분란이 없도록 카페의 룰과 원칙을 세우고 중재하는 역할도 중요합니다. 회원들이 즐거워야 카페가 활성화되고 카페가 활성화되어야 다음 단계의 수익화도 진행할 수 있습니다.

세 번째는 꾸준함을 유지하는 것입니다. 카페는 짧은 시간에 활성화되고 돈을 버는 곳이 아닙니다. 카페를 개설하고 회원들과 대화하고 댓글을 달면서 밤을 새운 날도 많습니다. 관리자와 운영자가 카페에 소홀하기 시작하면 회원들도 관심을 잃고 방문을 하지 않습니다. 카페 관련해서는 스스로가 전문가가 되어야 합니다. 또한, 회원들이 지속적으로 방문할 수 있도록 항상 새로운 이벤트를 진행해야 합니다. 종종 카페에서 공유한 상품과 내용들이 이슈가 되어 새로운 회원을 유입하는 경우도 있습니다. 이 또한, 오랫동안 카페를 유지하고 회원들이 많은 글을 올렸기 때문에 가능했습니다.

5 _ 인스타그램

세대를 넘어 모두가 즐기는 대세 SNS

20~30대 소통 채널 '인스타그램'

요즘 젊은 세대의 대세 SNS는 인스타그램이다. 인스타그램 초기에는 유명 연예인들의 자기 과시와 일상을 공유하며 인기를 끌었다. 하지만, 이제는 젊은 세대들이 자신을 표현하고 함께 소통하는 수단으로 널리 사용되고 있다. 그들은 연예인들의 단순한 팔로워가 아닌 콘텐츠 생산자로서 적극적으로 참여하고 있다. 최근에는 인스타그램을 통해 퍼스널 브랜드를 키운 일반인 인플루언서들이 다수 등장하고 있다. 그들은 팔로워들과 적극적으로 소통하며 연예인 못지않은 영향력을 가지게 되었다. 인스타그램은 이제 소수 셀럽의 전유물이 아닌 모두의 SNS 플랫폼으로 자리 잡았다.

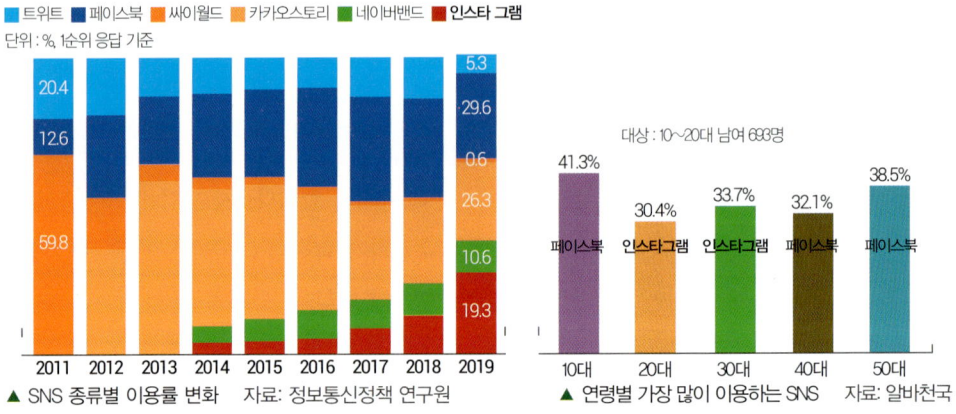
▲ SNS 종류별 이용률 변화   자료: 정보통신정책 연구원
▲ 연령별 가장 많이 이용하는 SNS   자료: 알바천국

인스타그램은 2018.6월 월간 사용자 수가 10억 명을 넘으며, 대세 SNS가 되었다. 최근 조사에 따르면 20~30대에서 인스타그램 사용률은 페이스북을 능가하고 있다. 이처럼 인스타그램이 젊은 세대를 중심으로 폭발적인 인기를 얻고 있는 이유는 무엇일까?

우선 인스타그램은 자기표현과 자기만족이 중요한 젊은 세대 성향과 일치한다. 40~50대는 자신을 적극적으로 표현하고 노출하는 데 익숙하지 않다. 하지만, 20~30대 젊은 세대들은 적극적으로 자기를 표현하고 소통하고 싶어 한다. 또한, 인스타그램은 Instant camera(즉석 사진)와 Telegram(전보)의 합성어이다. 즉, 사진을 찍어 즉석에서 앱에 올리면 끝이다. 장황한 설명이나 긴 글이 필요 없다. 오로지 사진 한 장으로 자신을 표현하고 소통할 수 있기에 다른 어떤 SNS보다 편리하다. 이런 점이 귀찮고 복잡한 것을 싫어하는 20~30대의 성향과 맞아 떨어진 것이다.

두 번째는 인스타그램은 스마트폰 친화적인 SNS이다. 블로그, 페이스북 등 다른 SNS는 PC를 기반으로 개발되었다. 하지만, 인스타그램은 철저하게 스마트폰을 중심으로 설계되었다. 인스타그램을 개발할 당시 사람들은 고품질의 사진을 위해서 디지털카메라를 사용했다. 스마트폰으로는 고품질의 사진을 표현하지 못했기 때문이다. 인스타그램은 이런 소비자의 불편함과 니즈를 기반으로 개발되었다. 오로지 스마트폰으로 사진을 예쁘고 쉽게 찍을 수 있는 데만 집중했다. 그렇게 인스타그램은 스마트폰에 익숙한 젊은 세대들의 선택을 받으며 급격한 성장을 할 수 있었다.

직장인이여 인스타그램에 도전하자

인스타그램의 주요 사용자는 스마트폰에 익숙한 35세 미만의 젊은 사람들이다. 그러기에 보통의 직장인 특히, 과장급 이상은 인스타그램이 익숙하지 않은 것은 사실이다. 그럼에도 우리는 인스타그램에 익숙해져야 한다. 직장인들이 인스타그램에 도전해야 하는 이유는 무엇일까?

첫 번째는 인스타그램은 돈이 된다는 점이다. 예전에는 많은 사람이 블로그를 통해 정보를 얻었기에 많은 기업이 블로그 마케팅에 집중했다. 이제 그 흐름이 인스타그램으로 넘어오고 있다. 젊은 세대들은 이태원 맛집을 네이버 검색이 아닌 인스타그램을 통해 찾아낸다. 블로그는 상업적인 리뷰와 후기로 신뢰성이 점점 떨어지고 있다. 인스타그램은 매력적인 사진과 솔직한 후기로 신뢰도가 높다. 이런 이유로 기업들도 블로그보다는 인스타그램의 인플루언서들과 광고협찬을 선호한다.

특히, 팬이 많은 연예인이나 탑티어 인플루언서보다는 마이크로 인플루언서를 선호한다. 연예인은 짧은 시간에 관심을 끌 수 있지만, 광고비가 많이 들고 광고 타겟층이 광범위하다. 반면에 마이크로 인플루언서들은 오랜 기간 소통을 통해 팔로워를 확보한 경우가 많다. 광고 타겟이 명확하고 효과가 확실하다. 또한, 광고비가 저렴하기에 연예인 광고비로 수백 명의 마이크로 인플루언서에 광고할 수 있다. 장기적으로 고객과 관계가 필요한 제품의 경우 마이크로 인플루언서가 효과적인 것이다. 이처럼 마이크로 인플루언서를 선호하는 경향은 일반인들에게 돈을 벌 기회가 되는 것이다.

구분	팔로워 수	포스팅당 광고 단가
나노 인플루언서	0~1,000명	약 5만원 이하
마이크로 인플루언서	1,000~1만명	약 10만원 이하
매크로 인플루언서	1만~10만명	약 10~50만원
메가 인플루언서	10만~100만명	50~100만원(팔로워 수에 따라 상이)
탑티어 인플루언서	100만명 이상	100만원 이상(협의 필요)

▲ 인플루언서 분류 및 광고 단가(광고 단가는 업체와 인플루언서 특징에 따라 상이함)

TIP 인스타그램을 통한 수익화 방법

블로그와 마찬가지로 인스타그램도 다양한 방법으로 수익화를 할 수 있다.
- 제휴마케팅 : 해시태그 등을 통해 해당 제품의 계정으로 연결해 판매를 유도하는 방법
  구매 연결에 따른 수수료 (Cost Per Sale)를 받음 ❶ 아마존 어소시에이트 등
- 광고 포스팅 : 해당 제품의 광고를 직접 포스팅하는 방법
  포스팅 당 단가 or 정해진 기간/회수에 따른 단가 산정
- 체험단 및 제품리뷰 : 인플루언서가 사용 모습과 경험을 직접 포스팅하는 방법
- 제품/서비스 판매 : ❶ 인플루언서가 자신의 제품/서비스 직접 판매
  　　　　　　　　　❷ 제조사와 협업 브랜드 제품/서비스 판매
- 인스타를 통한 연계 서비스 판매 : 인스타를 통한 강의/컨설팅으로 연결해 수익 창출

두 번째는 인스타그램은 개인 퍼스널 브랜딩을 위해 최적의 SNS라는 점이다. 유튜브는 브이로그, 블로그는 일상 공유 등을 통해 나를 표현한다. 하지만, 인스타그램처럼 온전히 나만을 표현하지는 않는다. 채널의 한 카테고리에 내 생각과 일상이 포함되는 경우가 대부분이다. 인스타그램은 다른 어떤 SNS보다 나의 이야기가 가득 담겨 있는 채널이다. 내가 좋아하는 음식, 레스토랑, 책, 친구 그리고 다양한 내 사진 등등. 인스타그램의 중심은 바로 나 자신인 경우가 많다. 이런 이유로 인스타그램에는 다른 SNS보다 수많은 인플루언서가 존재하는 것이다.

세 번째는 인스타그램은 지속해서 성장하고 있는 플랫폼이다. 스마트폰 사용자의 증가에 따라 가장 증가 폭이 큰 SNS가 인스타그램이다. 아직 인스타그램의 주요 사용자는 20~30세대이다. 하지만, 스마트폰 사용이 보편화하면서 40대 이상의 사용자가 꾸준히 증가하고 있다. 인스타그램 초기에 35세 이상 사용자의 비중은 10% 수준에서 2019년 30% 수준으로 증가했다. 이젠 인스타그램은 모든 세대를 아울러 자신을 표현하고 소통하는 SNS가 되고 있다.

성공사례 1 _ 직장인 여성의 로망 'KWANI(콰니)' 손경완 대표

@kyungwanson 6.6만 @kwanibag 7만

Do you know 'KWANI BAG'? ' '콰니 백'을 들어본 적 있는가?

인스타그램에서 패션은 나를 표현하고 퍼스널 브랜딩할 수 있는 가장 적합한 영역일 것이다. 이런 이유로 트랜디하고 스타일리쉬한 젊은 인플루언서가 유난히 많다. 하지만, 패션 부문이 젊은 인플루언서들의 전유물은 아니다. 패션 브랜드 '콰니(KWANI)'의 손경완 대표는 40대의 워킹맘으로 6만이 넘는 팔로워를 보유하고 있다. (비즈니스 계정은 7만) 그녀가 만든 'KWANI BAG'은 트렌디하고 클래식하면서도 실용적인 디자인으로 여성들의 국민 백으로 자리 잡았다. 인스타그램에서는 '콰니백은 사랑이에요.'라는 말이 있을 정도이다. (만약 남성이라면 '콰니 백'을 모를 수 있지만, 여자친구/와이프의 옷장에 콰니백 하나씩은 있을 것이다.)

콰니백이 국민 백으로 사랑받고 있지만, 그는 가방 디자인은 해본 적이 없었다. 대학에서 환경디자인을 전공하고 인천 하얏트 호텔 등에서 촉망받는 디자이너로 일했다. 하지만, 결혼 후 아이 셋을 키우며 5년간의 경력단절을 경험했다. 일에 대한 열정은 가득했지만, 사진에 관심을 가지며, 육아&인테리어 블로그를 운영했다. 이웃들과 일상을 공유하고 소통하던 그는 3년간 신어온 '젤리슈즈' 공동구매를 진행했다. 공동구매는 입소문을 타고 하루에 약 3,000여 개의 주문이 들어오며 대박이 났다. 그는 젤리슈즈 수익금으로 평소에 생각했던 가방 디자인에 착수할 수 있었다.

　가방 전문가는 아니었지만, 세 아이의 엄마로서 무거운 가방은 항상 문제였다. 그렇게 사용자 관점에서 가벼우면서도 많은 짐을 넣을 수 있는 실용적인 가방을 제작했다. 내용물이 흘러내리지 않도록 덮개로 가방을 덮고 가운데 홀을 만들었다. 비싼 가죽 대신 합성피혁을 사용해 가방의 무게와 원가를 줄였다. 클래식한 디자인에 실용적이면서 저렴한 가격(8만원대 출시)에 입소문이 나며 가방은 날개 돋친 듯 팔렸다. 온라인 판매를 넘어 경복궁 근처에 오프라인 매장을 내고, 백화점과 면세점 입점에 성공할 수 있었다.

　그의 쾌니 백은 직장인 여성들의 관심을 끌며 데일리 국민 백이 되었다. 쾌니 백이 여성들의 국민 백으로 사랑을 받았지만, 그는 여전히 평범한 워킹맘이었다. 지금은 인스타그램의 스타가 되었지만, 처음부터 인기를 끌고 유명했던 것은 아니었다. 지극히 평범하게 시작한 인스타그램은 많은 직장인 여성들의 관심을 받았다. 진중하고 솔직한 모습에 팔로워가 늘어나며 이제는 6만 명이 넘는 채널로 성장했다. 그의 사진에 매번 1,000명이 넘는 사람들이 '좋아요'를 누르고 관심을 표현한다. 그는 어떻게 인스타그램에서 성공한 스타가 될 수 있었을까?

- 확실한 채널 컨셉

　인스타그램에는 예쁘고 잘생긴 외모의 젊은 인플루언서들의 사진이 넘쳐난다. 인스타그램이 사진으로 표현하는 SNS이기에 예쁘고 잘생긴 외모라면 유리할 것이다. 하지만, 꼭 그렇지 않더라도 나만의 독특함과 매력으로 인플루언서가 될 수 있다. 인스타그램에서 그는 '카리스마 있으면서도 열정적인 커리우먼'의 모습을 역동적으로 표현한다. 또한, 남다른 패션 감각을 마음껏 드러낸다. 그의 채널에는 예쁜 얼굴의 수많은 젊은 패션 인플루언서와 차별화되는 '멋짐'이 있다. 사진 찍는 것을 좋아하는 그에게 인스타그램은 자신의 매력을 뽐낼 수 있는 최고의 채널이었다.

또한, 그의 인스타그램 프로필 사진은 특이하게도 '말(horse)'이 등장한다. 진중하면서도 열정적인 말의 모습은 그를 대변하는 트레이드 마크인 것이다. 프로필 사진 한장으로 그는 자신의 정체성을 명확히 표현하고 있다. 이런 그의 채널은 열정과 카리스마가 폭발하며 많은 직장인 여성들이 공감하는 채널이 되었다. 그렇게, 인스타그램을 통해 그는 자신만의 확실한 퍼스널 브랜딩을 구축할 수 있었다. 콰니 백이 인기를 끌며 여성들의 국민 백이 되었지만, 그녀를 알린 것은 바로 인스타그램이었다.

"종종 말을 왜 그렇게 좋아하는지 물어주신다. 말의 – 서 있을 때의 우아하고 진중한 자태와 반면에 달릴 때의 엄청난 에너지와 운동력. 용맹함이 멋지다. 그리고 – 특유의 깊고 선한 눈빛이 좋다. 어느 날부터 그런 기질로 살아 내어드리고 싶어졌고 잊을 때쯤 상기되고 싶어 나의 팔에도 새겼다. #영원히바뀌지않을프로필사진#열심히살아내겠습니다."

손경완 대표 포스팅 글 中–

• 명확한 타겟팅

인스타그램에서 그를 팔로워 하는 사람의 대부분은 30~40대 직장인 여성이다. 그의 인스타그램은 이들의 관심을 끌 수 있는 사진들로 가득하다. 패션 인스타그래머이기에 직장인 여성을 상대로 한 다양한 패션 아이템을 선보인다. 하지만, 팔로워와 고객에게 제품 판매를 강요하지 않는다. 직장인 여성의 일상과 애환을 담은 스토리 속에 제품은 있는 듯 없는 듯하다. 오히려 그의 당차고 매력적인 모습 자체에 많은 직장인 여성들이 빠져든다.

결혼하고 아이가 있는 워킹맘들은 육아와 일을 병행하는 그에게 동질감을 느낀다. 아이와 함께 주말에 출근하고 출장도 같이 가야 하는 힘든 일상에 많은 워킹맘이 댓글을 달았다. 힘든 육아와 업무 속에서 자신을 돌아보는 감정적인 글에 많은 이들이 공감했다. 특히, 육아로 경력단절을 겪고 있는 여성들은 그에게 깊은 감정이입을 한다. 패션 리더로 승승장구하는 그를 통해 스트레스를 해소하고, 진실한 마음으로 응원한다. 또한, 아직 미혼인 직장 여성은 열정적이고 카리스마 가득한 그에게 존경의 마음을 전한다. 하루 20시간을 지치지 않고 일하며 자기관리에도 철저한 그는 닮고 싶은 롤모델이다.

- 솔직한 일상의 모습 그리고 팬들과 적극적인 소통

그는 개인계정을 포함해 총 4개의 계정을 운영하고 있다. (비즈니스 계정 @kwanibag/ @heavenlyjelly/ @cameupon.official, 개인계정 @kyungwanson) 비즈니스 계정은 다양한 제품 소개와 이벤트가 진행된다면 개인계정은 솔직한 일상을 볼 수 있다. 팔로워는 비즈니스 계정이 많지만, '좋아요'와 '댓글'은 개인계정에 집중된다. 개인계정에는 가족들이 드러나는 사생활과 운동으로 멋진 몸매를 유지하는 일상 등을 공개한다. 각각의 사진에는 순간의 감정을 솔직히 표현하는 글을 덧붙인다. 아이 셋을 키우는 워킹맘의 애환과 삶을 대하는 그의 태도와 생각 등을 솔직하게 표현한다. 이런 솔직함에 이웃들은 대단한 인플루언서가 아닌 평범한 이웃 같은 편안함을 느끼며 공감하는 것이다.

또한, 그는 자신을 좋아해 주는 팔로워 이웃들과 적극적으로 소통을 하고 있다. 블로그 쇼핑몰을 운영해서 지금의 자리에 오기까지 이웃들이 없었다면 불가능한 일이었다. 힘들 때나 기쁠 때나 이웃들은 그를 응원하고 위로해주었다. 얼굴 한 번 본적 없고 직접 만난적도 없었지만, 이웃들은 그를 지켜준 소중한 존재이다. 그런 소중함을 알기에 그는 팔로워들의 댓글 하나하나에 답글을 달며 감사 인사를 전한다. 여타 유명 인플루언서와 다른 그의 진정성에 팔로워 이탈은 거의 없고 채널은 지속적으로 성장하고 있다.

- 인스타그램은 제품 홍보를 위한 훌륭한 마케팅 수단

인스타그램 초기에 그는 일상의 사진 중에 회사 제품을 착용한 사진을 틈틈이 선보였다. 하지만, 최근에는 비즈니스 계정을 통해 회사 제품을 적극적으로 홍보하고 있다. 직접 회사의 모델이 되어 화보와 일상에서 다양하게 제품을 매칭하고 소개한다. 그가 제품을 소개하는 모습에 거부감을 느끼는 사람은 아무도 없다. 오히려 매력적이고 스타일리쉬한 그를 닮고 싶어 한다. 인스타그램에는 그가 소개하는 신상을 손꼽아 기다리는 사람들이 많아졌다. 이제 그는 자체가 브랜드의 뮤즈이고 아이덴티티가 되었다.

늘 새로운 도전을 하는 그에게 많은 팔로워가 응원의 '좋아요'와 '댓글'로 반응한다. 최근 운동으로 근육을 만들어 가는 모습에 많은 이들이 자기 일인 듯 희열을 느꼈다. 평범한 주부에서 패션업체의 대표이자 모델로 성장한 그에게 많은 이들이 감정이입을 하고 있다. 닮고 싶은 워너비인 그가 직접 제품들을 소개하고 착장하는 모습은 더욱 구매욕을 자극한다. 인스타그램은 일반 광고 매체가 갖지 못하는 매력이 있다. 유명인을 통한 TV 광고는 타겟 고객에게 광고할 수 없고 호불호가 존재한다. 하지만, 팔로워와 소통으로 만들어진 인플루언서는 TV 광고 이상의 영향력이 있다.

- 인스타그램으로 글로벌 시장에 도전하다

국민 백인 '콰니 백'의 시작은 네이버 블로그를 통해서였다. 이후 독립 쇼핑몰과 오프라인 매장, 백화점 입점을 통해 명실상부 '국민 백'이 되었다. 국내에서 성공을 기반으로 그는 해외 진출에 도전했다. 하지만, 말 그대로 콰니 백은 우리나라 국민 백이었지만 해외에서의 인지도는 높지 않았다. 그는 이를 위해 인스타그램 마케팅을 적극적으로 진행했다. 스마트폰 보급에 따라 인스타그램은 급속도로 성장하고 있었다. 또한, 블로그는 국내에 한정적이지만 인스타그램은 글로벌한 SNS이기에 전세계 소비자와 소통이 가능했다.

콰니 백을 포함한 콰니의 다양한 제품을 알리기에 인스타그램은 최적의 통로였다. 인스타그램에서 국가의 장벽은 없었다. 비즈니스 계정을 개설하고 홍보를 진행하자 많은 해외 유저들이 관심을 두기 시작했다. 초기에는 한류 열풍으로 중국과 일본에서 관심도가 높았다. 이후 아시아를 비롯한 유럽과 미국에서도 주문이 들어오기 시작했다. 해외 팔로워들의 구매를 기반으로 싱가포르와 패션의 본고장인 파리에 팝업매장도 전개할 수 있었다.

인스타그램은 어떤 해시태그를 쓰느냐에 따라 전 세계와 손쉽게 소통할 수 있는 최고의 SNS채널이며, 나의 브랜드를 글로벌하게 확장할 수 있는 채널인 것이다.

성공사례 2 _ 교육 분야 : Yeccol artstudio 최고려 대표

자영업자의 성공에 있어 가장 중요한 요소가 무엇일까? 남들과 차별화되는 아이템과 서비스도 중요하지만, 무엇보다 중요한 것이 바로 상권이다. 심지어 창업을 준비하는 많은 사람들이 상권을 먼저 정하고 업종을 나중에 정하기도 한다. 먹자골목, 카페거리, 신림동 고시촌, 인사동 문화거리 등은 나름의 상권이 형성된 곳이다. 교육의 경우도 이와 비슷하다. 서울에는 대치동 입시 학원가, 홍대 입시 미술 학원가 등 유명한 학원가가 있다. 또한, 웬만한 아파트 단지에는 미술, 태권도, 피아노 학원들이 밀집된 학원 상가가 존재한다.

하지만, 방배동에서 아동 미술학원 운영하는 최고려 원장의 Yeccol Artsudio는 이런 상권과는 동떨어져 있다. 미술학원이 밀집되어 있는 방배역에서 10분 이상 언덕을 걸어 올라가야 한다. 또한, 주변에는 그 흔한 아파트 단지나 타겟 고객인 주부들이 머물만한 카페조차 마땅히 없다. 이렇게 열악한 상황에서 그는 방배동에서 가장 유명한 아동 미술학원을 15년간 운영해왔다. 10평 남짓 작은 교습소에 20명의 원생으로 시작한 학원은 10년 만에 원생 200명을 넘겼다. 지역에서는 이미 소문난 아동 미술학원이 되었고, 전국적으로도 유명한 학원이 되었다. 그는 어떻게 지금의 성공을 이루어 낼 수 있었을까?

최근 그의 학원은 코로나로 힘든 시기를 겪었다. 남들보다 코로나에 먼저 대응해서 학원 휴원을 결정했지만, 오히려 이것이 독이 되었다. 휴원이 장기화하면서 학원의 존폐를 결정해야 했다. 10년을 넘게 애정을 가지고 함께한 직원들 생각에 폐업을 결정하기도 쉽지 않았다. 그는 포기하기보다는 심기일전의 마음으로 잠재고객인 주부들과 적극적으로 소통하고 마케팅 활동을 강화했다. 작은 미술 교습소를 지역에서 가장 유명하고 큰 학원으로 성장 시킨 데는 SNS 마케팅의 역할이 컸다.

시대의 흐름에 맞는 SNS 채널 활용하기

요즘은 누구나 스마트폰을 들고 다닌다. 스마트폰의 가장 큰 장점은 쉬운 검색도 있지만, 높은 해상도의 사진과 동영상이다. 누구나 원하는 장면을 사진으로 찍고 촬영할 수 있기에 인스타그램과 유튜브가 대세 SNS 채널로 성장할 수 있었다. 블로그와 카카오스토리가 마케팅 채널로 주목을 받았지만, 점점 그 흐름이 변하고 있다. 그 역시 이런 점을 인지하고 변화하고 있다. 기존의 마케팅 채널은 유지하면서 새롭게 인스타그램과 유튜브 채널을 개설했다. 특히, 새롭게 떠오르고 있는 인스타그램에 집중하며, 어려운 시기를 이겨내고 제2의 도약을 할 수 있었다.

지나보면 시기마다 그 당시를 대표하는 대세 SNS 채널이 있었다. 싸이월드를 시작으로 페이스북, 카카오스토리, 블로그, 카페 등이 존재했다. 이런 흐름 속에서 최근의 대세는 인스타그램과 유튜브이다. 그는 시기별로 적절한 SNS 채널을 통해 적극적으로 학원을 소개하고 마케팅을 했다. 학원의 첫번째 성장은 교습소에서 학원으로의 확장이었다. 이 시기에 그가 가장 신경은 쓴 채널은 바로 블로그와 네이버 카페였다. 당시에는 많은 사람(특히, 주부)들이 정보를 찾기 위해 네이버를 활용했다. 그는 네이버 블로그와 카페를 개설하며 이런 흐름에 맞춰 나갔다.

우선 네이버에 새로운 정보를 찾기 위해 검색하면 가장 먼저 뜨는 것이 블로그였다. 블로그는 외부에서 이사 온 사람들과 아이에게 처음으로 미술을 시키려는 신규 고객을 흡수하는 데 중요한 역할을 했다. 네이버에 '방배(동) 아동 미술'을 검색하면 그의 미술학원은 항상 맨 위에 위치한다. 다음으로 카페는 미술학원의 학부모님들, 즉 기존 고객들을 유지하는 역할을 했다. 또한, 수준 높은 교육과 원생관리로 맘카페에서도 입소문이 나며, 빠르게 학원은 성장할 수 있었다.

이렇듯 시기에 맞는 SNS채널을 활용하며 고객과 적극적으로 소통하는 것은 첫 번째 성공 요인이다. 하지만, 미술을 전공한 그에게 인터넷, 모바일과 같은 기계는 여전히 익숙하지 않았다. 어느덧 40대가 되었고, 워킹맘이기에 SNS로 소통할 시간은 점점 줄어들었다. 그런 그에게 인스타그램은 색다른 매력으로 다가왔다. 우선 예쁜 이미지로 가득 채워진 사진들은 사업가이기 이전에 아티스트인 그에게 호감이 가는 매체였다. 또한, 블로그나 카페와 달리 사진 한 장으로 간단하게 소통할 수 있다는 것은 큰 장점이었다. 직장과 가정으로 바쁜 그에게는 여러모로 매우 적합한 채널이었다.

이야기가 있는 사진으로 공감을 이끌어내다

그가 인스타그램에 매력을 느끼고 정식으로 관심을 가진 것은 2019년부터였다. 학원을 카페같이 리모델링하고 예쁜 학원의 모습을 담은 사진을 찍기 시작했다. 찍은 사진을 그냥 버리기는 아깝다는 생각에 인스타그램에 하나, 둘 사진을 올렸다. 분위기 있는 학원의 사진과 아기자기하며 다소 황당한 아이들의 작품에 사람들이 반응하며, 팔로워가 늘어났다. 100명 남짓이었던 구독자는 1년이 안 되어 1,000명을 넘기며 조금씩 인지도를 쌓아갔다. 인스타그램에서 인기 있는 채널은 패션, 뷰티, 피트니스 등으로 외관상 보이는 면이 가장 중요하다. 하지만, 그의 채널은 교육 채널로 여타 인기 채널과 다른 운영 포인트가 있다.

- 채널 운영 포인트

❶ 압도적인 사진 품질 vs 이야기가 있는 사진

인스타그램은 사진으로 소통하는 채널이기에 사진의 품질이 무엇보다 중요하다. 많은 직장인들이 인스타그램을 하지 않는 이유가 바로 예쁜 사진을 찍지 못하기 때문이다. 물론, 압도적인 사진 이라면 대중의 관심을 끌 수 있다. 하지만, 인기있는 채널은 사진 자체의 퀄리티보다는 독특하고 공감되는 이야기가 담겨있는 경우가 많다. 요즘은 사진의 품질을 높여주는 앱을 활용하면 준전문가 수준의 사진을 찍을 수 있다. 예쁜 사진에 시작하기를 망설이기보다는 다른 사람과 공감할 수 있는 나만의 사진과 이야기를 담아내어 보자.

최 대표는 미술을 전공하였기에 사진의 구도와 색감 등에 대해서는 남들보다 감각이 있었다. 하지만, 사진 자체의 품질을 높이기보다는 내용 측면에서 차별화를 시도했다. 우선 대형 아동 미술학원의 장점을 살려 다양하고 독특한 작품의 사진을 꾸준하게 올렸다. 4~16세까지 많은 원생이 있기에 매일 같이 새로운 작품을 만들어 낼 수 있었다. 또한, 아동 미술의 특성상 어른들이 생각지도 못한 개성 넘치는 작품들이 쏟아져 나오며 많은 사람들의 관심을 받았다.

▲ 인물 크로키 : 마동석/유재석/강호동

또한, 미술 전공자와 선생님들이 공감할 수 있는 사진과 글을 담아냈다. 작은 미술 교습소를 혼자서 운영해 지금의 대형 학원이 되기까지 사연과 심정을 사진과 함께 올렸다. 아이들과 즐겁게 미술 하는 모습에 아름다운 직업이라 생각하지만, 실상은 모든 것을 혼자서 해결해야 한다. 새로운 간판을 달기 위해 끙끙대는 사진, 떨어진 블라인드를 고정하기 위해 드릴 질을 하는 모습 등. 현직에 있는 미술 선생님들만이 공감할 수 있는 다양한 사진과 글은 많은 '좋아요' 와 '댓글'을 기록했다.

▲ 직접 간판을 교체하는 선생님들

❷ 적절한 해시태그(#) 활용

*해시태그(#)는 원래 트위터에서 처음 사용된 것으로 인스타그램에서 가장 활발하게 사용되고 있다. 해시태그를 통해 사용자들은 관심 있는 주제에 대한 정보를 손쉽게 찾을 수

있다. 블로그와 유튜브는 인기 게시물 중심으로 검색이 되기에 신규 게시물의 검색확률이 떨어진다. 하지만, 인스타그램은 '인기 게시물'과 '최신 게시물'로 구분되어 있어, 신규 게시자에게도 기회가 주어진다. (물론, 인기 게시물에 등록되었을 때 더 많은 사람에게 노출됨) 해시태그가 있기에 인스타그램은 다른 채널에 비해 비교적 공정한 경쟁을 할 수 있다.

최 대표는 이런 해시태그 기능을 적절하게 활용했다. 그는 해시태그를 '메가/ 메인/ 미들/ 스몰/ 마이/ 트렌드'의 6가지로 분류하였다. 해시태그는 30개까지 등록할 수 있지만, 보통 15개 내외의 해시태그를 상황에 맞게 사용했다. 메가는 인기 게시물 등록이 거의 불가능하지만 도전하는 차원에서 1~2개를 사용하고, 나머지는 분류별 3~4개를 사용했다. 그중에서도 인기 게시물 등록 가능성과 효과가 높은 메인 해시태그 진입을 노렸다. 해당 해시태그와 관련된 사진/영상을 집중적으로 게시해 인기 게시물 상위에 오를 수 있었다.

> **TIP** 해시태그별 특징
>
> 메가 : 인기 게시물 등록 가능성 無. 하지만 도전의 차원에서 시도
> 메인 : 인기 게시물 등록 가능성 小. 등록되면 홍보 효과 Great
> 미들 : 인기 게시물 등록 가능성 中. 등록되면 홍보 효과 Good
> 스몰 : 인기 게시물 등록 가능성 大. 등록되면 홍보 효과 So So
> 마이 : 내가 키우는 해시태그, 거의 내 게시물로 채움. 해시태그 선점 효과
> 트렌드 : 트렌드 상황에 맞는 해시태그를 사용해 일반인의 유입을 높임

• 해시태그별 운영 현황

구분	게시물 수	사용개 수	주요 해시태그
메가	100만 이상	1~2개	KIDSART, 워킹맘, 미술, 그림, 인테리어 등
메인	30만~100만	3~4개	아동미술, 초등미술, 유아미술, 미술학원, 미술놀이, 만들기, 엄마표놀이, 방배동, KIDSCRAFTS 등
미들	10만~30만	3~4개	창의미술, 미술수업, 엄마표미술놀이, 엄마표미술, 미술교육 등
스몰	10만미만	3~4개	어린이미술, 미술교습소, 만들기수업, 미술선생님, 놀이미술, 미술홈스쿨, 아동미술프로그램, 미술프로그램 등
마이	1만미만	3~4개	예꼴미술, 예꼴 TV, 미술학원세미나, 미술학원창업, 미술학원운영, 방배미술, 서초미술 등
트렌드	–	상황별	할로윈, 어린이날, 어버이날, 스승의날, 크리스마스, 설날 등

---

* 해시태그는 해시(hash 끌어모음)와 태그(tag 꼬리표)의 합성어로 단어 앞에 # 기호를 붙이면 그 단어로 게시한 사진과 동영상이 모아짐

인스타그램도 결국에는 소통이 중요하다

최 대표의 인스타그램의 성장은 크게 3단계로 구분할 수 있다.

- 1단계 : 구독자 1~1,000명
- 2단계 : 구독자 1,000~2,000명
- 3단계 : 구독자 2,000명~1만 명

1단계에는 인스타그램으로 내 사업을 키우겠다는 특별한 목적은 없었다. 그저 인스타그램이라는 새로운 채널을 알아가고 자신만의 공간을 가진다는 만족감이 컸다. 그렇게 자신만의 독창적인 작품과 수업 사진을 올리며 나를 어필하고 소통하는 방법을 배워 나갔다. 또한, 팔로워들과 소통하며 한 명, 두 명 팔로워를 늘려가는 재미가 있었다. 그렇게 소소한 재미를 느끼며 차근차근 채널을 키워 나갔다.

구독자 1천 명이 넘어가자 사람들의 관심을 받기 시작했다. 어느 정도 인지도가 쌓이면서 새로운 팔로워들의 DM과 광고협찬 문의 등이 들어오기 시작했다. 블로그를 오래 했지만, 이는 나의 학원을 알리고 정보를 제공하는 차원에서 글을 작성했다. 정보성으로 운영하다 보니, 이웃들과 깊은 관계를 맺기가 쉽지 않았다. 가끔 체험단 문의가 있었지만, 학원을 운영하면서 병행하는 것은 거의 불가능했다. 반면에 인스타그램은 팔로워들과 소통하기가 상대적으로 쉬웠다. 또한, 구독자 천 명 수준이 되자 인플루언서로 인정을 받아 광고협찬도 가능했다.

나름의 전략적인 접근을 하기 시작한 것은 2단계 시점이었다. 스토리가 있는 사진, 적극적인 해시태그의 활용을 통해 1,000명에서 2,000명까지 팔로워를 늘릴 수 있었다. 하지만, 2,000명대에서 다시 정체기가 찾아왔다. 코로나로 학원이 휴원하면서 인스타그램도 멈추게 되었다. 아이들이 없으니, 올릴 작품 사진도 없어졌다. 15년 이상 학원을 운영하며 한 번도 멈춘 적이 없던 학원이 휴원을 하게되자 멘붕에 빠졌다. 코로나로 모두가 힘들겠지만, 학원은 운영 자체를 할 수 없어서 가장 큰 피해를 보게 되었다.

한 달을 몸져 누웠고 대부분의 시간을 자면서 지냈다. 걱정스럽기도 하고 분하기도 하고 억울하기도 하고 여러 가지로 머리가 복잡했다. 그렇게 텅 빈 학원의 사진과 함께 마음속의 솔직한 심정을 장문의 글로 올렸다. 인스타그램의 특성상 '좋아요'는 쉽게 누르지만 '댓글'에는 인색한 면이 있다. 사진으로 표현하고 느끼기에 굳이 댓글을 달 필요가 없기 때문이다. (많은 사람이 유튜브를 시청하지만 '구독'은 잘 누르지 않는 것과 같음) 하지만, 그의 게시물에 그동안 숨어 있던 팔로워들의 댓글이 쏟아졌다. 평소 150개 수준이던 좋아요는 300개를 넘겼고, 20~30개였던 댓글은 100개를 넘겼다. 갑작스러운 좋아요, 댓글 알람에 놀라움도 있었지만, 이웃들의 위로에 마음을 가다듬고 용기를 낼 수 있었다.

▲ 코로나로 문 닫은 학원 사진과 게시물

　해당 게시물은 여러 해시태그의 인기 게시물로 등록되었고, 많은 팔로워를 유입시켰다. 특히, 미술학원을 운영하는 많은 선생님들이 공감하며 팔로우를 맺었다. 우연한 기회에 팔로워가 점차 늘어나면서, 인기 게시물에 등록되는 비율이 높아졌다. 이는 다시 새로운 팔로워를 유입하며, Yeccol 계정은 급속도로 성장을 하게 되었다. 이후 그는 단순히 예쁜 사진과 독특한 작품에 집착하기 보다는 팔로워들과 소통할 수 있는 콘텐츠에 대해 고민하기 시작했다. 사진의 품질이 조금 떨어지더라도 팔로워들이 공감할 수 있는 사진과 글이 오히려 더 많은 호응을 받는다는 것을 알게 되었다.

당장의 수익화보다는 브랜드 인지도를 높여라

　인스타그램을 통해 마케팅하고 사업을 하는 채널 대부분은 자신의 제품을 팔거나, 공동구매 형태로 수익화를 한다. 아동 미술 채널도 이와 비슷하다. 타겟 고객인 주부를 대상으로 작품을 소개하고 미술 키트를 판매해 수익을 만든다. 하지만, 그는 당장의 수익화보다는 학원의 브랜드 인지도를 높이는 것을 1차 목표로 한다. 브랜드 인지도가 올라가면 학원에 대한 이미지에 긍정적인 영향을 주고 자연스럽게 홍보가 되기 때문이다. 또한, 채널의 성장이 곧 브랜드의 인지도를 높이는 것이라고 생각하며 팔로워들과 적극적으로 소통하고 있다.

그는 코로나로 폐업 상황까지 갔던 학원을 다시 일으키는데 하루 24시간이 모자랄 정도로 바쁘게 보내고 있다. 그러면서도 그에게 관심이 있는 사람들에게 조금이라도 도움을 주기 위해 소통을 이어가고 있다. 요즘은 코로나로 어려운 상황에 대한 넋두리와 학원을 폐업해야 하는지에 대한 문의가 많다. 그 역시 어려운 시기를 경험하고 지금의 자리에 왔기에 그들의 심정을 누구보다 잘 알고 있다. 또한, 코로나로 힘든 시기를 이웃들의 도움으로 다시 일어설 수 있었기에 모든 댓글과 DM 문의에 성심성의껏 응답을 하고 있다. 그는 인스타그램을 단순하게 나의 멋짐을 뽐내는 채널이 아니라, 함께 고민을 나누고 소통하는 플랫폼으로 만들고 있다.

이런 노력으로 그의 채널은 팔로워 1만 명을 목전에 두고 있다. '미술 학원계의 백종원'이라 불리며 업계에서 나름 유명한 인플루언서가 되었다. 많은 미술 선생님들이 그를 직접 만나고, 그만의 운영 노하우와 교육방식을 배우고 싶어한다. 그는 코로나로 모두가 힘든 시점에 무료 세미나를 진행하고 미술 프로그램을 공유하며 큰 호응을 얻었다. 그의 세미나 ('미술학원 아트하게 운영하기')는 유료가 되었지만, 전국의 미술 선생님들이 참여 신청을 하고 있다. 인스타그램을 통해 확실하게 자신을 브랜딩한 결과 강연과 컨설팅이라는 새로운 기회를 창출할 수 있었다. 최근에는 인스타그램을 키운 자신감으로 유튜브도 시작해 조금씩 성과를 만들어 내고 있다. 또한, 코로나 시대에 맞춰 비대면 온라인 수업으로도 사업을 확장하고 있다.

동네에서만 유명했던 미술학원이 인스타그램을 통해 전국구의 유명한 미술학원이 되었다. 몇만 몇십만의 팔로워가 있는 채널은 아니지만 나름의 수익화에도 성공을 거두었다. 물론, 이 모든 것이 오랜 교육과 사업에 대한 노하우가 있었기에 가능했다. 하지만, 그런 노하우가 있다고 해도 누군가가 먼저 찾아와 알아봐 주지는 않는다. 특히, 교육 분야는 대중적인 관심이 있는 분야가 아니기에 사진 한장으로 갑자기 성장하기는 어렵다. 오랜시간 인내하며 여러가지 시도를 하는 과정에서 채널의 특성을 이해하고 성장할 수 있었다.

그는 교육자이며 사업가이지만 엑셀로 학원생들을 관리하는 것조차 힘들어하는 예술가이다. 또한, 하루하루 바쁜 일상 속에 매일 사진을 찍고, 올리는 과정이 쉽지 않았다. 하지만, 일단 시작하니 인스타그램이라는 채널이 블로그와 다르게 자신과 맞는다는 것을 알게되었다. 직장인의 인스타그램 역시 짧은 시간에 성공하기는 쉽지 않을 것이다. 직장인이라면 자신의 일상뿐만 아니라 일에 대한 노하우와 경험에 대해 하고 싶은 말이 있을 것이다. 이런 것들을 알맞은 사진과 함께 올려보자. 사진에 자신이 없다면 카드뉴스 형태의 글 그램을 올려도 될 것이다. 힘든 회사 생활에 불만을 말하고 고민만 하기보다는 핸드폰을 켜서 사진을 찍어보자. 일단 움직여야 다음 단계로 나아갈 수 있다.

성공적인 인스타 사진찍기

"세상의 순간들을 포착하고 공유한다, Capturing and sharing the world's moments" 라는 인스타그램의 슬로건에서도 알 수 있듯이 인스타그램의 기본은 사진찍기이다. 사진찍기가 서툰 직장인이라면 아래의 꿀팁을 참고해 사진찍기에 도전해보자.

TIP 매력적인 인스타그램 사진찍기 꿀팁

❶ 사진에 자신이 없다면 햇빛 좋은 날 자연광을 활용하기
벽에, 커튼에 내리는 한 줄기 빛을 담은 사진들을 한 번쯤은 보았을 것이다. 햇빛 좋은 날 눈부시게 밝은 사진, 한 쪽만 빛이 내린 사진, 햇빛이 어른거리는 사진 모두 작품이 될 수 있다. 자연광에서 찍은 풍경은 물론 인물, 사물들까지 모두 생동감이 넘친다. 핸드폰의 작은 렌즈로도 충분한 빛의 효과를 낼 수 있다.

❷ 음식, 반려동물, 소품 등을 찍을 때 가까이 근접 샷을 시도해보자
SNS, 특히 인스타그램에 서툰 중장년층의 사진을 보면 일명 달력 사진, 전체 정경을 담으려는 의도가 강하다. 피사체에 더욱 집중하여 다가가면 새로운 구도가 보일 것이다. 무엇을 보여주기 위한 것인지 명확하게 피사체의 매력을 담아보자. 또 근접 샷은 아웃 포커싱 효과가 극대화되며 사진의 퀄리티를 높여준다.

❸ 핸드폰 렌즈 관리하기
유난히 사진이 흐릿하게 나오는 경우, 휴대전화기 성능이 떨어진다고 생각한다. 하지만, 의외로 렌즈 관리를 제대로 못 한 경우가 많다. 렌즈가 깨끗하게 유지되면 사진의 퀄리티가 올라간다. 매일 들고 다니는 스마트폰 렌즈를 정성스럽게 관리해보자. 사진의 해상도가 달라진다. 또 렌즈에 물방울, 컬러 액체들을 뿌려 흥미롭고 유니크한 사진에 도전해보는 것도 좋다.

❹ 구도선(격자선)을 활용하기
스마트폰에 있는 격자선 기능을 활용해 보자. 초보자도 안정적인 수직 수평, 비례를 가늠해볼 수 있어 안정감 있는 구도를 잡을 수 있다.

❺ 스마트폰의 수동노출을 활용하여 보자
수동노출 기능을 활용하여 다양한 컷을 테스트해 보자. 스마트폰에 있는 기능만 잘 활용해도 평범하고 지루한 사진에서 벗어날 수 있다.

❻. 배경을 정리하고 찍기
많은 경우에 배경을 정리하지 않고 주변의 지저분한 것들이 그대로 노출되는 경우가 많다. 피사체를 돋보이게 하려면 주변 정리는 필수이다. 분위기를 맞춘 인테리어를 연출한다면 더욱 감각적인 사진을 찍을 수 있다.

❼ 보정 어플 활용하기
스냅시드 등의 보정 어플을 활용하여 인스타그램에서의 보정 외에 더욱 정교한 보정을 할 수 있다. 사진의 분위기, 명암, 색감 등에 변화를 주며 내가 원하는 분위기와 시선을 끄는 사진을 만들도록 연습해보자.

02
지식창업을 통한 수익 파이프라인 만들기

1 _ 재능마켓

직장인을 위한 최적의 수익 파이프라인

최근 몇 년 사이 재능마켓 플랫폼은 급성장하고 있다. 국내에서 서비스를 제공하고 있는 플랫폼만 10여 곳이 넘는다. 1위 업체인 크몽의 매출은 2017년 28.4억 원에서 2019년 75.2억으로 265% 성장했다. 2015년 판매금액 1억 원을 넘긴 판매자가 처음 나온 이후 현재는 100명을 넘어섰다. 재능마켓에서 거래되고 있는 서비스의 종류도 점점 다양해지고 있다. 재능마켓 초기에는 '강아지 산책시키기' '결혼식 하객 참석' 같은 단순하고 소소한 서비스였다. 시간이 지나면서 나만의 특기와 취미를 공유하는 형태에서 IT, 마케팅 등 비즈니스로 영역이 넓어졌다. 이제 재능마켓은 직장인이 여유시간을 활용해 부가수익을 올릴 수 있는 가장 좋은 플랫폼이 되었다.

재능마켓은 어떻게 이렇게 급격하게 성장할 수 있었을까? 첫 번째는 스마트폰과 정보통신기술의 발전이다. 우리는 모두 각자의 경험과 재능을 가지고 있다. 나만 알고 있던 많은 노하우들이 인터넷의 발달로 남들과 공유하고 거래가 가능해진 것이다. 두 번째는 소확행(소소하지만 확실한 행복)과 욜로(You Only Live Once) 열풍이다. 이제 남들의 시선보다는 자기만족과 일상의 행복이 중요한 시대가 되었다. 개인의 행복과 발전을 위해 다양한 취미를 즐기고 배우는 것이 하나의 트렌드가 되었다. 세 번째는 직장인의 워라벨(Work and Life Balance) 문화 확산이다. 주 52시간 근무제에 따라 직장인의 6시 칼퇴근이 정착되고 있다. 여유 시간이 생긴 직장인들이 자신의 재능을 공유하고 부가수익을 위해 재능마켓으로 몰려들고 있다.

그럼 직장인들이 재능마켓에 열광하는 이유는 무엇일까? 첫 번째는 재능마켓에서 자신의 가치를 증명할 수 있다는 점이다. 회사에서 혼나며 장표만 만들던 사원도 파워포인트 전문가가 될 수 있다. 두 번째는 강사의 꿈을 이룰 수 있다. 직장인이라면 한 번쯤 나만의 강의를 만들고 싶은 꿈이 있다. 하지만, 이를 실행할 만한 기회가 많지 않았다. 이제 재능마켓에서 이런 꿈을 이룰 수 있게 되었다. 세 번째는 돈을 벌 수 있다. 본업을 넘어 억대의 부수입을 올리는 강사들이 늘어나고 있다. 그들은 전업으로 활동하거나 새로운 사업에 도전하고 있다. 마지막으로 자신과 비슷한 성향을 지닌 사람들과 함께할 수 있다. 직장 동료는 일로 만난 관계다 보니 같이 무언가를 공유하기가 어렵다. 재능마켓에서는 자신의 취미와 생각을 편하게 공유하고 공감할 수 있다.

이렇듯 혼자만 알고 있기에는 아까운 재능이 있다면 재능마켓을 통해 공유해보자. 이를 통해 나의 가치를 확인할 수 있고 부가수익도 올릴 수 있다. 게다가 강의를 통해 만난 사람들을 통해 새로운 성장의 기회를 찾을 수도 있다. 많은 이들이 재능마켓을 통해 책을 출판하고, 새로운 사업을 시작하는 등의 기회를 얻고 있다. 우리는 각자 나만의 스토리와 재능을 가지고 있다. 회사에서는 아무것도 아닌 것들이라도 남들에게는 소중한 가치가 될 수 있다. 지금 당장 회사에서 배운 경험을 활용해 1~2시간 분량의 강의를 만들어보자.

Platform	Slogan
kmong	전문가가 필요한 순간
taling	세상의 모든 재능
CLASS 101	준비물까지 챙겨주는 온라인 클래스
TWOJOB	전문가들의 재능마켓
Soomgo	생활 서비스 고수 찾기
Frip	NO1 여가 액티비티 플랫폼
hobbyful	취미를 만나 일상이 아름다워 지다

▲ 국내 재능마켓 플랫폼 현황

성공사례 1 _ 영어 루저에서 재능마켓 NO1. 영어 강사가 되다. 손성은 튜터

교육생으로부터 '갓(GOD) 성은'이라고 불리는 강사가 있다. 그는 바로 재능마켓에서 영어를 강의하고 있는 손성은 튜터이다. 재능마켓에서도 가장 개설된 강의가 많은 영어 부문에서 그의 존재는 독보적이다. 교육생들이 가장 많이 선택하고 있으며 최고의 만족도와 최다 리뷰를 받고 있다. 여타 영어 강사들처럼 외국에서 자라거나 그 흔하다는 어학연수 한 번 다녀온 적이 없다. 유학을 가고는 싶었지만 가정 형편 때문에 국내에서 독학으로 공부한 토종 한국인이다. 그런 그는 이제 교육생의 친절한 영어 선생님을 넘어 인생의 롤모델이 되고 있다.

그는 실업계 고등학교를 졸업했다. 어린 시절 아버지 회사가 부도가 나면서 빨리 취업을 해야겠다고 생각했다. 인문계 고등학교와 달리 영어수업은 일주일에 2시간밖에 되지 않았다. 대학입학을 위해 뒤늦게 수능을 준비하면서 영어공부를 시작했지만, 실력이 쉽게 늘지 않았다. 어렵게 대학에 들어갔지만, 대부분의 강의가 영어로 진행되다 보니 힘든 시간이 이어졌다. 영어 실력 향상을 위해 단어암기, 원서 읽기 등을 노력했지만 제자리걸음이었다. 그러다 우연히 네이티브 수준의 실력을 갖춘 선배로부터 '미드 쉐도잉'을 알게 되었다. 매일 12시간씩 2개월간 공부에 집중하자, 실력이 눈에 띄게 좋아졌다. 이후 학교생활 4년 동안 매일 2시간 이상 꾸준히 공부했고, 지금의 실력을 갖출 수 있게 되었다.

영어 실력을 바탕으로 대기업 식품회사 수산 MD(구매 담당)로 입사할 수 있었다. 연어(Salmon) 담당으로 수입하는 연어 대부분이 그녀를 거쳐 갔다. 무한 연어 리필집 등 연어 수요가 폭발적으로 늘어나면서 일에 파묻혀 살았다. 3년 동안 휴가는 3일밖에 가지 못했다. 일에 대한 열정과 회사에서의 성공을 목표로 밤낮 가리지 않고 열심히 일했다. 선배의 생각은 달랐다. 일에 대한 열정이 부족하다는 것이었다. 이렇게 열심히 하고 있는데 열정이 부족하다니, 이해가 되지 않았다. 며칠의 고민 끝에 업무는 열심히 했지만, 식품 분야에 대한 열정은 부족하다는 것을 깨달았다. (당시 선배는 국민에게 좋은 음식을 제공해야 한다고 생각하는 식품업에 엄청난 프라이드를 가진 분이었음)

더는 회사에서의 비전이 없어진 그는 과감하게 퇴사를 결정했다. '인생에서 정말 내가 원하고 좋아하는 것이 무엇인가?'에 대해 고민을 하기 시작했다. 더 넓은 세상에 대해 경험을 해야겠다는 생각으로 1년간의 배낭여행을 떠났다. 다른 생각을 가진 다양한 사람들을 만나고 이야기하면서 생각의 변화가 생겼다. 그동안은 옳고 그름, 성공과 실패의 이분법적 사고로 살아왔는데 그들은 그렇지 않았다. 배낭여행의 매력에 빠지며 현지에서 사귄 친구 집에 숙박하고, 길에서 노숙하며 여행을 이어나갔다. 그렇게 1년을 계획했던 여행은 600일간 35개국 106개 도시를 거치는 장기 여행이 되었다.

▲ 배낭여행을 하며 만난 외국인 친구들

회사를 떠나 배낭여행을 다녀온 후 모든 일에 자신감이 생기고 삶을 대하는 태도도 변해 불확실한 미래에 대한 고민이 줄어들었다. 인생에 정해진 것은 없으니 서퍼가 파도를 타듯 변화를 즐기게 되었다. 직업을 선택함에서도 내가 중심이 되어 '왜 이 일을 하는지? 내 인생에 어떤 의미가 있는지'를 생각했다. 회사의 채용 정보 소식을 기다리기보다는 원하는 회사에 먼저 메일을 보냈다.(자신에 대한 소개와 함께 '당신의 회사에서 일하고 싶으니 연락주세요.'라는 문구를 넣어 메일을 보냄) 그런 도전을 통해 국내 스타트업 회사에서 일할 수 있었다.

이전 회사보다 월급은 줄었지만, 인생에 있어 꼭 필요한 회사에서 일하게 되었다. 줄어든 월급은 재능마켓과 기업 강의를 통해 추가 수입을 올리고 있다. 최근에 재능마켓에서 수강생이 늘어나며, 본업보다 부업의 수익이 많아지게 되었다. 대기업이라는 간판 때문에 퇴사하지 못하고 계속 있었다면 이런 변화는 없었을 것이다. 그는 재능마켓에서도 도전과 긍정의 아이콘으로 손꼽히는 강사가 되었다. 가장 경쟁이 치열한 영어부문에서 최고의 강사로 자리매김 할수 있었던 그녀만의 성공 노하우를 알아보자.

누구나 완벽한 시작은 없다. 테스트 수업으로 강의 경험 쌓기

그가 재능마켓에서 강의를 시작한 것은 본업 외 부수입을 얻기 위해서였다. 하지만 강의라고는 대학교 때 학비를 벌기 위해 학원에서 영어를 가르친 것이 전부였다. 그 역시 남들 앞에서 정식으로 강의를 해본 적은 없었다. 아무리 영어에 자신이 있어도 자신보다 나이 많은 일반인을 대상으로 하는 강의는 부담이 되었다. 게다가 실력이 천차만별이다 보니 어느 수준으로 강의 내용을 설정해야 할지 감이 오지 않았다. 우선 주변 사람들에게 의견을 묻고 무료 테스트 수업을 진행했다. 몇 번의 테스트를 통해 수업 내용을 다듬고 강사로서 경험을 쌓았다. 수업 내용에 확신이 든 이후에 정식 유료 강의를 개설했다. 첫 수업이 실수 없이 잘 진행되었고, 수강생들의 만족도가 높았다.

정식 수업 전 테스트 수업으로 내용을 충실하게 준비했던 것이 좋은 결과를 가져왔다. 재능마켓의 성장으로 많은 수업이 생겼지만 제대로 준비되지 않은 수업들이 많았다. 반면에 그의 수업은 달랐다. 몇 번의 테스트를 통해 수업 내용을 철저하게 영어 실패자들에게 집중해서 만들었다. 영어 루저였던 본인의 경험담을 통해 수강생의 마음을 얻을 수 있었다. 영어로 힘들어하는 사람들의 마음을 누구보다 잘 알고 있었기에 수강생을 이해하고 기다려주었다. 첫 수업 이후 감동한 수강생들의 정성이 가득한 리뷰들이 달렸다.

재능마켓에서 가장 치열한 부문이 바로 영어이다. 영어 좀 하는 사람이라면 쉽게 강의를 개설할 수 있고 수강생들의 관심도 많기 때문이다. 하지만, 그만큼 영어에 성공하지 못한 사람이 많다는 방증이기도 하다. 대부분의 영어수업은 강사와 학생들이 주 1~2회 만나 수업을 진행하는 형식이었다. 수강생으로서는 영어 학원 못지않게 비용이 들지만, 실력이 늘지는 않았다. 몇 번 수업 이후 다시 원래 상태로 돌아가는 수강생들이 많았다. 결국, 영어는 본인이 열심히 해야 하는 것이었다. 그는 다른 수업과 다르게 원데이 클래스로 수업을 진행했다. 스스로 공부해야 함을 강조하고 혼자서 할 수 있는 방법을 알려주었다. 고기를 잡아주는 것이 아닌 잡는 방법을 알려준 것이다.

영어 부문은 강의가 많다 보니 그냥 수업을 개설해서는 수강생의 선택을 받을 수 없었다. 좋은 리뷰를 받은 수업으로 수강생들이 모이고 리뷰가 없는 수업은 시작하기도 어려웠다. 초반에 교육생들의 선택을 받기 위해 다른 수업의 절반 가격에 강의를 오픈했다. 수업 내용에는 자신이 있었기에 초반에 수강생을 모집하는 것이 중요하다고 생각했다. 6명의 수강생이 강의를 신청했고, 가성비 높고 차별화된 수업에 수강생들의 정성스러운 리뷰가 달렸다. 다른 수업과 다른 장문의 리뷰에 많은 수강생들이 관심을 가지며 인기 수업이 될 수 있었다. 이제 재능마켓에는 많은 강의들이 개설되고 경쟁이 점점 치열해지고 있다. 강의를 계획하는 사람이라면 우선 사람을 모을 수 있어야 한다. 다른 강의와 차별되는 나만의 장점에 대해 생각해보자.

강의도 하나의 사업이다. 스스로 홍보하고 준비해야 한다

재능마켓에서 강의를 개설하는 많은 강사가 마케팅은 플랫폼에서 진행해줄 것을 원한다. 직장을 다니며 스스로 마케팅까지 하기가 쉽지 않기 때문이다. 플랫폼도 결국엔 하나의 회사이다. 돈이 되는 강의는 알아서 홍보와 마케팅을 확실하지 않은 강의에 돈을 쓰지 않는다. 플랫폼에서 관심을 두고 밀어주는 강의가 되기까지 내 강의를 알리고 홍보하는 노력이 필요하다. 그의 강의는 수강생들의 높은 만족도와 리뷰로 입소문이 나기 시작했다. 그런 그의 강의가 더욱 유명해진 것은 우연히 출연한 유튜브 채널 영상이 대박이 나면서 부터이다.

영어 실패자를 위해 순수한 마음으로 출연한 것이 조회수 100만을 넘기며, 의도치 않게 스타 강사가 되었다. 많은 사람들이 유튜브를 먼저 보고 강의를 신청하기 시작했다. 일부는 유튜브 스타가 된 그를 직접 만나기 위해 강의를 신청하기도 했다. 6명으로 시작했던 강의는 매회 30명 이상이 참여하는 인기 수업이 되었다. 이제 그의 강의는 다른 강사들처럼 스터디 카페에서 진행할 수 있는 수준을 넘어섰다. 우연한 기회에 유튜브에 출연했지만 스스로 움직이지 않았다면 이런 성공도 없었을 것이다. 그는 단순히 플랫폼에 기대기보다는 다양한 채널을 통해 강의를 알리는 노력이 필요하다고 조언한다. 재능마켓의 경쟁이 심화되는 상황에서 홍보와 마케팅은 필수이기 때문이다.

코로나로 인해 오프라인 강의가 줄어들면서 많은 강사가 힘들어하고 있다. 하지만, 그는 재빠르게 온라인으로 수업을 변경했다. 강의실 대여비 등의 비용이 줄어들고 코로나로

모두가 힘든 점을 고려해 수업료를 인하했다. 대신 강의 강의시간을 기존 2시간에서 3시간으로 늘렸다. 어차피 수업을 위해 왔다 갔다 하는 시간과 수업 종료 후 Q&A까지 4시간 정도가 되었다. 강의시간이 늘어난 만큼 수입이 줄어들지는 않았다. 오히려 수강생들이 늘어났고 지금은 매회 50명 이상의 수강생이 참여하고 있다. 위기를 기회로 삼아 다시 한 번 성장할 수 있었다.

직장인들이 본업과 함께 강의를 진행하기는 쉽지 않다. 돈을 받고 강의를 진행하기 때문에 대충 준비할 수도 없다. 예상치 못한 야근으로 주중에 개설한 강의를 취소해야 하는 경우도 있다. 그 역시 상황은 비슷했다. 초반에는 강의에 대한 열망과 수입 증대를 위해 주중과 주말에 강의를 개설했었다. 하지만, 수강생들의 문의 전화가 너무 많다 보니 본업에 영향을 받게 되었다. 고심 끝에 주중반을 폐지했다. 그리고 업무 중에 오는 문의는 대응하지 않고 퇴근 후 답변하는 것으로 나름의 원칙을 정했다. 수강생들에게 미안한 일이었지만 본업과 부업의 균형을 유지하기 위해 어쩔 수 없는 결정이었다.

수강생들의 문의에 대응하다 보니, 비슷한 질문들이 많이 반복됨을 알 수 있었다. 반복되는 질문들을 모아 베스트 Q&A와 수강생 유의사항을 만들어 문자와 메일로 보냈다. 수강생들의 질문은 급격하게 줄어들었고 수업을 준비할 수 있는 충분한 시간이 확보되었다. 강의를 진행하면서도 예상치 못한 문제들이 발생하였다. 컴퓨터가 다운되고 영상이 멈춰버리고 마이크가 나오지 않는 등등. 강의 중 발생한 문제점들을 케이스(CASE)별로 정리해 대응 방법을 미리 정리하고 매뉴얼화 했다. 사소하지만 실수가 줄어들면서 강의 품질은 향상되었고 수강생들의 만족도는 올라갔다.

수강생 관점에서 생각하고 이해하라

그는 강의를 신청하는 수강생 모두에게 애틋한 마음이 있다. 본인이 영어로 힘들어했던 경험이 있기에 수강생의 마음을 누구보다 잘 알기 때문이다. 그래서 강의를 처음 기획할 때도 수강생의 관점에서 항상 생각했다. 힘들지만 결국에는 수강생 스스로가 인내를 가지고 열심히 해야 한다는 것을 알고 있었다. 힘들어하는 수강생들이 지치지 않도록 수강생들을 이해하고 용기를 북돋아 주었다. 수업시간의 절반은 본인의 경험담과 영어회화 원리와 방법에 대해 설명한다. 누구나 할 수 있다는 것을 충분히 설명하기 위해서이다.

평생 해도 안되는 영어가 2~3시간의 짧은 강의를 통해 유창하게 될 수는 없을 것이다. 그는 이점을 누구보다 잘 알고 있었다. 그래서 나머지 수업시간은 1개 문단을 수강생과 함께 계속 반복 연습을 한다. 처음에는 어색하고 힘들어하던 수강생들도 1~2시간 반복하다 보면 본인이 할 수 있음을 알게 된다. '미국 배우들처럼 내가 말을 할 수 있다니…' 처음으로 영어에 자신감이 생기는 순간이다. 마음으로 '유레카(Eureka)'를 외치며 감사의 인사를 전한다. 짧은 순간에 작은 성공을 경험한 수강생들은 그의 팬이 되어버린다.

'끝날 때까지 끝난 게 아니다.' 강의가 끝난 이후에도 수강생들에 대한 케어(CARE)는 계속된다. 그는 수강생들이 오늘의 성공 경험을 바탕으로 영어에서 승자가 되기를 바란다. 그러기 위해서는 꾸준한 연습만이 살길이라고 생각한다. 수업이 끝난 후에도 지속해서 과제를 준다. 수업을 통해 느낀 점과 연습한 것을 녹음해서 보내면 수강생별로 피드백을 해준다. 매주 안부 문자와 영작 QUIZ를 보내며 수강생과 소통을 유지한다. 수강생이 혼자서 학습할 수 있는 유튜브 채널과 최신 학습 프로그램 등을 소개해준다. 수강생 단톡방을 개설해 스터디 시간을 인증하고 공부한 내용을 공유하는 등 함께 성장할 수 있도록 하였다.

우연히 시작한 재능마켓에서의 강의를 통해 그는 많은 수강생을 만나고 있다. 그들을 가르치고 실력이 향상되는 것에서 행복과 자부심을 느낀다. 또한, 그들과의 소통과 만남을 통해 새로운 기회를 얻기도 한다. 재능마켓에서의 강의는 그에게 돈 이상의 의미를 지닌다. 힘든 순간을 이겨낼 힘을 주었고 그를 응원해주는 인생의 지지자들을 만나게 해주었다.

직장인들은 회사에서 돈을 벌지만, 항상 불안감을 가지고 있다. 불안감으로 회사 밖에서 돈을 벌려고 해도 어떤 것을 해야 할지 막막하다. 이제 직장인이라면 누구나 재능마켓에서 나의 경험과 재능을 공유하고 수익을 올릴 수 있다. 그는 처음의 수업과 지금의 수업은 내용과 품질이 아주 다르다고 했다. 고민만 해서는 아무것도 변하지 않는다. 완벽하지 않더라도 일단 부딪치고 시작해보자. 꿈을 잃고 사는 직장인에게 재능마켓은 하고 싶은 것을 이룰 수 있는 좋은 기회가 될 것이다.

> **TIP**　손성은 강사의 '미드 쉐도잉'

❶ 내용 파악 겸해서 가벼운 마음으로 재밌게 영상을 보세요
대중교통으로 출퇴근하는 직장인이라면 이때 가벼운 마음으로 보면 좋을 것 같아요.

❷ 대본으로 Reading 공부를 하세요
대본을 보면서 모르는 단어나 모르는 표현이 있으면 체크하고 뜻을 써 놓으세요. 일반 학원에서는 들리는 것에 대해 Dictation(받아쓰기)을 많이 하라고 해요. 그런데, 스페인이나 아랍어를 아무리 반복해서 듣는다고 알 수 있을까요? 알아야 들리기 때문에 영어 대본을 많이 읽어봐야 해요.

❸ 다시 영상을 보고 따라서 Speaking을 하세요
미드를 보고 공부하는 사람은 많은데 실패하는 공통적인 이유가 Speaking을 안 하기 때문이에요. 대부분 영상과 대본을 보고 듣고 몇 번 말하기는 해요. 하지만, 완벽하게 따라할 수 있을 때까지 말하기를 반복해서 연습하는 사람은 적어요. 애기들이 말 배울 때 듣기만 하는 것이 아니라 '맘마, 맘마' 하면서 수도 없이 반복하다 엄마를 하게 되는 것과 같아요. 반복적으로 말하기를 연습해야 합니다.

❹ Speaking이 어느 정도 익숙해지면 이제는 Writing(쓰기)을 하세요
미드의 대사 중 내가 일상생활에서 쓸 수 있을 것 같은 표현을 적은 후, 단어만 살짝 바꿔서 나의 문장을 만들어 보세요. 그렇게 Writing 노트를 만들고 다시 소리 내어 반복해서 말하기 연습을 하세요.

❺ 매일 2시간, 6개월 이상 반복하세요
Scene 별로 끊어서 최소 20번을 소리 내서 읽어야 해요. 그냥 읽는 것이 아니라 배우들의 발음, 억양, 말투, 속도, 표정까지 완벽하게 따라 할 수 있을 때까지 반복해야 합니다. 그리고, 매일매일 연습을 반복해야 합니다.

❻ 프렌즈로 연습하세요
프렌즈는 미국에서 제일 인기 있는 시트콤이기 때문에 재미가 있어요. 그리고, 미국인들의 일상적인 생활 회화를 습득할 수 있어요. 또한, 많은 사람이 프렌즈로 공부를 했기 때문에 자료 구하기가 쉽습니다.

성공사례 2 _ 평범한 직장인이 재능마켓으로 월 1천만원 버는 비밀 XEMMA(엠마)

　재능마켓 마케팅 부문의 1등 강사로 유명한 엠마 튜터는 평범한 직장인 마케터였다. 그는 퇴근 후 자투리 시간을 활용해 재능마켓에서 부업으로 인스타그램 강의를 시작했다. 초기 2~3명으로 시작한 강의는 주 2회 30명 정원의 강의가 매회 조기 매진되고 있다. 현재는 인터넷 강의로도 제작하여 1년여 만에 수강생 2만 명을 돌파했다. 강의를 시작한 지 1년 만에 월 1천만원 이상의 수입을 버는 성공한 스타 강사가 되었다. 또한 재능마켓에서의 성공을 통해 마케팅 회사인 (주)하우그로우를 운영하는 CEO가 되었다. 그는 어떻게 가장 경쟁이 치열한 마케팅 부문에서 최고 강사가 될 수 있었을까?

　그는 대학에서 경영학을 전공했다. 대부분의 동기가 공무원과 대기업 취업을 준비할 때, 학교 홍보대사로 활동하며 다양한 경험과 인맥을 쌓아 나갔다. 어렸을 때부터 새로운 도전을 즐겼고, 나만의 사업을 하는 것이 꿈이었다. 자연스럽게 졸업도 하기 전에 창업에 도전했다. 한국사회적기업진흥원의 '사회적 기업가 육성사업'으로 선정되어 '리라이퍼(Relifer)'를 창업할 수 있었다. 사회가 점점 고령화되면서 은퇴한 시니어는 늘어나지만 제대로 된 프로그램은 없었다. 앞으로의 트렌드를 생각하면 충분히 가능성이 있다고 판단했다.

　시작은 순조로웠다. 국내 대기업에서 시니어 용품으로 사업을 확장하며 협업으로 쉽게 진행할 수 있었다. 하지만, 시간이 지날수록 고객 모집이 쉽지 않았다. 사업 계획서만 100

＊ 리라이퍼(Relifer)는 '다시(Re) 삶을(Life) 살아가는 사람(-er)'이라는 뜻의 조어로, 제2의 삶을 준비하는 노인세대를 위한 잡지 및 콘텐츠 기업이었다.

장 넘게 만들며 철저히 준비했지만, 이론과 실제는 다르다는 것을 알게 되었다. 사업 컨셉은 좋았지만, 고객이 세분화되고 각각의 Needs가 다르다는 것을 알지 못했다. 특히, 대학교를 갓 졸업한 어린 나이다 보니, 은퇴한 시니어 고객들의 마음을 읽는데 실패했다. 은퇴 후 그들의 심정과 진정으로 원하는 것이 무엇인지? 등을 알지 못했다. 스스로가 공감을 하지 못하다 보니 잘못된 솔루션이 나왔다. 그렇게 첫 번째 창업은 아쉽게도 실패로 끝났다.

첫 번째 사업이 실패한 후 슬럼프가 찾아왔다. 성공을 확신하고 모든 것을 쏟아부은 사업이 실패하니 정신적, 체력적으로 회복이 어려웠다. 몇 달을 폐인처럼 지내다 아르바이트를 하면서 생활을 이어나갔다. 대기업에 근무하는 친구 소개로 아르바이트를 구할 수는 있었지만, 꿈과 현실의 괴리로 힘들었다. 결국, 꿈을 잠시 미루고 일반 기업에 취업을 했다. 대기업만큼 월급이 많지는 않았지만, 생활하기에는 충분했다. 새로운 일을 준비하기 위한 시간적인 여유도 있었다. 회사업무가 어느 정도 적응이 된 후에는 온라인 쇼핑몰을 부업으로 시작했다. 작게라도 내 사업을 다시 하는 것은 좋았지만 고객 응대, CS 등 부업으로 하기에 쉽지가 않았다.

일단 시작하고 부족한 것은 채워 나가자

쇼핑몰을 하고 여러 분야의 다양한 책을 읽으면서 어느 정도 슬럼프를 극복할 수 있었다. 하지만, 첫 사업 실패의 트라우마에서 쉽사리 빠져나오지 못했다. 사업에 대한 꿈은 여전히 갖고 있었지만, 다시 시작하기가 쉽지 않았다. 그러던 중 평창 올림픽 여행 가이드를 통해 만난 외국 기업 CEO를 통해 새로운 시작을 위한 전환점을 갖게 되었다. 사업 실패로 위축된 그에게 빌리어네어 사고방식을 일깨워주었다. 일반인은 실패를 두려워해 도전하지 못하지만, 부자들은 원하는 것을 일단 실행하고 부족한 것은 채워 나간다는 것이다.

빌리어네어였던 외국 기업 CEO 조언
"당신 나라에서 제일 유명한 신문사가 어디에요?
일단 거기에 당신이 하고 싶은 일에 대해 광고를 내세요. 그리고 고객에게 문의가 오면 그때 시작하면 돼요."

뒤돌아보면 첫 사업을 너무 완벽하게 하려다 보니 실패에 대한 트라우마가 큰 것이었다. 이번에는 작게라도 시작하고 부족한 부분은 수정, 보완하기로 했다. 그는 회사에서 마케팅/브랜딩 업무 관련 일을 하면서 고객들의 인스타그램을 키우고 관리했다. 이를 바탕으로 새로운 사업은 마케팅 대행사 운영을 생각했다. 사업의 시작 방법을 고민하던 끝에 재능마켓 강의로 자신을 알리기 시작했다. 강의는 무자본으로 고객 모집 및 홍보를 할 수 있는 좋은 방법이었다. 첫 강의 주제는 그의 주 업무였던 인스타그램 마케팅으로 정했다. 인스타그램에 관한 관심이 커지고 있었기에 충분히 가능성이 있다고 판단했다.

빌레어네어 방식을 따라 우선 재능마켓에 원데이 클래스를 개설하였다. 무작정 한달 뒤로 강의를 잡고 퇴근 후 매일 강의 준비에 집중했다. 일단 강의 날짜를 정하고 나니, 더욱 집중이 되고 몰입도가 올라갔다. D-day가 점점 다가오자 떨리기는 했지만, 자신감은 있었다. 많지는 않았지만 강의를 신청하는 사람들도 생겨났다. 드디어 첫 강의날, 수강생은 3명밖에 안되었지만 가슴이 두근거리고 손발이 떨렸다. 완벽하지는 않았지만, 최선을 다해 강의를 진행했다. 2시간이 순식간에 흘러갔고 큰 실수없이 첫 강의를 마치게 되었다.

강의 내용이 100% 만족스럽지는 못했지만 처음 시작치고는 나쁘지 않은 결과였다. 수강생들 역시 최선을 다하는 그의 자세를 높게 평가해주었다. 수강생들의 피드백을 바탕으로 내용을 수정하고 다시 재정비하였다. 첫 사업 실패의 두려움으로 미루었던 일을 일단 저지르고 보니, 작은 성과로도 다시 자신감을 찾을 수 있었다. 그렇게 그는 인스타그램 마케팅 부문의 강사로 자리를 잡으며, 새로운 사업을 위한 첫걸음을 내디뎠다.

직장인은 사회생활의 경험과 알게 모르게 쌓인 내공이 많으므로 강사로서 유리하다. 단지, 너무 완벽함을 추구하다 보니 아무것도 못 하는 경우가 많다. 그것은 직장인들의 특징이며 숙명이기도 하다. 회사에서 대충은 없기 때문이다. 글자 간격이 안 맞거나 틀린 글자 하나만 있어도 정성이 부족하다며 상사의 질책을 받는다. 재능마켓에서는 조금은 부족해도 작은 시작 한 걸음이 중요하다. 2시간 분량의 강의를 만들 수 있다면 우선 클래스를 개설해보자. 강의 날짜가 정해지면 그 시간을 위해 노력하게 될 것이다. 일단 시작하고 부족한 부분은 다시 보완하자.

기회는 나에게 오는 것이 아니다. 내가 만드는 것이다

첫 강의 이후 수강생들과 서로 연락처를 주고받았다. 누구에게나 그렇지만 그녀에게 첫 수강생은 특별했다. 우선은 부족한 강의를 들어준 데 대한 감사한 마음이 컸다. 그리고 더 나은 강의를 위해 수강생들의 피드백이 필요했다. 스스로 부족한 부분을 느꼈기에 강의 이후에도 수강생들의 문의에 정성껏 피드백을 해주었다. 그렇게 수강생과 좋은 관계를 이어갔다. 그러던 중 백화점에 근무하는 수강생으로부터 자신의 회사 마케팅 관리를 해보지 않겠냐는 제안을 받았다. 강의 경험은 많지 않았지만, 최선을 다하고 정성스럽게 답변하는 그에게 신뢰를 느낀 것이었다.

새로운 사업에 대한 준비가 완벽하지는 않았지만, 이 또한 일단 시작하고 부족한 부분을 보완하기로 했다. 대기업과 협업한 경험과 레퍼런스(Reference)가 있으면 앞으로 사업에 도움이 될 것으로 생각했다. 그렇게 재능마켓에서의 작은 시작으로 꽤 큰 고객을 확보할 수 있었다. 회사업무를 하면서 강의와 기업 마케팅 일을 하기가 쉽지 않았다. 하지만, 이 모든 일이 서로 연관되어 있기에 불가능한 일은 아니었다. 퇴근 후와 주말 시간을 더 할애해서 모든 일을 해나갔고 자연스럽게 N잡러의 길을 걷게 되었다.

대기업 마케팅 업무를 하게 되자 강의 내용이 탄탄해지고 강의에 더욱 자신감이 생겼다. 강의를 통해 팔로워가 늘어나고 실제 사업적으로 성공한 사례들이 나오기 시작했다. 수강생들의 좋은 리뷰가 많아지면서 강사로서 지명도가 올라갔다. 이론과 실무를 완벽하게 갖춘 명실상부한 베스트 강사가 될 수 있었다. 한 달에 한 번 하던 강의를 일주일에 2~3회로 늘리고 수강생 정원도 5명에서 30명으로 늘렸다. 횟수와 인원이 늘어나니 자연스럽게 수익도 늘어났다. 재능마켓 강사로 성공을 이루자 인스타그램 관련 책을 공동 집필하게 되었다. 또한, VOD 강의 개설을 통해 시공간의 제약을 벗어나 지속적이고도 안정적인 수익을 창출할 수 있게 되었다.

온라인 쇼핑몰, 재능마켓 강사, 기업 마케팅 컨설팅, 작가 등 생각만 하고 하지 못했던 일들을 실행으로 옮기자 새로운 기회들이 찾아왔다. 모든 일이 100% 완벽하지는 않았지만 여러 가지 일들이 합쳐지니 200% 이상의 성과를 가져왔다. 좋아하는 모든 일이 안정적으로 운영되자, 부수입이 주수입보다 훨씬 많아지게 되었다. 그는 강의와 기업 마케팅에 집중하기 위해 회사를 그만두고 마케팅 회사의 대표가 되었다. 재능마켓을 통해 실패의 트라우마를 벗어나 두 번째 도전을 시작할 수 있었다.

재능마켓은 정글이다. 스스로 업그레이드해야 한다

재능마켓에서는 누구나 손쉽게 강의를 시작할 수가 있다. 1~2시간 분량의 강의 자료만 만들 수 있다면 바로 '1인 기업 강사'로 창업을 할 수가 있다. 강의 자료만 제대로 만들어 놓으면 조금씩 업데이트하면서 계속해서 강의할 수 있다. 강의 장소도 무료로 섭외할 수 있으며 비용이 들면 수강생과 나누거나 수강생 부담으로 진행할 수 있다. 이렇게 무자본 창업은 재능마켓의 가장 큰 장점이다. 하지만, 누구나 쉽게 강의를 개설할 수 있기에 같은 주제의 강의가 많아졌다. 비슷한 강의가 많아지면서 예전과 다르게 경쟁이 치열 해졌다.

그가 진행하고 있는 인스타그램 역시 비슷한 강의들이 계속해서 생겨났다. 심지어 수업을 들었던 수강생이 수업을 카피하여 비슷한 강의를 개설하기도 했다. 오랜 시간의 경험과 노력으로 만들어진 강의를 불법으로 카피한다는 것이 너무 억울했다. 그래서 그는 강의 중에 이런 고충과 법적 대응에 대해 미리 알린다. 하지만, 수강생을 선별하여 받을 수도 없는 노릇이다. 불법적인 카피에 대해서는 법적인 초치를 취하더라도 불평불만만 할수는 없었다.

남들과 차별화되는 무언가가 필요했다. 고심 끝에 그는 VOD 동영상 강의를 개설했다. 동영상 강의는 한 번의 촬영으로 누구나 쉽게 학습할 수 있다는 장점이 있었다. 강의를 들으러 올 시간이 없거나 지방에서 오기 힘든 사람들에게는 좋은 선택이 되었다. 또한, 기존 강의와 전혀 다른 새로운 주제로도 강의를 만들기로 했다. 그것은 바로 '재능마켓에서 잘 팔리는 나만의 수업 만들기' 강의였다. 강의를 개설하고 싶지만, 방법을 모르는 사람들과 강의는 있지만, 수강생이 적은 강사를 타겟으로 했다.

이를 위해 재능마켓에 있는 모든 강의를 카테고리별로 분류하고 트렌드를 분석했다. 인기있는 강의와 그렇지 못한 강의의 특징을 분석하고 그 이유를 찾아냈다. 그리고 잘 팔리는 강의가 되기 위한 다양한 솔루션을 제시했다. 특히 인스타그램과 마찬가지로 우선은 수강생의 눈에 들어올 수 있는 방법들을 제시했다. 그동안 강의를 개설하고 수강생의 선택을 받지 못했던 기존 강사들의 반응이 폭발적이었다. 그렇게 재능마켓 강사들의 선생님이 되었고 새로운 파이프라인을 구축할 수 있게 되었다.

그는 재능마켓에서의 강의를 통해 월급을 뛰어넘는 안정적인 부수입을 창출했다. 강의에 참석한 수강생과 교류를 통해 새로운 계약을 수주하고 다양한 간접 경험을 할 수 있었다. 또한, 책 출판 및 기업 강의 활동 등 새로운 분야로 활동을 넓힐 수도 있었다. 이렇듯 재능마켓을 통해 제2의 인생을 살 기회를 얻었다. 이는 남들보다 뛰어나서라기보다는 실패를 이겨내고 다시 도전했기 때문이다. 완벽하지는 않지만 작게 시작하고 작은 성공 경험이 밑바탕이 되어 지금의 성공을 이룰 수 있었다.

TIP 　재능마켓을 시작하려는 직장인을 위한 엠마 강사의 한 마디!

❶ 어떤 강의가 되었던 우선 강의를 개설하세요
어떤 일이든 새롭게 시작하는 단계에는 실수도 하고 완벽할 수 없습니다. 저도 강의 초반에는 내용도 부족하고 수강생도 적었습니다. 한번은 섭외한 장소가 다른 행사와 중복 신청되어 수강생들이 1시간씩 기다리는 일도 있었습니다. 불만이 폭주했고 죄송하다는 말을 수없이 하고 전액 환불을 해주어야 했습니다. 강의 횟수가 늘어나면서 강의 내용과 스킬이 좋아지고 실수도 점점 줄어들었습니다. 하지만, 지금이 있기까지 많은 일들이 있었습니다.

❷ 직장을 다니면서 부업 개념으로 시작하는 게 좋아요
부업으로 온라인 쇼핑몰을 운영했지만, 강의처럼 무자본으로 할 수 있는 게 없습니다. 하지만 월 1천만원씩 번다는 이야기만 듣고 덜컥 퇴사부터 하지는 마세요. 퇴사하고 허허벌판에서 하면 마음이 조급해집니다. 일단 월 100백원을 목표로 시도해보시기 바랍니다. 그리고 목표를 달성한다면 동일한 주제로 다른 재능마켓에 동일한 강의를 개설하시면 됩니다. 그리고 수익이 안정적으로 올라올 때쯤 되면 강의 이외에 다른 기회도 생길 겁니다.

❸ 멘탈 관리가 의외로 중요합니다. 경쟁을 즐기세요
재능마켓 강의는 단순한 재능기부가 아닙니다. 수강생들은 돈을 내고 오기 때문에 양질의 강의를 원합니다. 좋은 강의를 위해 노력해야하는 것은 기본입니다. 하지만, 안 좋은 리뷰가 있을 수도 있습니다. 이 때 무너지면 안됩니다. 스스로 부족한 부분을 인정하고 개선해 나가야 합니다.
또한, 강의 시장도 약간의 트랜드가 있어 잘된다 하면 경쟁자들이 계속 생깁니다. 경쟁이 심하다는 것을 미리 알고 그들을 이기기 위해 스스로를 계속 업그레이드해야 합니다.

❹ 스스로가 공감하고 고객이 될 수 있는 강의를 하세요
제가 사업을 처음 시작했을 때처럼 자신이 공감할 수 없는 주제로 하면 안됩니다. 강의 자료는 그럴 듯하게 만들 수 있겠지만, 수강생들과 깊은 얘기를 할 수 없습니다. 스스로가 가장 관심있고 경험했던 주제를 선정해야 합니다. 그렇지 않은 주제를 선정해서 진행하면 수강생들이 바로 압니다. 그들이 궁금한 질문 몇 번만으로도 내 수준을 알 수 있습니다.

2 _ 기획 출판

직장인의 버킷 리스트 책 쓰기

직장인의 버킷 리스트에 빠지지 않는 것이 있다. 바로 나만의 생각과 경험을 책으로 출판하는 것이다. 호랑이는 죽으면 가죽을 남기고 사람은 죽으면 이름을 남긴다고 하지 않았던가? 유한한 삶을 사는 인간에게 책은 나의 이름을 남길 수 있는 훌륭한 수단이 될 수 있다. 그런데 작가는 아무나 할 수 있을까? 모름지기 작가라고 하면 남다른 통찰력과 특별한 능력을 갖춰야 하지 않나? 최근 블로그, 브런치 등 개인의 생각을 공유하는 서비스들이 생기고 있다. 직장인, 주부 등이 준작가로서 많이 참여하기 시작했다. 이제 작가는 특별한 능력을 갖춘 사람만의 전유물이 아니다. 함께 공감할 수 있는 내용만 있으면 평범한 직장인도 작가가 될 수 있는 세상이 되었다.

책을 쓰는 목적은 모두가 다르다. 아이와 함께 하는 소중한 시간을 남기고 싶은 아빠, 회사에서 전문성을 인정받고 싶어하는 부장님, 나만 알고 있는 여행지를 공유하고 싶은 여행 매니아 등. 각기 다른 목적에서 시작하지만 결국에는 내가 좋아하는 것이고 내가 하고 싶은 이야기를 쓴다. 바로 내가 중심이 되고 주인공이 되는 것이다. 회사 생활에서는 내가 중심이 되기가 어렵다. 규모가 큰 대기업일수록 나의 존재는 미미해진다. 책 쓰기는 잃어버렸던 나의 존재를 스스로 찾아내고, 내가 살아있음을 세상 밖으로 끄집어내 알릴 기회이다.

한 권의 책을 쓴다는 것은 결코 쉽지 않은 과정이다. 특히 본업을 가진 직장인들에게는 그렇다. 하지만, 책을 쓰는 과정에서 자신에게 완벽해야 하기에 엄청난 양의 공부를 하게 된다. 책의 원고가 완료되고 출판이 되면 나의 레벨이 상승하여 있음을 느낄 것이다. 그리고 스스로가 대견하고 삶에 대한 책임감도 커진다. 책에 내 이야기를 써 놨으니, 잘못된 행동을 하기가 어려워진다. 바로 이런 이유에서 책을 출판한 직장인들은 하나같이 회사 생활에서 자신감과 업무 집중도가 올라갔다고 한다.

책 쓰기가 직장인에게 본업 이상의 부를 보장하는 것은 아니다. 심지어 책을 출판하지 못하는 경우도 있다. 하지만, 도전 속에서 내가 살아온 인생을 정리하고 인생의 방향을 정리할 수 있는 좋은 계기가 된다. 책이 출판되어 작게라도 인세를 받을 수 있다면 생활에 보탬이 될 것이다. 혹시라도 베스트셀러 작가가 되면 본업 이외의 새로운 기회가 생길 수도 있다. 모든 일이 그렇듯이 가만히 있으면 아무 일도 일어나지 않는다. 본인이 남들과 이야기하기를 즐기고 글쓰기를 좋아하는 성향이라면 책 출판에 도전해보자.

구분	내용
자비출판	저자가 책 출판에 들어가는 모든 비용을 부담
기획출판	출판사가 출판 비용을 모두 부담
반기획출판	저자와 출판사가 출판 비용을 분담
독립출판	저자가 직접 출판 등록을 해 본인 책을 만드는 형태

▲ 책 출판 형태

성공사례 _ 직장인들의 친절한 선생님 '신입사원 상식사전' 저자 우용표

웬만한 직장인들의 책장에 하나씩 꽂혀 있는 책들이 있다. 바로 10년 이상 직장인들 사이에서 사랑받고 있는 '신입사원 상식사전', '월급쟁이 재테크 상식사전'이다. 회사에 입사한 초년생부터 재테크에 관심을 갖는 직장인이라면 한 번쯤은 읽어봤을 책들이다. 이 책들은 50만 부 이상이 팔리며 아직도 직장인들 사이에서 부동의 베스트셀러로 자리 잡고 있다. 필자도 10년 전 재테크에 관심을 가지면서 처음 읽었던 책이기도 하다.

저자인 우용표 작가는 대학 졸업 후 LG전자에 입사한 평범한 직장인이었다. 그 시절 많은 신입사원이 그렇듯이 해외 주재원을 꿈꾸며 해외 영업팀에 입사했다. 부푼 꿈을 안고 들어간 회사였지만 현실은 녹록지 않았다. 해외 영업 특성상 고객의 시간에 맞춰 새벽같이 출근해 밤늦게 퇴근해야만 했다. 그야말로 별 보고 출근해 별 보고 퇴근하는 상황이 계속되었다. 특히, 밤에 능률이 오르는 올빼미형 인간이었기에 아침 일찍 출근하는 것은 유난히 힘들었다. 그렇게 사랑하는 가족들과 함께할 시간은 점점 줄어갔다.

이후 LG전자에서 LG디스플레이로 회사를 옮기면서 너무나 다른 기업 문화에 충격을 받았다. 소비재(B2C) 중심의 LG전자와 산업재(B2B) 특성을 가진 LG디스플레이는 완전히 다른 회사였다. 이전 회사에서는 어려운 문제가 있더라도 고객이 원하면 어떻게라도 해결안을 찾아냈지만 옮긴 회사에서는 그렇지 못했다. 사업 특성상 내부 효율성이 더 중요한 상황이었다. 남에게 피해 주기를 싫어하고 이타적인 그에게는 쉽지 않은 생활이었다. 고객 만족을 넘어 고객 감동이라고 배워왔는데 현실은 조금 다른 이야기였다.

그는 마음속으로 퇴사를 생각하기 시작하며 두 가지를 준비했다. 첫 번째는 공인 중개사였다. 부동산에 관심이 있기도 했고 우리나라에서 부자가 되는 방법은 결국 부동산이라고 생각했다. 두 번째는 책을 출판하는 것이었다. 책을 쓰기로 마음먹은 이유는 어렸을 때부터 가장 좋아하는 것이 책이었기 때문이었다. 힘든 직장생활 중에 가장 행복했던 시간은 점심식사 후 지하 서점에서 책을 읽는 20분이었다. 하지만, 회사업무에 이 두 가지를 한꺼번에 준비하기가 쉽지 않았다. 공인중개사는 5번 만에 겨우 합격할 수 있었고 책 출판도 일 년이 넘는 시간이 걸렸다.

그렇게 오랜 기간의 준비가 마무리된 후 퇴사를 결정했다. 퇴사 후 보험회사 부동산 자문으로 활동하면서 총 10권의 책을 출판했다. 모든 책이 성공한 것은 아니었다. 하지만, 이를 바탕으로 기업교육 강사, 개인 자산관리사, 부동산 연구소장, 팟캐스트 진행자 등 다양한 직업을 가지게 되었다. 평범한 직장인에서 책 출판을 통해 모든 직장인이 꿈꾸는 디지털 노마드의 삶을 살게 되었다. 베스트셀러 작가로서 성공할 수 있었던 그의 노하우에 대해 알아보자.

무모한 도전 그리고 인고의 시간

대학교수나 대기업 임원도 아닌 대리 나부랭이가 책을 쓴다고 하니 주변에서 반대가 심했다. 하지만, 한 번 마음 먹은 이상 뒤로 물러날 수는 없었다. 책의 주제와 목차를 정리해서 열 군데 출판사에 투고를 했다. 아쉽게도 어느 곳에서도 연락이 오지 않았다. 그렇게 포기하려는 순간, 한 출판사에서 내용이 참신하니 한번 만나보자고 연락이 왔다. 나중에 알게 된 내용이었지만 보통은 집필이 어느 정도 끝난 후 투고를 하지 이렇게 집필 초기에 투고를 하는 사람은 거의 없다고 했다. 무모한 도전이었지만 간절하게 원하니 좋은 인연을 만나게 되었다.

그렇게 업무 후에는 도서관으로 직행해 매일 자정까지 책쓰기에 집중했다. 책을 써본 경험이 전혀 없었기에 생각만큼 글이 써지지 않았다. 특히, 업무와 책쓰기를 동시에 하면서 피로감이 쌓여갔다. 다행히 출판사 직원의 도움을 받아, 여러 책들의 사례를 참고할 수 있었다. 어려운 과정이었지만 성공한 내 모습을 상상하며 꾸준하게 집필을 이어갔다. 잘 되는 모습을 상상하니 글 쓰는 과정이 힘들지 않았다. 책을 읽고, 생각하고, 쓰는 과정을 계속 반복하다 보니 어느 순간 글이 쉽게 써지기 시작했다. 많이 알아서 책을 쓰는 게 아니라 책을 쓰다 보면 많이 알게 된다는 말이 실감이 났다.

업무 중에 순간순간 떠오르는 아이디어들은 많았지만, 본업과 함께하다 보니 사장되는 경우가 많았다. 아까운 아이디어를 놓치지 않기 위해 메모 노트를 만들었다. 가능하면 완성된 문장으로 계속 써 나갔다. 자연스럽게 메모는 습관이 되었고 메모들이 모여 하나의 스토리가 완성되는 경우도 생겼다. 요즘은 스마트폰에 메모도 가능하고 블로그, 브런치 등 내 생각을 올릴 수 있는 공간도 많아졌다. 완벽하지는 않더라도 내 생각을 적는 연습을 하다 보면 글쓰기 실력은 자연스럽게 늘어날 것이다.

본업과 함께 책 쓰기를 하는 것은 쉽지 않은 일이다. 책 쓰기는 머리로 하는 것이 아니라 엉덩이로 한다는 말이 있다. 그만큼 많은 시간이 필요하고, 힘든 시기를 버텨야 한다. 그는 이를 위해 퇴근 후 별도의 장소(공유 오피스)에서 집필을 진행한다. 매일 2시간은 책 쓰기에 집중하기 위함이다. 직장인은 하루 24시간이 바쁘다. 업무, 가정, 친구, 취미 생활 등 책을 쓰지 못할 조건들이 많다. 하루 최소 1~2시간이라도 책 쓰기 위한 집중의 시간이 필요하다. 짧은 시간에 결과를 내려고 하기보다는 긴 호흡을 가지고 끈기 있게 써 나가는 것이 중요하다. 우리 모두에게 복근은 있지만, 그 복근에 '왕(王)'을 갖게 되느냐 아니냐는 나의 노력에 달려 있다.

책 쓰기는 Skill보다는 Contents가 중요하다

그의 책을 읽은 사람들은 한결같이 책이 술술 읽히고 재미있다고 이야기한다. 책 쓰는 방법에 대해 따로 배워본 적도 없고 원래 작가를 꿈꾸던 것도 아니었다. 글을 쓰는 기술은 부족할지 모르지만, 글을 쓸 때 그만의 철칙이 있다. 바로 하고 싶은 이야기가 있어야만 집필에 들어간다는 것이다. 책이 성공하기 위해 트렌드에 맞는 주제 선정도 중요하다. 간혹 책의 내용은 좋았지만 트렌드에 맞지 않아 성공하지 못하는 책도 있다. 하지만, 본인이 이야기하고 싶은 주제와 경험이 바탕이 되어야 충실한 내용의 책을 완성할 수 있다. 그의 책이 독자가 이해하기 쉽고 공감을 얻는 이유이다.

특히, 직장인의 책 쓰기 주제는 내 주변에서 찾아야 한다. 내가 경험했거나, 정말 좋아하는 내용을 주제로 해야 한다. 왠지 성공할 것 같은 신선한 주제라도 나와 전혀 상관없는 내용이면 책 쓰기가 쉽지 않다. 직장인은 책 쓰기를 위한 시간이 부족하기 때문에 가능하면 내가 잘 아는 주제로 선정해야 한다. 그에게 베스트셀러의 영광을 안겨준 책들 역시 모두 직접 경험을 바탕으로 한 것들이다. 첫 번째 책인 '신입사원 상식사전'은 신입사원 시절 직접 몸으로 체험하고 깨져 가면서 배운 내용을 바탕으로 정리하였다. 두 번째 책인 '월급쟁이 재테크 상식사전'도 다양한 고객과의 상담 경험을 바탕으로 했기에 성공할 수 있었다.

그는 회사 생활 7년 동안 신입사원 시절이 가장 힘들었다. 웃는 얼굴로 친절하게 가르쳐주는 선배도 없었고 신입사원을 위한 설명서도 없었다. 그러다 보니 일을 스스로 배우고 알아가는 과정이 비효율적이었다. 본인은 알지도 못하고 생각지도 못했던 일로 혼나기가 일쑤였다. 온몸으로 깨지고 일을 배우면서 언젠가 업무를 잘하게 되면 신입사원을 위한 조언서를 쓰겠다고 생각했다. 그렇게 탄생한 책이 '신입사원 상식사전'이었다.

이 책은 마치 부모가 자식에게 밥을 먹여주듯이 상세하다. 신입사원이 가져야 할 마음가짐에서 실수하지 말아야 할 사소한 내용 등을 상세하게 적었다. 어떤 측면에서는 굳이 이런 것까지 하는 것도 있지만 신입사원에게 필요한 내용으로 가득하다.(**예** '명함, 이메일 신청하기' '휴대전화와 차는 어디 거지?' 등) 또한, 직장상사가 아닌 동네 형이 사랑하는 동생에게 이야기하듯이 솔직하고 거침이 없다. 'Welcome to hell' '신입사원 당신의 임무는 고기 굽는 것, 그리고 취하지 않는 것' 등. 이 모든 것들이 저자가 신입사원 때 실수하면서 배웠던 경험들을 기반으로 한 것이다.

두 번째 책인 '월급쟁이 재테크 상식사전'도 마찬가지였다. 재무상담을 해보면 직장인 대부분은 재테크에 관심은 많지만, 월급이 적어 여유가 없다고 생각했다. 게다가 어려운 전문 용어들과 많은 상품 때문에 무엇을 어떻게 시작해야 하는지 알지 못했다. 이들의 어려움을 해결해주면 출판이 가능할 것이라 생각했다. 직장인들은 정기적으로 월급이 들어오기에 일반 사업자보다 좋은 조건임을 설명했다. 그들이 이해할 수 있도록 가능한 쉽고 자세하게 책을 썼고 반응은 폭발적이었다. 현재까지 누적 판매수 40만 부 이상이 팔렸다. 직장인 시절 재테크에 실패했던 경험과 퇴사 후 재무설계사로서 경험이 있었기에 성공할 수가 있었다.

책으로 큰돈은 기대하지 마라. 하지만, 그 이상의 무한한 가치가 있다

책 출판을 준비하는 직장인들이 많이 하는 착각이 있다. 책이 대박 나면 히트곡 작곡가처럼 많은 저작권료를 받아 생활이 윤택해진다는 것이다. 결론적으로 책 출판만으로 생활을 유지하기는 어렵다. 우선 책이 대박 날 확률이 그리 높지 않다. 전문 작가들도 베스트셀러가 될 확률은 높지 않다. 두 번째로 인세가 그리 많지 않다. 책은 노래방에서 노래를 한 곡 부를 때마다 들어오는 저작권료하고는 다르다. 누군가가 내 책의 내용을 여기저기 소개한다고 돈이 들어오는 것이 아니다. 책은 독자가 책을 구매해야만 인세가 들어오고, 인세는 보통 책값의 10% 수준이다. 초보 작가나 책을 적극적으로 홍보해야 하는 경우라면 이보다 작아질 수도 있다.

그는 책 출판만으로도 큰 성공을 거두었다. 초기에 출판한 2개의 책으로만 6억 이상의 인세를 받았다. 물론, 출판한 모든 책이 성공한 것은 아니었다. 많은 정성과 시간을 들인 책은 오히려 베스트셀러에 들지 못했다. 야구에서 어깨에 힘을 빼야 홈런이 나오듯 책도 너무 잘 쓰려고 하면 안 된다는 것을 알게 되었다. 이런 과정에서 책은 돈을 버는 수단이 아니라 새로운 삶을 살게 해주는 기회임을 깨우쳤다. 수많은 기업 및 재테크 강의를 하면서 전문강사가 될 수 있었고 교육 회사의 대표도 되었다. 또한, 부동산 연구소장으로서 팟캐스트 등 다양한 매체에도 출연할 수 있었다.

직장인은 10년 정도 근무하면 내가 다니는 회사에서 어느 정도 위치까지 갈 수 있을지 감이 온다. 임원 이상 되면 좋겠지만 자리는 한정적이다. 99%는 평직원으로 남을 것이며 정년까지라도 갈 수 있다면 좋을 것이다. 그는 남들보다 이른 시기에 회사를 퇴사했지만, 비슷한 또래가 하는 미래에 대한 걱정은 없다. 올해 새로운 책들이 출판되었고 기존에 썼던 책들에 대한 개정판도 나왔다. 코로나로 위축된 강의 시장에서 살아남기 위해 세 군데의 온라인 교육 회사와 협업을 진행하고 있다. 그 외에도 팟캐스트 출연과 블로그와 유튜브 채널 성장 등 해야 할 일이 너무나 많다.

책을 출간한 이후 인생의 많은 것이 바뀌었다. 인생에 정답은 없지만 하나의 회사만 다니는 직장인보다 경제적, 정신적으로 만족도가 매우 높다. 회사에서 정해진 업무만 수행했던 것과는 다르게 시대 변화에 맞춰 항상 다양한 변신을 시도한다. 특히, 회사와 다르게 다양한 사람을 수평적 관계 속에서 만날 수 있게 되었다. 이런 인간관계 속에서 새로운 가능성을 찾고 배울 수 있다는 점은 그에게 가장 큰 행복이다.

우용표 작가가 알려주는 직장인의 책쓰기 노하우

- 대충 쓰자

책에 혼신의 힘을 불어넣고, 세상을 바꾸려 한다면 책을 쓰는 것이 너무 조심스러워진다. 처음에는 대충 써보자는 자세로 살살 써보겠다는 마음가짐이 중요하다. 기억하자. 세상을 바꾸는 엄청난 책은 이번 말고 다음 책이다.

- 목차가 반이다

건물 지을 때 설계도가 필요하듯 책을 쓰고자 할 땐 목차가 필요하다. 책을 쓰고자 할 때 가장 먼저 목차부터 정해야 한다. 참고로 출판사에서도 [목차]를 본다. 흥미롭게 작성된 목차는 출간의 가능성을 매우 높여준다. 잠깐, 이 대목까지 읽으셨다면, [그래서, 목차를 어떻게 작성하라는 거냐? 잘 작성해야 한다는 말은 누가 못하냐?] 싶으실지도 모르겠다. 필자는 이렇게 한다. 우선 파트를 나눈다. 첫 번째 파트는 서론 역할을 하는 도입부 파트. 두 번째 파트부터는 본격적인 이야기를 하는 본문 파트. 본문 파트는 대략 3개 정도면 적당하다. 마지막 세 번째 파트는 마무리하는 아웃 트로. 각 파트별로 적게는 5개에서 많게는 10개 정도의 소제목(a.k.a 꼭지, 챕터)을 나누어 본다. 다른 베스트셀러 작가님들도 각자 스타일이 다르므로 어느 것이 정답이라 하기는 어렵지만, 우선 기본 뼈대는 도입부-본문 1-본문 2-본문 3-마무리. 이렇게 5개 파트로 구분하고, 챕터는 각 파트마다 5개씩 하면 총 25개의 챕터가 나온다.

- 챕터도 작성하는 기본 요령이 있다

챕터 작성하는 것도 요령이 있다. 서론-본론 1-본론 2가 기본구성인데 챕터의 개괄적인 내용을 설명하는 서론은 짧게 하고, 본론 1, 본론 2에서는 하고 싶은 이야기를 쓰면 된다. 결론 부분은 없어도 무방하다.

- 접속사는 하늘이 무너져도 쓰지 말자

이건 개인 영업 비밀(?)인데, 절대 접속사는 쓰지 않는다. 그런데, 그리고, 그러므로, 그러나 등등 우리가 국어 시간에 배운 모든 접속사는 쓰지 않아야 한다. 접속사는 문장에서 앞 문장, 뒤 문장의 논리적 흐름을 연결해주는 역할을 하는데, 어디까지나 이건 교과서에서나 그러하다. 실제 책에서 접속사는 문장을 재미없게 만들고 지루하게 만들 뿐이다. 접속사 없이 글 쓰는 게 처음에는 쉽지 않다. 나도 모르게 [그]를 쓰고 싶은 욕망을 참을 수 없게 되는데, 이 위기를 잘 버텨 내셔야 한다.

- 부끄러운 비밀 - 사실 나는 맞춤법 잘 모른다

나름대로 고등학교까지 정규교육을 받았음에도 아직 맞춤법과 띄어쓰기는 항상 어렵다. 걱정하지 마시라 출간을 하게 된다면 교정은 따로 봐주시는 담당자들이 있으니 글을 쓸 땐 맞춤법, 띄어쓰기, 문장부호 등은 당신 마음대로 해도 된다. 처음부터 이러한 것들을 잘 알고 깔끔하게 글을 쓰면 좋겠지만 이 세상에 Tall & Rich, Handsome & Young 한 사람은 별로 없지 않던가. 사소한 것에 신경 쓸 것 없다. 일단 목차 잡고, 챕터 채우는 것에 집중하도록 하자. 인기 걸그룹 블랙핑크가 [붐바야]에서 그렇게 외치지 않던가? "이제 달려야지 뭘 어떡해"

3 _ PDF 전자책

바쁜 직장인이라면 'PDF 전자책'에 도전하자

어느 정도 사회 경험이 쌓인 직장인은 누구나 내 생각과 경험을 다른 사람과 공유하고 싶어한다. 어떤 사람은 동호회에 가입하거나, 나만의 강의 만들기, 책 쓰기에 도전하기도 한다. 하지만, 가정을 꾸리고 바쁜 회사 생활 속에서 나만의 무언가를 한다는 것은 쉬운 일이 아니다. 책 쓰기는 인생의 경험과 지식을 한 권의 책에 녹여내야 하기에 짧은 시간에 하기 어렵다. 꽤 긴 인고의 시간이 필요하기에 나만의 책을 쓴다는 것은 하나의 꿈과 같은 일이다. 최근 IT와 모바일의 발전으로 'PDF 전자책'이 직장인의 부업으로 떠오르고 있다. 바쁜 직장인에게 PDF 전자책은 여러 가지로 적합한 면이 있다.

우선 PDF 전자책은 제작하는 것이 어렵지 않다. 일반적으로 하나의 책을 쓰기 위해서는 많은 시간과 노력이 투입된다. 한 권의 책이 300 Page라고 가정하고 직장인이 하루에 1page를 쓴다고 하면 최소 300일이 걸린다. 책을 쓰기 준비과정까지 생각하면 1년 정도의 시간이 소요된다. 본업으로 바쁜 직장인이 도전하기에 쉽지 않은 것이다. PDF 전자책은 적게는 30page 많으면 60page 분량이기 때문에 부담감이 적다. 하루에 1~2시간씩 매일 1page 정도 작성한다고 하면 한 달이면 제작할 수 있다.

두 번째, 무자본으로 부수입 창출이 가능하다. 정식으로 책을 출판하려면 우선 출판사와 계약이 필요하다. 1년여의 노력으로 책을 쓴다고 해서 출판사와 바로 계약이 가능한 것이 아니다. 일정 수량의 책을 재고로 찍어내야 하는 부담감도 있다. PDF 전자책은 초기 자본금이 전혀 들지 않는다. PDF 전자책은 내가 작성한 문서를 재능마켓 플랫폼이나 블로그에 올리고 판매하면 된다. 판매 플랫폼의 심의 과정을 거쳐야 하지만 돈이 들어가는 일은 아니다. 물론 주문이 들어와야 수익이 발생하겠지만 일련의 과정에서 투자비는 0원이다.

세 번째, 변화되는 모바일 트렌드에 맞는 새로운 솔루션이 될 수 있다. 사실 전자책이 소개된 지는 10년이 넘었다. 영국과 미국의 전자책 점유율이 20~30% 수준인데 비하면 우리나라는 성장이 더딘 편이다. 새로운 모바일 시대에 따라 시장이 성장할 것이라는 데

반대할 사람은 없을 것이다. 지금은 전철이나 버스를 타면 모두가 휴대전화기를 본다. 예전에는 신문, 잡지, 책을 들고 다니면서 봤지만, 이제는 휴대전화기로 모든 정보를 획득한다. 출근길 전철에서 신문이나 책을 보는 사람은 많지 않다. PDF 전자책은 이런 변화되는 흐름에 적합한 새로운 대안이 되고 있다.

네 번째, 정식 작가가 되기 전 준작가의 경험을 할 수 있다. 누구나 나만의 책을 쓰고 정식 작가를 꿈꾸지만, 작가가 되기 위한 길은 어렵고 험난하다. 그러기에 직장인들이 작가의 꿈만 있지 실천하는 데 어려움이 있는 것이다. PDF 전자책은 정식 출판보다 쉽기에 작가를 위한 전초전으로 경험해 볼 만하다. 유명한 권투 챔피언도 처음 시작은 3~4라운드 경기로 시작했다. 짧은 라운드로 링 경험을 쌓고 점점 경험이 붙으면서 긴 라운드를 소화할 수 있다. 어느 정도 책이 팔리면 책을 구매한 독자나 관련자로부터 새로운 기회가 생길 수도 있다.

성공사례 _ PDF 전자책 선구자 '바이 컴퍼니' 유성우 대표

바이 컴퍼니 유성우 대표는 현재 PDF 전자책 분야를 이끌고 있다. 2011년 잡지사에서 사회생활을 시작한 그는 IT에 관심이 많아 개발 담당자로도 일했다. 하지만, 단순히 관심이 있고 좋아하는 것과 일로 하는 것은 달랐다. 업무에 흥미를 잃은 그는 직장을 다니면서 부업과 투잡에 관심을 가지기 시작했다. 당시에 직장인들 사이에 퇴사 열풍이 불면서 창업과 퇴사에 관련된 책들이 많이 출간되었다. 어차피 내 회사가 아니라면 독립을 해야 하기에 나에게 적합한 일을 찾기 시작했다. 편의점 아르바이트, 외부 기고 글 등 많은 고민과 시도 끝에 PDF 전자책 분야에서 성과를 낼 수 있었다.

해외에서는 PDF 전자책을 통해 돈을 버는 경우가 있었지만, 국내에는 시장이 형성되어 있지 않았다. 그러던 중 재능마켓인 크몽에서 우연히 PDF 전자책이 판매된다는 것을 알게 되었다. "당시 구매한 전자책이 '몇 주 만에 파워블로거 되는 법'인데, 이 정도면 저도 할 수 있겠다 싶었어요" 그는 잡지사에서의 경험을 살려 '네이버 포스트 운영 노하우'를 작성했다. 잡지사에서 콘텐츠를 기획하고 포스트를 발행했던 경험이 있었기에 금, 토, 일 3일 만에 글을 쓸 수 있었다. 마침 네이버에서 포스트에 집중하면서 블로그 대신 포스트에 관한 관심이 생기기 시작했다.

사람들의 관심을 받으며, 그는 판매를 시작한 지 3개월 만에 1,700만원의 수익을 올릴 수 있었다. 엄청나게 큰돈은 아니었지만, 짧은 시간을 들인 것에 비해 꽤나 많은 돈을 벌었다. 이후 구매자들의 요청으로 네이버 포스트 두 번째 심화 버전을 출시해 역시 괜찮은

* 네이버 포스트 : 블로그는 개인의 일상 공유가 목적이라면, 포스트는 전문적인 콘텐츠와 정보 제공이 목적임. 블로그가 개인이 운영한다면 포스트는 개인 뿐만 아니라 기업들이 자신들의 전문성을 홍보하기 위해 운영한다.

성과를 얻었다. 나에게 평범한 정보가 남들에게는 소중한 정보가 된다는 것을 알게 되었다. 이후 'PDF 전자책으로 돈 버는 방법'을 작성해 큰 성공을 거두었고 직장인의 부업으로 가능하다는 확신을 했다. 그렇게 본격적으로 PDF 전자책에 뛰어들어 이 부문의 선구자가 될 수 있었다.

팔리는 PDF 전자책이 되기 위한 필승 전략

그는 잡지사에 근무했던 경험이 있었기에 남들보다 쉽게 PDF 전자책에 접근할 수 있었다. 하지만, PDF 전자책이라는 시장이 전무한 상황에서 시장을 만들어 가는 과정이 쉽지 않았다. 지금은 그의 도전으로 많은 사람들이 참여하며 빠르게 시장이 성장하고 있다. 최근에는 판매 채널도 점점 다양해지고 있다. 그는 평범한 직장인들도 하루빨리 PDF 전자책에 도전해볼 것을 권한다. 이제 시장이 만들어지고 경쟁이 적은 지금이 적기라는 것이다. 물론, 책을 쓰는 것과 팔리는 것은 다른 이야기이다. 전자책이 판매되고 있지만, 성공한 전자책은 많지 않기 때문이다. 그러면 팔리는 전자책이 되기 위해서는 어떻게 해야 할까?

- 잘 팔리는 주제를 선정해야 한다

전자책 시장에서 가장 인기 있는 주제는 '돈 버는 방법'에 대한 주제이다. 최근 부동산 가격 폭등과 주식 시장의 활황으로 이 분야에 관한 관심이 커졌다. 코로나와 강력한 정부 정책 등으로 예전만큼 돈을 버는 것이 어려워졌다. 하지만, 그러기에 더 돈 버는 방법에 관심이 커지고 있다. 게다가 한 번 관심을 가진 직장인들이 지속해서 매매를 주도하고 있다. 일반적인 부동산, 주식은 물론 블로그, 유튜브, 인스타그램 등으로 돈 버는 방법까지 다양하다. 특히 큰돈보다는 월 100~200만원 정도의 소소하지만, 현실적인 방법에 관심이 높다.

다음으로 잘 팔리는 주제는 '일 또는 직업'과 관련된 것이다. 전자책의 주요 고객은 20~30대 대학생과 직장인이다. 그러다 보니, 취업과 이직 그리고 회사 내에서 인정을 받는 방법에 대한 관심도가 높다. 취업을 준비하는 대학생 대상의 '삼성, 현대, LG 등 대기업 합격을 위한 자기소개서', 새내기 직장인들을 위한 '1시간 투자로 10년 편해지는 엑셀 단축기', 현직들이 직업의 경험을 공유한 '12년 차 캐디가 알려주는 캐디의 모든 것' 등 어느 정도 사회생활 경험이 있는 직장인이라면 누구나 손쉽게 쓸 수 있는 주제들이다.

세 번째는 '잘 사는 방법'에 대한 것이다. 최근 주 54시간 근무제 도입과 워라밸에 대한 관심도가 높아졌다. 직장에서의 성공과 부자 되는 것만큼 내 삶의 질에 대한 관심도가 증가하고 있다. 그가 가장 추천하는 주제가 바로 이것이다. 글을 쓸 수 있는 주제가 무궁무진하고 꼭 특별한 비법이 아니어도 괜찮기 때문이다. 내 경험이 누군가에게 도움이 될 수 있다면 너무 어렵게 생각하지 말고 일단 도전할 것을 권한다. '부모님이 돌아가셨을 때 해야 할 일', '플래너 없이 나 혼자 준비하는 결혼 매뉴얼' 등. 일상생활에 꼭 필요하지만 경험하지 못하면 알 수 없는 주제들을 가볍게 정리한 책들의 결과가 좋았다. 나에게는 일상이고 평범한 주제가 남들에게는 소중한 정보가 될 수도 있다.

▲ 다양한 주제의 PDF 전자책(at 피뎁책방)

- 판매 플랫폼과 고객 특성에 맞는 대응이 필요하다

일반적인 출판사에서도 PDF 전자책을 판매하고 있지만, 출판사는 인쇄된 책이 메인이다. PDF 전자책은 주로 팔리는 플랫폼이 어느 정도 정해져 있다. 내 전자책을 판매하기 위해서는 각 플랫폼의 특징과 정책 등에 대한 이해가 필요하다. 그러면 PDF 전자책은 어디에서 판매가 이루어질까? 주로 거래가 이루어지는 곳은 바로 재능마켓과 크라우드 펀딩 플랫폼이다.

재능마켓은 크몽, 탈잉, 프립이 가장 규모가 크며, 다른 사이트에서도 판매가 점점 늘어나고 있다. 크몽의 주요 고객은 20~40대의 남성과 여성, 직장인과 자영업자를 아우른다. 주제 또한 투잡, 마케팅, 사업, 직업, 일상 등 다양한 PDF 전자책이 있다. 탈잉은 강의 중심의 사이트로 20~30대 직장인이 주요 고객이다. 다양한 일상의 주제보다는 교육과 소소한 투잡의 주제가 많다. 두 플랫폼은 PDF 전자책을 출시하는 공급자가 많아지면서 책의 내용과 형식에 가이드라인이 높아졌다. (예 최소 30페이지 이상, 판매금액 1만원 이상 등) 반면 프립은 PDF 전자책에서는 후발주자로 크몽이나 탈잉보다 내 책을 등록하기에 쉬운 장점이 있다.

크라우드 펀딩은 텀블벅과 와디즈가 메인 플랫폼이다. 텀블벅은 20~30대 여성이 주요 고객이며, 문화 창작자들이 많이 활동하는 플랫폼이다. 주제 또한 돈 버는 법보다는 아트하고 감성적이며 쉽게 이해할 수 있는 주제가 더 적합하다. 와디즈는 20~30대 남성이 주요 고객이며, 돈 버는 방법과 일 잘하는 방법 등에 대한 주제가 가능하다. 두 플랫폼 모두 크라우드 펀딩의 특성상 기존에 존재하는 주제는 등록이 어렵다. 내가 만든 PDF 전자책의 주제와 대상으로 하는 고객을 고려하여 어디에 올릴지 잘 판단해야 한다.

※ 최근 그는 자체 판매 채널인 피뎁책방(https://pdfstore.kr/books/)을 정식으로 오픈했다. 피뎁책방에는 그와 함께 하는 많은 작가의 전자책을 소개하고 있다. 그가 직접 내용을 검증하고 전문가의 편집으로 완성도를 높였다.

- 제목과 목차 구성을 잘해야 한다

많은 투잡/부업에서 중요한 것이 먼저 시작하고 선점하는 것이다. PDF 전자책은 그런 면에서 아직은 시장 초기라고 할 수 있다. 최근에는 여러 유튜브 채널에 소개되고, 판매 플랫폼에서 관심을 가지며 시장이 빠르게 성장하고 있다. 참여자들이 점점 늘어나며 비슷한 주제의 전자책들이 많아졌다. 먼저 등록한 책은 구매 후기가 수백 개가 달린 예도 있어 내 책이 팔리기가 쉽지 않다. 하지만, 일반 종이책에도 비슷한 내용의 책들은 끊임없이 나오고 있다. 비슷한 주제의 책이 많다는 것은 그만큼 잘 팔리는 영역이라는 의미이기도 하다. 그러면 수많은 책들 사이에서 어떻게 하면 독자가 내 책을 선택하게 할 수 있을까?

서점에 가서 독자가 책의 내용을 볼 수 있는 일반 책과 달리 PDF 전자책은 내용을 볼 수 없다. 결국, 독자가 처음 봤을 때 한눈에 관심이 있도록 제목을 잘 짓고 목차 구성을 잘해야 한다. 책 제목만으로 구매하고, 읽고 싶어지도록 만들어야 한다. 우선 독자의 눈에 들기 위해서 제목은 길면 안 된다. 내가 하고 싶은 이야기를 제목에 다 포함하다 보면 제목이 길어지고 눈에 띄지 않게 된다. 두 번째는 타겟 독자의 감정을 자극할 수 있어야 한다. 내 책을 구매할 타겟 고객이 관심을 가질 단어들이 포함되면 좋다. 마지막으로 주제와 연관된 적절한 키워드와 구체적인 숫자를 사용하는 것이다.

위의 내용 모두가 꼭 포함돼야 하는 것은 아니다. 모두 다 들어가게 되면 제목이 길어질 수 있으니 위 사항을 고려해서 적절하게 구성하면 된다. (예 '돈 버는 전자책 작성법',

'PDF로 부수입 벌기', '주말 2시간 일하고 200만원 벌기', '이직 필승 매뉴얼 연봉 30% 인상하기 비밀' 등) 목차는 책 내용을 전반적으로 보여줄 수 있도록 하되 목차만으로 모든 내용이 파악되면 안 된다. 궁금증을 유발할 수 있도록 배치를 해야 한다.

> '파혼하지 않고 행복하게 결혼 준비하기'라는 책이라면, 큰 목차를 아래와 같이 구성해보자.
> ❶ 결혼식 준비하며 신랑과 싸우다 파혼할 뻔했다. (➡ 책을 쓴 이유, 목적, 계기에 대한 이야기. WHY)
> ❷ 그래서 이 책에는 서로 싸우지 않고 사이좋게 준비할 수 있도록 결혼 준비하면서 유의할 점과 단계적인 결혼 준비 매뉴얼과 프로세스가 담겨있다. (➡ 책의 내용과 방법 WHAT & HOW TO)
> ❸ 이 책을 통해 3년간 서로 아끼고 사랑했던 마음이 행복한 결과를 맺기를 바란다. (➡ 책을 읽은 후 결과, 기대 RESULT & EXPECTATION)

PDF 전자책은 부업으로 적당하다. 다양한 도전으로 나에게 맞는 아이템을 찾아내자

많은 사람들이 PDF 전자책으로 꽤 괜찮은 수익을 낼 수 있을 거라 기대하지만, 사실 큰 돈을 버는 사람은 많지 않다. 그러기에 온라인 쇼핑몰처럼 매출을 키워 본업이 되는 것을 목적으로 하기보다는 철저하게 직장인의 부업으로 추천한다. 대신 내 책을 썼다는 자기 만족감과 함께 의외의 새로운 기회가 생길 수 있다. 그 역시 퇴사 후 '바이컴퍼니'라는 광고 기획사를 창업해 포스팅 대행이 본업이다. 부업으로 'PDF 전자책'이라는 분야에 집중해, 새로운 수익 파이프라인을 구축하였다. 이제는 전자책 자체로 수익을 창출할 뿐만 아니라, 이를 기반으로 몇 개의 플랫폼에서 강의도 하게 되었다. 최근에는 VOD 강의를 개설해 코로나 여파 속에서도 수입은 오히려 증가하였다.

보통의 직장인은 오랫동안 한 회사에서 근무하는 경우가 많다. 그러다 보니 막상 퇴사를 하면 직장에서의 월급만큼 벌기가 쉽지 않다. 그도 젊은 나이에 일찍 퇴사를 결정하고 1인 기업을 창업했지만 여러 번의 실패를 경험했다. 안정적인 수익을 창출하기까지 쉽지 않은 과정이었다. 그리고, 지금의 성공이 계속 보장되는 것도 아니다. 더 좋은 결과를 만들어내는 것도 그렇지 못한 결과가 되는 것도 온전히 내가 만들어가는 것이다. 그가 N잡러를 꿈꾸고 도전하는 것은 이러한 변화를 만들어내는 주인공이 바로 나이기 때문이다. 물론 PDF 전자책이 모든 사람에게 적합한 것은 아니다. 무엇이 되었던 다양하고 꾸준한 도전을 통해 퇴사전에 나만의 아이템을 찾는 것이 중요하다.

PDF 전자책은 여러 가지로 직장인이 부업으로 하기에 좋은 조건을 가졌다. 많은 사람들이 글 쓰기에 재능이 없다고 시작조차 못하는 경우가 많다. 하지만, 3년 정도 근무한 직장인이라면 그 경험과 능력으로 충분히 쓸 수 있다. 특별한 내용이 아닌 그동안의 경험과 생각을 정리하면 되기 때문이다. 다른 부업과 다르게 나의 커리어를 이어 나갈 수도 있다. 또한, 많은 분량의 책을 쓰는 것이 아니기 때문에 짧은 기간에 결과물을 만들 수 있다. 회사생활에서 보고서 작성하듯이 1일 1장을 목표로 차근차근 도전하면 한 달이면 된다. 그도 주말 3일 만에 전자책을 썼다. 매일이 안되면 주중에는 생각과 메모를 하고 주말에 생각을 정리하면 될 것이다.

PDF 전자책은 페이지가 짧아 일반 책처럼 깊이 있고 많은 이야기를 안 해도 된다. 서론, 본론, 결론의 논리적인 형태가 아니라 '어떻게 하라(HOW TO)'는 결론을 바로 이야기한다. 바로 이 부분이 PDF 전자책의 매력이다. 우리나라는 엄청 빠르게 변하고 모두가 바쁘게 살고 있으므로 복잡한 것은 싫어하는 습성이 있다. 특히, 바쁜 일상으로 한 달에 책 1권도 제대로 읽지 않는 직장인에게 PDF 전자책은 맞는 부분이 있다. 최근에 PDF 전자책이 직장인 중심의 독자를 확보하며 급성장하는 이유이다.

성공이 확실하지 않은 상황에서 도전하기가 쉽지는 않을 것이다. 부업의 세계에서는 초기에 접근한 사람이 큰 성공을 거둔 경우가 많았다. PDF 전자책도 마찬가지이다. 경쟁이 치열해지고 종류가 더 많아지기 전에 빨리 이 흐름에 올라타야 한다. 생각만 하고 도전하지 않으면 변하는 것은 아무것도 없다.

03
e-커머스를 통한 수익 파이프라인 만들기

    모바일과 IT 디바이스의 발전으로 온라인 쇼핑몰의 규모는 급속하게 성장하고 있다. 이런 트렌드와 함께 수많은 사람들이 온라인 쇼핑몰로 몰려들고 있다. 혹자는 온라인 쇼핑몰은 이미 포화상태이고 경쟁이 치열한 RED OCEAN이라고 말한다. 특히 직장인이 혼자서 쇼핑몰을 운영하는 것은 거의 불가능하다고 이야기한다. 사실 온라인 쇼핑몰은 직장인 혼자서 운영하기에 힘든 면이 있다. 그래서 많은 직장인이 도전했다가 판매가 부진해 몇 개월 만에 접는 경우도 많다. 이렇게 직장인이 하기에 어렵고 경쟁이 치열함에도 온라인 쇼핑몰을 해야 하는 이유는 무엇일까?

    첫 번째로 온라인을 통한 거래는 하나의 트렌드를 넘어 생활이 되었다. 통계청에 따르면 국내 온라인 쇼핑 거래액은 2001년 3.3조에서 2019년 134.5조로 20년사이 40배이상 성장하였다. 2018년 111.3조 대비해서도 약 20% 증가했다. 특히 모바일 거래액은 2018년 68.8조에서 2019년 86.7조로 약 26% 증가하였다. 반면에 대형 오프라인 유통업체들은 적자가 심해져 매장을 줄이고 있다. A쇼핑은 2019년 영업이익 20%가 줄어들었고 순손실은 8,500억 원에 다다른다. 이에 마트, 슈퍼 등 전국 매장 200여 곳의 폐점을 결정했다. 코로나 사태로 소비자의 온라인 구매는 더욱더 확대될 것이다.

두 번째로 온라인 쇼핑몰은 하나의 작은 기업이기 때문이다. 제품 소싱, 배송, 고객 응대, 재고관리, 세무처리 등 기업에서 하는 모든 일이 녹아 있다. 나만의 사업을 꿈꾸는 직장인이라면 조금 힘이 들더라도 온라인 쇼핑몰을 시작해야 하는 이유이다. 이 모든 일을 혼자서 처리해야 하기에 분명 힘든 일이기는 하다. 하지만, 많은 쇼핑몰 대표들은 하나같이 회사에 있을 때 실행하라고 말한다. 본업과 함께 부업으로 쇼핑몰을 운영할 수 있다면 퇴사한 이후에 운영하는 것은 어려운 일이 아니기 때문이다. 대신 짧은 시간에 성공하겠다는 마음보다는 여유를 가지고 최소 6개월 이상은 사업을 배운다는 자세로 임하는 그것이 중요하다.

세 번째는 오프라인 사업 대비 자본이 적게 든다는 것이다. 커피전문점을 오픈한다고 했을 때 드는 비용은 10대 브랜드 기준 약 1.5억원이다. 이는 지역별 차이가 있는 매장임대료와 브랜드 로열티를 제외한 금액이다. 쇼핑몰은 컴퓨터만 있으면 시작이 가능하다. 최근에는 위탁판매가 활성화되고 무재고/무사입으로도 가능해졌다. 무재고/무사입으로 운영했을 경우 경쟁이 치열한 만큼 많은 수익을 내기가 쉽지 않지만, 그런 경쟁속에서도 많은 수익을 내는 사람들은 존재한다. 부정적인 이야기들 때문에 도전을 포기할 필요는 없다. 부업이니 편한 마음으로 하나씩 경험해보는 것이 중요하다.

마지막으로 온라인 쇼핑몰에서는 제한이 없다. 오프라인으로 운영할 경우 시간과 장소에 제한이 있다. 매장을 오픈할 수 있는 시간은 정해져 있고 판매지역도 제한적이다. 하지만, 온라인에서는 시간과 장소의 제한이 없다. 하루 24시간 365일 전 세계에서 고객이 방문한다. 또한, 온라인에서 판매할 수 있는 제품에 제한이 없다. 온라인 판매가 어렵다는 음식물에서 자동차, 우주여행까지 모든 상품이 가능하다. 이제 온라인 쇼핑몰이 없이는 생활이 어려운 수준이다. 이런 온라인 쇼핑몰에도 트렌드가 있고 IT의 발전에 따라 운영형태도 발전하고 있다. 변화하는 시장에 조금만 관심을 가진다면 전 세계를 대상으로 내 제품을 판매할 수 있다.

구분	장점	단점
국내도매	다양한 상품 소싱 가능, 초기비용/배송 필요없음 판매관리가 용이하다(도매사이트 시스템 활용시)	마진적음, 품절 위험 있음
위탁판매	판매리스크 없음, 초기비용/배송 필요없음	상품소싱 어려움, 프로모션 활동 어려움
해외직구	선주문 후사입 가능, 국내 경쟁자 없는 제품 있음	공급의 불확실성 있음, 배송기간 길다, 품질 문제 발생 가능 있음
국내제조	나만의 브랜딩 가능, 판매마진 높음, 상품 확장 가능	투자비용 높음, 실패시 리스크가 크다
해외수입	나만의 브랜딩 가능, 판매마진 높음, 자유로운 프로모션 활동	투자비용 높음, 무역에 대한 경험 필요, 유창한 언어 필요, 배송기간 길다
해외역직구(아마존)	국내보다 큰 시장, 글로벌 감각 키울 수 있음, 히트상품은 대박 가능	상품소싱 필요, 상품매입비용 필요

▲ 온라인 쇼핑몰 유형

1 _ 무재고 온라인 쇼핑몰

직장인이라면 무재고 온라인 쇼핑몰로 시작하자

온라인 쇼핑몰의 가파른 성장으로 많은 사람이 온라인 쇼핑몰에 도전하고 있다. 그렇게 하루에도 수십, 수백 개의 온라인 쇼핑몰이 생겨나지만, 성공 확률은 그리 높지 않다. 최근에는 유명 유튜버의 영상을 보고 많은 직장인이 온라인 쇼핑몰을 시작하고 있다. 유튜브 영상을 보면 당장이라도 큰돈을 벌 수 있을 것 같지만, 생각만큼 쉽지 않다. 진입장벽이 낮아진 만큼 누구나 쉽게 시작하지만, 실패율 또한 매우 높은 게 현실이다. 특히, 직장인은 꾸준히 하기가 어려운 만큼 1년도 안 돼 포기하는 경우가 많다.

어떤 일이든 처음부터 잘 할 수 있는 사람은 많지 않다. 영어를 하루아침에 잘할 수 없듯이, 장사나 사업도 마찬가지이다. 장사 경험이 없는 사람이 어느 날 갑자기 가게를 오픈한다고 대박 나기는 어렵다. 온라인 쇼핑몰 또한 마찬가지이다. 많은 사람이 온라인 쇼핑몰에 실패하는 것은 경험이 없는 상태에서 너무 많은 기대와 투자를 하기 때문이다. 최근 온라인 쇼핑몰의 실패 사유에 대한 분석 자료를 보면 첫 번째는 제품, 광고 등의 과도한 투자 때문이며, 두 번째는 제품 재고 리스크 때문이다. 두 경우 모두 투자 금액을 바로 회수하지 못하기 때문에 발생하는 문제점이다. 경험이 적은 만큼 처음 시작은 최소의 금액, 최소 리스크로 시작하는 것이 바람직하다.

이런 이유로 최근에 무재고 온라인 쇼핑몰 형태가 직장인들의 관심을 받고 있다. 무재고 온라인 쇼핑몰은 판매자는 주문, 판매, CS를 담당하고 제조업체나 도매업체가 재고와 배송을 책임지는 방법이다. 판매자 입장에서는 재고를 쌓아 놓지 않아도 되기에 소자본, 최소 리스크로 시작이 가능하다. 온라인 쇼핑몰을 처음 시작하는 직장인이에게 판매 경험을 쌓을 수 있는 가장 좋은 방법이다. 이는 배송을 누가 하느냐에 따라 여러 가지 방법으로 구분된다. 첫 번째는 국내 도매 플랫폼을 이용하는 방법이며, 두 번째는 국내 제조업체를 이용한 위탁판매, 세 번째는 해외 구매대행이다. 세 가지 모두 무재고 배송대행이라는 점은 같지만 서로 다른 특징이 존재한다.

국내 도매 플랫폼

무재고 온라인 쇼핑몰을 운영하는 가장 쉬운 방법은 국내 도매 플랫폼을 활용하는 방법이다. 가장 많이 알려진 플랫폼은 70%의 점유율을 가진 도매매(도매꾹)이다. 이 밖에도 오너클랜, 도매창고, 도매의신, FUNN 등이 있다. 국내 도매 플랫폼의 장점은 일단 쉽고 간편하다는 점이다. 이미 도매 플랫폼에 수십만개의 제품이 등록되어 있어 쉽게 상품을 소싱할 수 있다. (2020.5월 도매꾹 기준 120만개) 직장인 입장에서 많은 노력없이 손쉽게 제품을 구할 수 있다는 점은 가장 큰 장점이라 할 수 있다. 또한, 플랫폼마다 판매관리 시스템이 존재해, 어렵지 않게 상품을 등록하고 주문할 수 있으며, 한 개의 상품도 배송이 가능하다.

반면에, 누구나 쉽게 접근할 수 있기에 경쟁이 치열하고 마진이 작은 단점이 있다. 많은 사람이 참여하고 있기에 인기 상품의 경우 품절이 되는 문제도 있다. 장기적으로 경쟁력을 갖기 위해서는 판매 품목을 늘려야 하는데, 바쁜 직장인이 모든 것을 관리하기에 어려움이 있다. 플랫폼의 판매관리 시스템을 사용하면 많은 업무가 줄어들지만, 수많은 상품에 대한 고객 CS는 쉽지 않다. 그래도 온라인 쇼핑몰 초보자에게는 국내 도매 플랫폼으로 경험을 쌓은 후 다음 단계로 넘어가는 것을 추천한다.

▲ 도매 플랫폼 현황

제조업체 위탁판매

제조업체를 통한 위탁판매는 유명 유튜버의 영상에 소개된 이후로 많은 직장인의 관심을 받았다. 제조업체가 재고를 부담하고 배송까지 해준다는 것이 굉장히 신선했다. 하지만, 온라인 쇼핑몰의 경험이 없는 사람에게 제조업체가 무재고 위탁판매로 운영할 업체는 거의 없다. 이런 이유로 해당 유튜버는 온라인 쇼핑몰을 운영하는 기존 판매자들에게 많은 비판을 받았다. 이에 어느 정도 온라인 쇼핑몰에 대해 경험을 한 후 진행하는 것이 좋을 것이다.

직장인 입장에서 쉽지 않겠지만 납품업체를 확보할 수만 있다면 장점도 존재한다. 우선 도매 플랫폼보다 나은 마진을 확보할 수 있으며, 품절의 위험이 적다. 제품에 대한 정보를 많이 알기에 소비자 CS 대응이 유리한 면도 있다. 취급하는 상품수가 많지 않기에 주문, 판매 관리가 용이한 것도 장점이다. 하지만, 판매자가 거래처를 직접 개척해야 하며, 판매처와 상품이 늘어나면 관리에 어려운 단점이 있다. 또한, 별도의 판매관리 시스템이 없기에 상세페이지 제작 등 많은 것을 직접 해야 하는 어려움이 있다.

이렇듯, 일상이 바쁜 직장인과 쇼핑몰 초보자에게는 쉽지 않은 면이 있다. 이에 도매 플랫폼 등을 통해 경험을 쌓은 후 위탁판매를 진행하는 것이 현실적이다. 도매 플랫폼을 진행하다 보면 거래처와 관계를 쌓을 수 있으며, 괜찮은 납품처를 판단할 수 있다. 또한, 온라인 쇼핑몰 경험이 쌓이면 내가 원하는 형태로 나만의 제품을 소싱하고 브랜드화할 수도 있을 것이다.

해외 구매 대행

해외 구매 대행은 최근에 주목받는 방법이다. 인터넷과 스마트폰 사용 증가로 국내 소비자들의 해외 유명 제품이나 트렌드 상품에 관한 관심이 높아졌기 때문이다. 해외 구매 대행은 전 세계에서 소싱이 가능하지만, 다양한 상품이 있는 중국 구매대행이 가장 활발하다. 중국 구매대행은 중국의 오픈마켓인 알리바바, 타오바오, 1688, T몰 등에서 상품을 찾아 국내 마켓에 상품을 등록하는 방법이다. 보통의 경우 판매자가 스마트스토어 등에 직접 등록을 하며, 대량등록 사이트(솔루션)를 통한 등록도 가능하다. 초보자의 경우 우선 직접 스마트스토어 등에 등록을 하면서 경험을 쌓는 것이 좋다.

중국 구매 대행의 장점은 재고가 필요 없다는 것 이외에도 ❶ 해외 제품에 익숙해지면서 글로벌 셀러로 성장할 수 있음 ❷ 국내보다 저렴한 가격으로 좋은 마진 확보 가능함 ❸ 다양한 상품이 있으며, 상품의 질이 점점 좋아지고 있다는 점이다. 반면에 해외 구매 대행의 단점은 ❶ 외국어 사용의 어려움이 존재함 ❷ 해외에서 한국으로 오기까지 2~3주의 시간이 걸리기 때문에 자금이 묶일 수 있음 ❸ 관세나 배송비 등의 비용 등을 고려한 정확한 마진 계산 필요함 ❹ 제품 클레임 발생 時 CS처리가 어려움이 존재한다는 점이다. 해외 구매 대행 역시 어느 정도 온라인 쇼핑몰을 경험한 후 진행하는 것이 좋을 것이다.

성공사례 _ 국내 도매 플랫폼을 통해 월 수익 1천만원을 달성하다 _ '버킷리스터' 황채영 대표

　버킷리스터의 황채영 대표는 온라인 쇼핑몰을 운영하고, 전문셀러를 양성하는 강사로 활동하고 있다. 그는 대학생 때 창업동아리에서 활동하면서 나만의 사업을 꿈꾸었다. 그가 무재고 온라인 쇼핑몰에 관심을 갖게 된 것은 첫 사업의 실패 경험 때문이다. 그는 대학생 시절 '한 끼 과일'이라는 과일 사업을 시작했다. 바쁜 일상 때문에 아침을 거르는 교수님, 교직원, 대학생을 대상으로 과일을 배달하고 판매했다. 초기에는 사업 규모가 크지 않았기에 과일을 공급하고 판매하는 것이 어렵지 않았다. 하지만, 고객이 늘어나고 사업에 욕심이 생기면서 대량구매를 시작하자 문제가 발생했다.

　과일의 특성상 신선함을 유지하는 것이 어려웠고, 사과와 바나나에 검은 점들이 생기기 시작했다. 몇 개의 과일이 썩기 시작하자 보관한 과일 전체로 번져 나갔고 모두 폐기할 수밖에 없었다. 그렇게 온 힘을 바쳐 시작한 사업은 1년도 안돼 실패로 돌아갔다. 하지만, 첫 사업의 실패를 통해 수요 예측과 재고관리의 중요성을 알게 되었다. 이후 온라인 쇼핑몰 회사에서 아르바이트하면서 새로운 사업을 위한 준비를 해나갔다. 아르바이트였지만 해외 사이트와 제조업체로부터 제품을 공급받고, 홈페이지에 제품 이미지를 올리고, 포장과 배송까지 온라인 쇼핑몰에 대한 모든 것을 배울 수 있었다.

　첫 창업에 실패했지만, 사업에 대한 꿈은 포기하지 않았다. 마케팅 직무로 취업을 했지만, 회사원보다는 사업이 적성에 맞는다는 것을 확인할 수 있었다. 퇴사 후 창업 아이템에 고민하던 그는 우연히 접한 무재고 온라인 쇼핑몰의 매력에 빠졌다. 첫 사업이 실패한 것이 바로 대량 매입에 따른 재고관리 실패였기에 무재고 온라인 쇼핑몰은 그의 가장 큰 문제점을 해결해주는 것이었다. 또한, 자금이 많지 않은 상황에서 소자본으로 바로 시작할 수 있었기에 망설일 이유가 없었다.

다시 사업을 시작하자 하루하루가 설렘의 연속이었다. 새로운 상품을 주문하고, 판매 페이지에 상품을 올리고, 고객의 주문을 처리하다 보면 하루 24시간이 부족했다. 쇼핑몰을 세팅하는 작업이 쉽지 않았지만, 초반의 어려움을 이겨내자, 주문이 폭발적으로 들어왔다. 그렇게 사업 시작 3개월 만에 월 매출 1,000만원을 넘길 수 있었다. 초반에는 마진보다는 매출에 집중했지만, 안정적인 매출을 확보한 후에는 순이익에 집중했다. 무재고 온라인 쇼핑몰은 치열한 경쟁으로 마진 확보가 어려울 것이라고 생각했다. 하지만, 다양한 시도를 통해 매출을 늘리면서도 충분한 마진을 확보할 수 있었다.

무재고 온라인 쇼핑몰에서 살아남기

그는 대학생 때 무재고 온라인 쇼핑몰을 처음 시작했다. 대학생이었기에 이렇다 할 사업 자금은 없었지만, 포기하지 않고 도전하는 열정과 꾸준함이 있었다. 여러 시행 착오를 통해 자신만의 방법을 터득하며, 지금은 월 수익 1천만을 넘기는 사업가가 되었다. 그는 자금의 여유가 없는 학생과 창업을 꿈꾸는 직장인이라면 무재고 온라인 쇼핑몰에 도전하기를 권한다. 경쟁이 심해 돈이 안 된다는 비판이 있지만, 투입되는 자금이 없으니 손해 볼 일이 없기 때문이다. 최악에 경우 돈을 벌지 못하게 되더라도 다음 단계를 위한 많은 경험을 할 수 있다. 다음은 황 대표의 성공 노하우에 대해 알아보겠다.

- 트렌드에 맞는 상품 갖추기

그가 3개월 만에 천만원의 매출을 올릴 수 있었던 이유는 바로 트렌드에 맞는 제품을 선정했기 때문이다. 쇼핑몰 초반에는 상품등록에 대한 명확한 기준 없이 많은 제품을 판매하는 데 집중했다. 쇼핑몰 경험이 많지 않은 상태에서 취급 상품이 늘어나다 보니 관리가 어려웠다. 상품에 대해 정확히 알지 못한 상태에서 판매하다 보니, 소비자 대응에도 한계가 있었다. 주문을 받았지만, 재고가 없는 경우도 발생하였다. 무조건 상품을 늘리는 것이 정답이 아님을 알게 되었다. 이런 경험을 교훈으로 그는 상품 선정 방법을 달리하기 시작했다.

바로 데이터에 기반을 두어 상품을 선정하는 것이었다. 오프라인은 판매 데이터가 다양하지 않지만, 온라인은 데이터를 활용한 판매가 가능했다. 우선 판매하는 상품을 카테고리화하고 연령별, 성별 등으로 분류했다. 또한, 네이버 데이터랩을 활용해 분야별 인기 검색어와 검색어 트렌드 분석을 통해 트렌드에 맞는 상품을 찾기 시작했다. 이를 통해 당시 '할로윈'이 주요 트렌드 키워드임을 알 수 있었다. 그렇게 그가 취급하는 아동용품에 '할로윈 코스튬'을 추가했고, 예상대로 폭발적인 매출이 발생했다. 이후 그는 크리스마스 시즌에 맞춰 상품 등록을 변경했고 이 역시 큰 성과를 얻을 수 있었다.

월	이벤트/기념일	주요품목
1월	신년, 다이어리 데이	다이어리, 달력
2월	구정, 발렌타인 데이	초콜릿, 향수, 시계
3월	신학년, 신학기, 화이트데이	책가방, 학용품, 초콜릿, 쥬얼리
4월	부활절, 블랙데이	소금
5월	어린이날, 어버이날, 스승의날, 성년의날, 부처님오신날, 로즈데이	완구, 문구, 향수, 시계
6월	키스데이	쥬얼리, 립스틱, 향수
7월	여름휴가, 실버데이	수영복, 쥬얼리, 샌달
8월	여름휴가, 뮤직데이	아쿠아슈즈, 선글라스
9월	신학기, 추석, 포토데이	운동화, 완구
10월	개천절, 할로윈데이, 와인데이	할로윈커스톰
11월	빼빼로데이, 무비데이	향수, 점퍼
12월	크리스마스, 허그데이	핸드크림, 완구, 장갑, 부츠

▲ 월별 주요 이벤트 및 상품

- 지속적인 판매가 이루어지는 인기 상품 찾기

월별 이벤트 상품을 판매하자 순간순간 많은 매출이 일어났다. 하지만, 여전히 많은 제품을 취급하기에 관리를 위한 많은 시간과 노력이 필요했다. 이를 극복하기 위해서는 지속적인 판매가 일어나는 인기 상품을 확보하는 것이 필요했다. 그는 네이버 데이터랩과 도매 플랫폼의 검색 데이터를 적극적으로 활용했다. 도매 플랫폼의 인기 검색어를 통해 가장 인기 있는 상품이 무엇인지를 파악했다. 또한, 쇼핑인 사이트의 연도별/월별 분석을 통해 월별 인기 검색어를 찾아내고 꾸준하게 잘 팔릴 수 있는 상품이 무엇인지를 찾아냈다.

이런 분석을 바탕으로 상품의 구성을 변경하고 상품별 수요 예측을 진행했다. 많은 판매가 예측되는 상품에 대해서 홍보와 광고를 집중했다. 이런 예측이 항상 맞는 것은 아니었지만, 점점 경험이 쌓이고 판매 데이터가 누적되면서 잘 팔리는 상품을 찾아낼 수 있었다. 또한, 인기 상품과 이벤트 상품을 적절하게 구성하자 매출과 수익이 동반 상승하기 시작했다. 결국, 핵심은 내가 좋아하는 상품이 아니라 소비자가 좋아하는 제품이 무엇인지를 찾는 것이었다.

네이버 데이터랩을 활용해 상품 찾기

【방법 1】인기 검색어 찾기를 통한 최신 인기 상품 및 트렌드 상품 찾기

❶ 네이버 데이터랩 검색하기

❷ 분야별 인기 검색어 분석하기

▲ 분야별 검색하기 _ 출산/육아

▲ 일간 인기 검색어 찾기

짧은 기간이지만 카시트와 아기침대가 인기 검색어임을 알 수 있다.

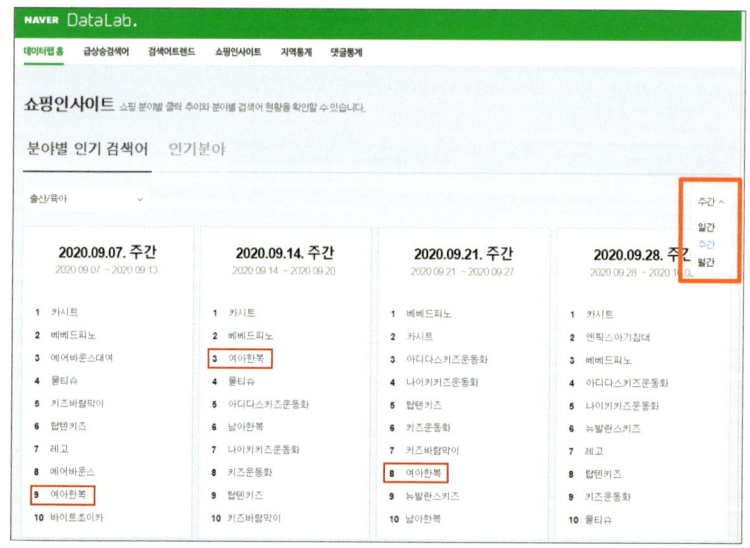

▲ 주간 인기 검색어 찾기

추석 시즌에 맞춰 '여아한복, 남아한복'이 인기 검색어로 등장함 을 알 수 있다.

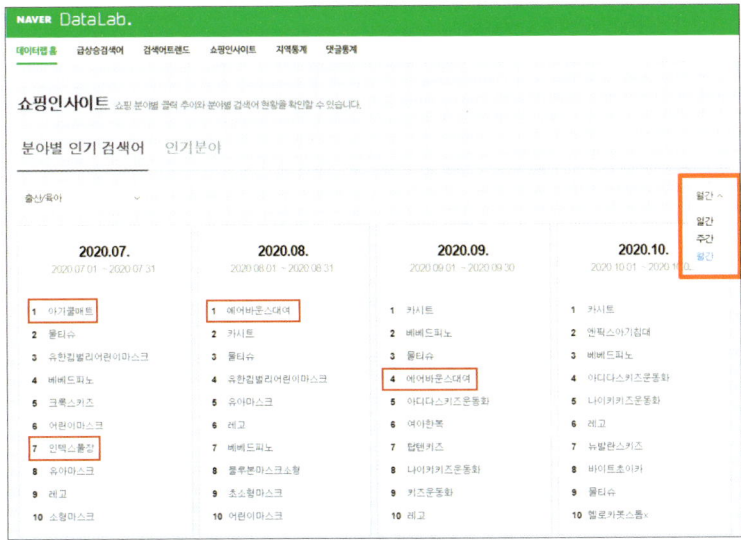

▲ 월별 인기 검색어 찾기

7월은 아기 쿨매트, 인덱스 풀장 같은 여름용품이 인기가 있었다는 것을 알 수 있다.
8월, 9월은 코로나 재확산으로 '에어바운스 대여'가 인기 검색어임을 알 수 있다.

【방법 2】 연도별 인기 검색어 분석을 통한 꾸준한 인기 상품 찾기

❶ 쇼핑인사이트 검색하기

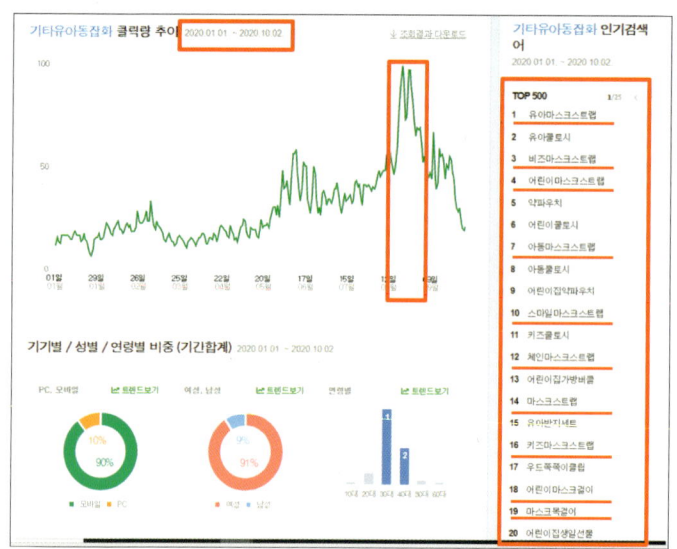

▲ 2020년 인기 검색어 찾기

2020년은 코로나로 마스크 관련 상품이 인기 검색어임을 알 수 있다. 특히 코로나가 예상 밖으로 길어지면서 마스크스트랩(마스크줄) 수요가 많았다.

검색한 사람의 대부분은 30~40대 여성으로 PC보다는 모바일로 검색을 했다.

향후, 상세페이지 제작 시 모바일에 맞게 페이지 설정을 해야한다. 추가로, 인기 검색어 상품은 그만큼 경쟁도 강하기에 경쟁 강도가 덜한 상품을 찾는 과정이 필요하다.

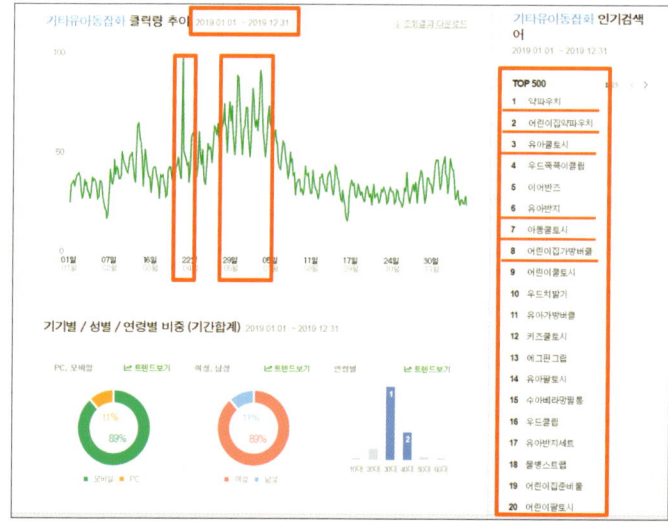

▲ 2019년 인기 검색어 찾기

2019년은 약파우치와 아동쿨토시, 유아반지 등이 인기 검색어였음을 알 수 있다. 또한, 5월 어린이날과 6~7월 여름 시즌을 앞두고 검색이 많아짐을 알 수 있다.

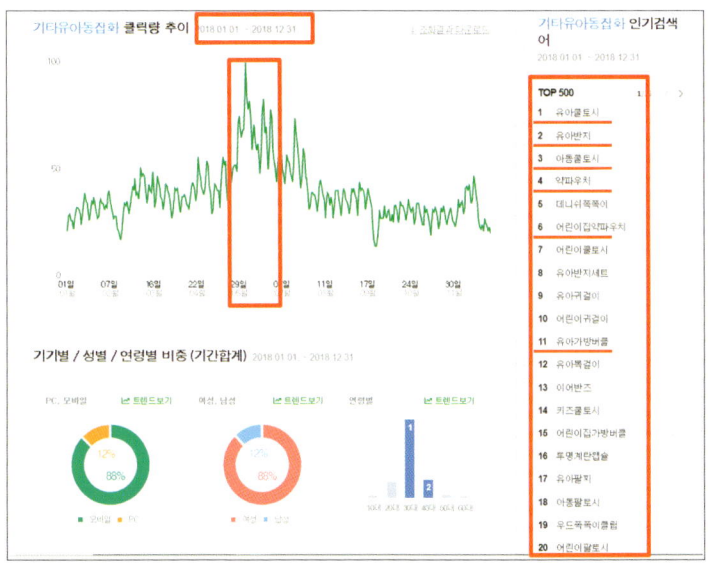

▲ 2018년 인기 검색어 찾기

유아쿨토시와 약파우치, 유아반지가 인기 상품임을 알 수 있다. 우선, 상기 제품들에 대한 경쟁 강도를 확인하고 그중에서 경쟁 강도가 덜한 상품 키워드로 접근한다. 만약 모든 상품에 대해 접근이 불가능할 정도로 경쟁이 치열하다면, 인기 검색어를 다음 단계로 이동하면서 경쟁이 덜한 제품을 찾아본다.

【방법 3】 계절별 인기 검색어 변화 확인을 통한 상품 찾기 _ 신발

❶ 신발 분야의 2019년 1월~12월 설정

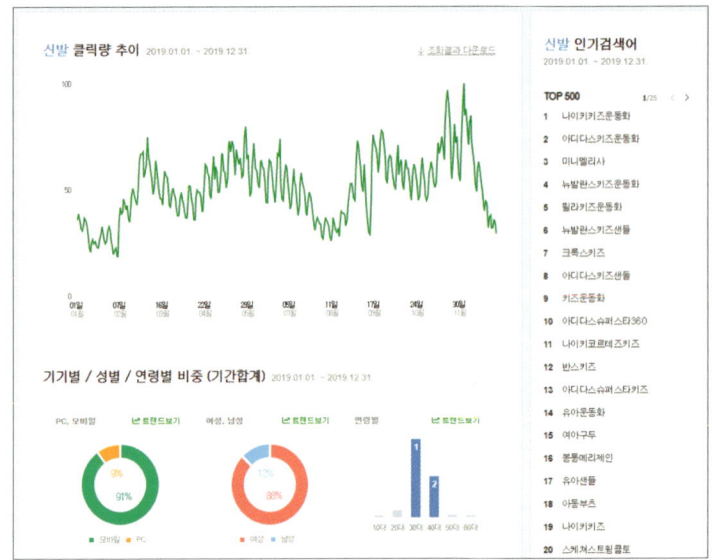

❷ 신발의 운동화/샌들/부츠 설정

❸ 트렌드 확인

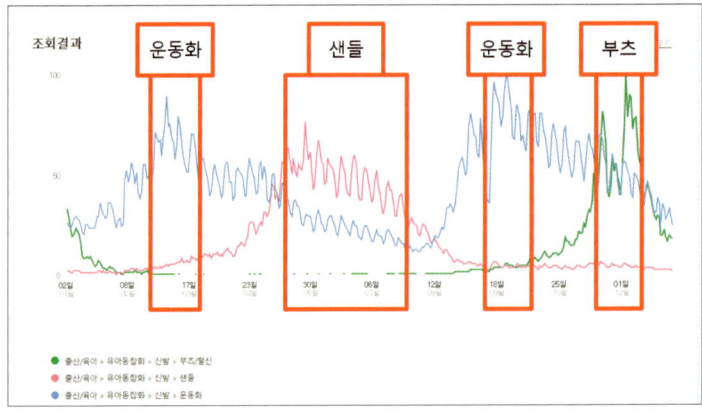

운동화는 전체적으로 인기 검색어임을 알 수 있으며, 특히, 2~3월 신학기와 9월 추석 시즌에 검색이 많음을 알 수 있다. 샌들은 여름시즌을 전후로 검색이 많고 부츠는 겨울 시즌을 앞두고 검색이 많아짐을 알 수 있다.

❹ 2018년 트렌드 검색

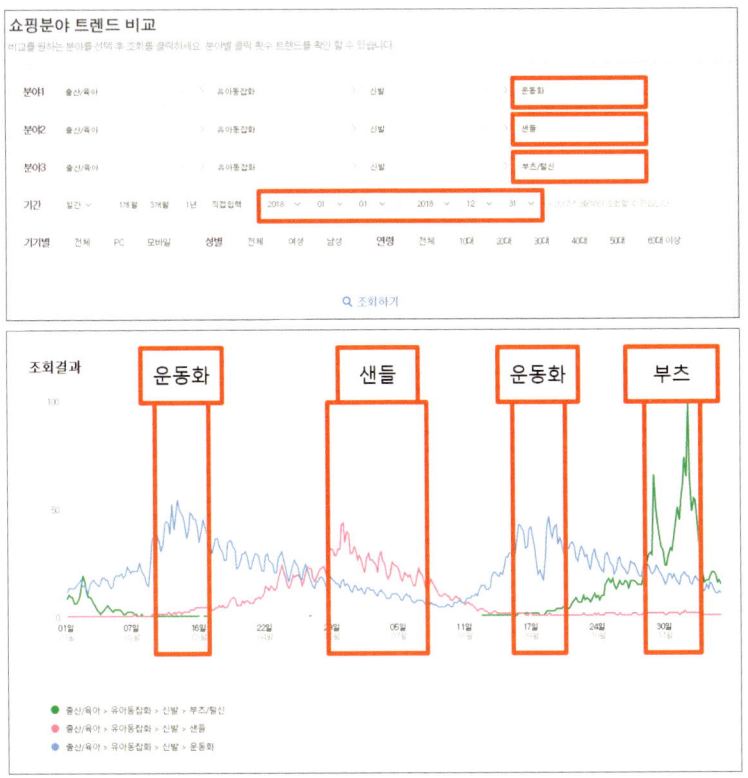

2018년도 2019년과 비슷한 트렌드였음을 알 수 있음다. 이를 바탕으로 2020년도 앞선 년도들과 비슷한 시기에 상품 구성을 준비하면 될 것이다.

도매업체의 실시간 검색 기능 활용해 상품 찾기

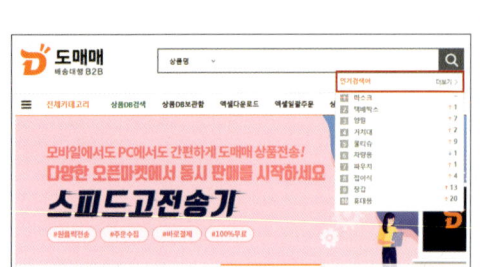

▲ 도매업체 메인 페이지 _ 실시간 인기 검색 제품   ▲ 실시간 인기 키워드 상세 페이지

도매업체의 메인 페이지에는 실시간 인기 검색어 10위까지의 순위가 제공된다. '인기 검색어' 부분을 클릭하면 '인기 키워드 상세 리스트'로 페이지가 이동한다. 보통은 140~150개정도의 인기 제품에 대한 순위를 확인할 수 있다.

• 취급 상품을 늘려 나만의 포트폴리오 만들기

무재고 쇼핑몰의 장점은 바로 하나의 상품이 아니라 수천 가지 상품을 한 번에 취급할 수 있다는 것이다. 그는 스마트스토어를 포함해 8개 마켓에 수만개의 상품을 판매하고 있다. (이를 위해서는 도매매에서 운영하는 '샵플링'이라는 대량 등록 프로그램을 활용한다) 모든 제품이 다 잘 팔리지는 않지만, 품목을 늘리면서 인기 상품들이 나오기 시작했다. 잘 팔리는 제품과 그렇지 않은 제품이 서로 헷지하면서 평균 수익률이 증가했다. 지금은 30% 정도는 판매가 꾸준히 이루어지며, 70%는 계절별, 상황별로 지속적으로 상품을 바꾸고 있다. 그는 수없이 많은 제품을 판매하면서 마진을 높일 수 있는 나만의 포트폴리오를 갖출 수 있었다.

• 판매 채널 늘리기

최저임금 상승과 코로나 여파로 편의점은 가장 힘들어진 업종 중 하나이다. 이 어려운 상황 속에서도 돈 버는 편의점은 계속 돈을 번다고 한다. 편의점을 운영하는 지인을 통해 확인한 돈 버는 편의점의 비밀은 바로 여러 개를 운영하는 것이었다. 보통 편의점을 한 개 운영하면 마진은 300만~500만원 수준이라고 한다. (지인의 사례, 지역마다 다를 수 있음) 그리고, 편의점 판매 노하우가 생기면 3~5개도 운영이 가능하다. 돈 버는 편의점주는 바로 3~5개를 운영하는 사람이다.(5개를 운영하면 300×5 = 1500만원의 순이익 발생됨) 또한, 서로 다른 브랜드의 편의점을 오픈해 자신에게 가장 유리한 편의점을 선택한다는 것이다.

온라인 쇼핑몰을 운영하는 많은 사람이 업계 1, 2위인 스마트스토어와 쿠팡에 집중할 것을 권한다. 그는 하나가 아닌 여러 개의 판매 채널에서 판매할 것을 권한다. 지금의 매출과 순이익이 있었던 것은 대량으로 등록 프로그램을 활용해 모든 판매 채널에 판매했기 때문이다. 또한, 판매 채널을 늘리는 것은 매출을 증가시키는 효과뿐만 아니라 위험을 헷지하는 역할도 한다. 최근 코로나로 마스크 등의 위생용품을 판매했다 품절로 인해 가장 큰 판매 채널로부터 정지를 받았다. 만약 판매 채널이 하나였다면, 쇼핑몰 운영이 힘들었겠지만, 판매 채널 다변화로 어려움을 극복할 수 있었다.

- 나만의 상세페이지 만들기

많은 사람은 도매 플랫폼에서 제공하는 상세페이지를 단순하게 복사해서 판매 채널에 적용한다. 이렇게 해서는 결국에는 가격으로 승부를 볼 수밖에 없게 된다. 그 역시 수많은 제품을 취급하기에 많은 제품을 비슷한 방식으로 진행한다. 하지만, 인기 상품과 이벤트 상품에서는 상세페이지를 변경한다. 약간의 수정을 통해 고객에게는 남들과 차별화되는 제품으로 인식된다. 이를 통해 치열한 가격 경쟁에서도 어느 정도 벗어날 수 있었다. 또한, 소비자는 무조건 싼 제품만 찾는 것은 아니라는 것을 알게 되었다. 싼 제품만 찾는 소비자는 전체의 20~30%이며, 나머지 70~80%는 가격 이외의 요소로 제품을 선택한다. 남들과 차별되는 점을 어필하고 소비자가 매력적으로 받아들인다면 지갑을 열게 할 수 있다는 것이다.

인생의 길은 하나가 아니다 다양하게 경험하고 도전하라

그는 쇼핑몰을 창업하면서 '버킷리스터'라는 회사를 창업했다. 그렇게 회사의 이름처럼 그의 꿈을 하나씩 실현해 나가고 있다. 유통(온라인 쇼핑몰)으로 시작했지만, 지금은 책을 쓰고 강의를 하는 교육으로 확장을 할 수 있었다. 이 모든 것이 가능했던 것은 바로 시작하고 움직였기 때문이다. 많은 사람들이 현재의 직장이 전부인 것처럼 하나의 직장에 올인하는 경향이 있다. 물론, 그것에도 장점이 있지만, 다양한 직장과 직업에 도전할 필요가 있다. 다양하게 시도하고 경험해야 더 많은 기회가 생기기 때문이다.

세상에 길은 하나가 아니다. 그리고, 진정한 행복은 내가 좋아하는 일을 할 때이다. 그는 온라인 쇼핑몰 창업을 통해 자신에게 맞는 일을 찾았다. 일할 때 가장 행복하고 스스로 발전하고 있다는 느낌을 받는다. 시간이 흘러 나이가 들어도 하나의 회사에 구속되기보다는 좋아하는 일을 하면서 살기를 원한다. 또한, 많은 직원을 뽑아 나만이 아닌 직원들과 함께 성장하는 회사를 만들고 싶은 목표가 있다. 최근에 회사를 확장하면서 직원이 늘어나니 사람관리와 회사 운영이 생각보다 쉽지 않음을 느끼고 있다. 하지만, 이 역시 직접 경험했기에 알 수 있었다.

평범한 대학생이었던 그가 무재고 온라인 쇼핑몰을 안정화하고, 수익화하기까지 많은 노력이 필요했다. 겉으로 보이는 좋은 모습 이면에는 많은 시도와 실패의 과정이 있었다. 종종 무재고 온라인 쇼핑몰에 대해 걱정과 안 좋은 이야기를 한다. 하지만, 이는 개개인의 경험의 깊이에서 오는 차이 때문이다. 분명 단점도 있지만, 장점도 있다. 특히, 직장인이 일하면서 거래처와 상품을 개발하고 관리하기가 쉽지 않을 것이다. 무재고 온라인 쇼핑몰은 다양한 상품 카테고리를 경험할 수 있는 장점이 있다. 또한, 그 과정에서 수익을 내고 살아남는 방법을 알게 된다. 너무 많은 고민을 하기보다는 일단 움직이고 시작하자. 기회는 자연스럽게 열릴 것이다.

무재고 온라인 쇼핑몰 운영에 대한 Q&A

Q 직장인이 국내 도매 플랫폼을 통한 무재고 온라인 쇼핑몰을 할 수 있을까요?

A 우선, 투자 금액이 거의 없기에 위험부담이 적다는 것이 가장 큰 메리트입니다. 또한, 직장인이 거래처를 찾고 판매할 상품을 소싱하는 것이 쉽지 않기에 이 부분도 큰 장점입니다. 처음에는 큰 돈을 벌겠다는 목적보다는 경험한다는 생각으로 접근하는 것이 좋을 것 같습니다. 직장인이면서 부업으로 운영하고 계신 분들이 주변에 많이 있습니다. 대부분 낮에는 회사 일을 하시고 저녁 시간과 주말을 이용해서 등록과 주문 처리를 하시면서 충분히 잘 진행하고 계십니다.

Q 무재고 온라인 쇼핑몰은 돈이 안 된다고 하는데요?

A 몇 개의 상품만 취급한다면 그럴 수도 있지만, 꼭 그런 것은 아닙니다. 취급 상품 수를 늘려가면서 마진을 높일 수 있는 나만의 상품 포트폴리오를 구성해야 합니다. 앞서 이야기 했지만, 꾸준히 잘 팔리는 인기 상품과 이벤트 상품을 적절히 구성하는 것이 중요합니다. 네이버 검색과 도매업체의 실시간 검색 등을 통해 변화되는 트렌드를 빨리 캣치해야 합니다. 저는 취급 상품이 늘어나면서 마진이 많은 제품과 적은 제품이 서로 헷지하며 전체 마진은 상승하였습니다.

Q 쇼핑몰을 안정화하고 수익화하는데 얼마나 걸릴까요?

A 정확히 정해진 시간은 없습니다. 창업을 생각하는 일반인의 경우 쇼핑몰이 안정화되는데 보통 3개월정도가 걸립니다. 직장인의 경우 하루에 2~3시간을 투자한다면 6개월정도가

필요합니다. 초반에 안정화될 때까지만 노력하면 점점 익숙해지면서 쇼핑몰에 투입되는 시간은 줄어들 것입니다. 쇼핑몰 운영을 위한 전반적인 Process는 아래와 같습니다.

- 창업 1개월 차 – 사업시작, 상품소싱, 상품등록(상품별배송), 쇼핑몰입점, 동기화, 주문처리
- 창업 2개월 차 – 상품등록(묶음배송), 상품DB관리, 회계관리
- 창업 3개월 차 – 판매기간 연장, 사업확장, 정부지원

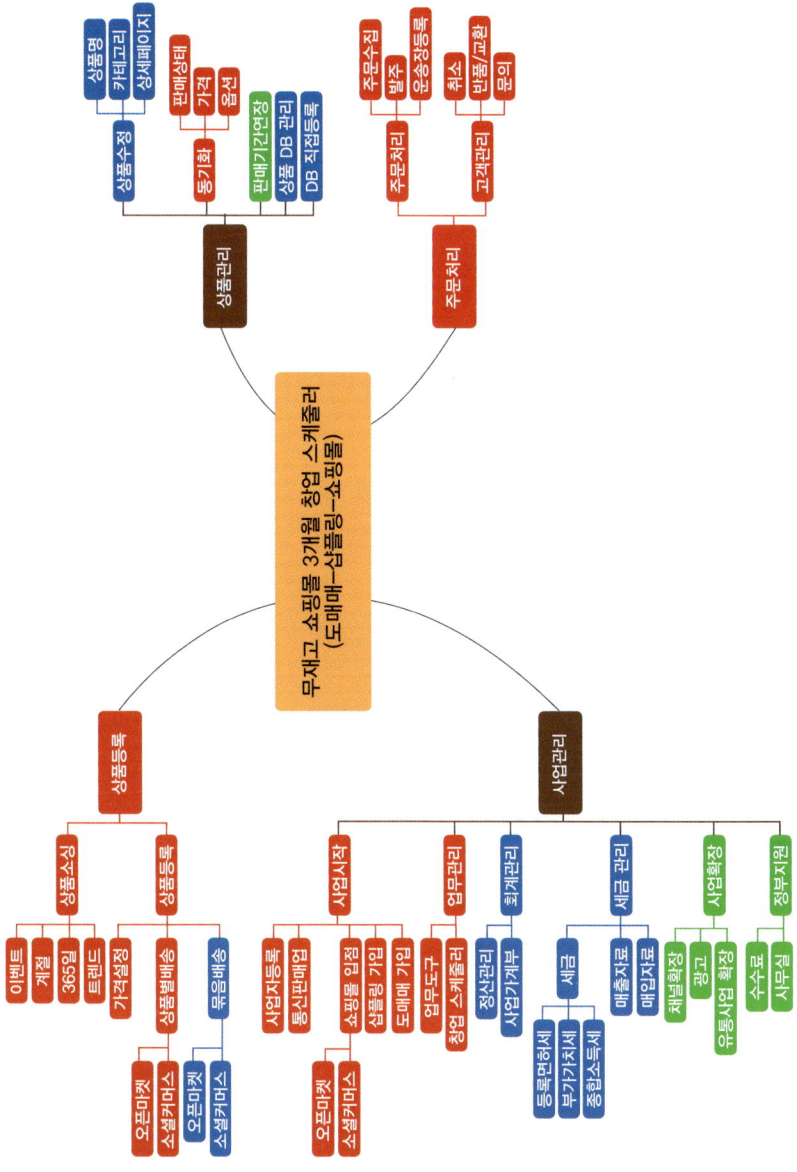

▲ 무재고 쇼핑몰 3개월 창업 스케줄러, '무조건 이기는 첫 사업(황채영 저, 앤써북) 인용

Q 쇼핑몰 입점 時 주의사항 및 추천 쇼핑몰은?

A 앞서 이야기했듯이 쇼핑몰 입점은 한두개가 아니라, 모든 쇼핑몰에 입점해야 합니다. 판매 관리 프로그램을 통하면 쉽게 상품 등록, 관리가 가능하기 때문입니다. 또한, 오픈마켓마다 수수료와 정책이 다르기 때문에 이 점을 감안해서 가격 설정을 잘 해야 합니다. 기본적으로 오픈마켓은 경쟁이 치열하기 때문에 수수료, 할인, 쿠폰, 택배비 등에 대한 설정을 잘못하면 마이너스 수익이 발생할 수 있습니다.

오픈마켓	스마트스토어	쿠팡	G마켓	옥션	11번가	인터파크	위메프	티몬
수수료	5.85%	10%	13%	13%	13%	13%	15%	15%

▲ 오픈마켓 수수료

Q 무재고 온라인 쇼핑몰은 반품, 클레임 발생시 처리가 어렵다고 하던데요?

A 우선 생각보다 반품과 클레임이 많지 않습니다. 그리고 발생되는 클레임은 도매 공급사 또는 고객의 과실 둘 중 하나인 경우가 대부분입니다. 단지, 쇼핑몰 운영자는 중간에서 공급사와 소비자를 연결해주는 소통 창구의 역할을 해주어야 합니다.

Q 상품이 품절되면 어떻게 해야 하나요?

A 도매 플랫폼에는 수많은 전문 셀러들이 있기 때문에 항상 재고가 유지될 수는 없습니다. 품절로 인한 주문 취소는 소비자의 불편뿐만 아니라, 쇼핑몰로부터 페널티를 받을 수 있기 때문에 항상 관심을 가지고 신경 써야 하는 부분입니다다. 저는 판매관리 프로그램(샤플링)을 이용하는데, 매일매일 동기화 작업을 통해 주문 불가능 상품을 삭제해주고 있습니다. 이 역시 완벽하지는 않지만, 주문 취소의 가능성을 많이 줄일 수 있습니다.

Q 기타 운영 관련 TIP

A 정부 지원을 적극적으로 활용해야 합니다. 최근 온라인 시장이 커지면서 온라인 창업자들을 위한 정부의 지원 프로그램들이 많아지고 있습니다. 수수료를 줄여주거나, 사무실 무료 임대 등 쇼핑몰 운영을 위한 각종 지원을 해주고 있으니 꼭 확인해야 합니다. 다만, 이는 누군가가 알려주는 것이 아니므로 스스로 관련 사이트를 방문해서 꾸준하게 정보를 찾아야 합니다.

> **참고할 사이트**
> 서울유통센터(www.smc.sba.kr) : 온라인 판로지원
> 경기도시장상권진흥원(www.gmr.or.kr) : 국내 판로지원 사업
> 소상공인시장진흥공단(www.semas.or.kr) : 소상공인 온라인 판로 지원 사업
> K스타트업(www.k-startup.go.kr) : 창업기업지원서비스 바우처, 1인 창조기업 지원센터

2 _ 독립 쇼핑몰

성공사례 _ 시계 4개로 시작한 부업이 월 매출 1억 원의 쇼핑몰이 되다 _ '빅클' 조대원 CEO

패션잡화 전문 쇼핑몰을 운영하는 조대원 대표는 실제로도 모델 같은 이미지를 가지고 있다. 댄디하고 패셔너블한 그를 본 사람이라면 부유한 집안에서 태어난 금수저라고 생각한다. 하지만, 그는 홀어머니 아래에서 힘든 어린 시절을 보낸 흙수저 출신이다. 어머니는 재봉일로 생활비를 벌었지만, 형편은 넉넉하지 못했다. 이런 이유로 그는 어렸을 때부터 국정원 입사를 꿈꾸었다. 남들처럼 똑같이 일반회사에 취직해서는 흙수저 생활을 벗어나기 어렵다고 생각했기 때문이다.

어린 나이였지만 나름의 목표를 세우고 꿈을 위해 나아갔다. 공부와 운동을 병행하면서 대학교 입학을 준비했다. 하지만, 다시 한번 가난이 앞길을 막았다. 대학교 합격 통지서를 받았지만, 입학금과 등록금이 없었다. 다행히 친척들의 도움을 받아 겨우 대학에 입학할 수 있었다. 입학 이후에도 그는 학비를 벌기 위해 안 해본 일이 없었다. 오전에는 우유배달, 낮에는 카페점원, 저녁에는 학원 첨삭지도 등 하루 24시간이 모자라게 학업과 일을 병행해 나갔다.

그렇게 꿈을 위해 오랜 시간을 준비했지만, 현실의 벽은 높았다. 국정원 입사를 위해서는 그가 생각했던 이상의 조건들이 필요했고, 결국 오랜 꿈을 내려놓았다. 실패에 대한 좌절감은 있었지만, 좌절감에 빠져 있을 수만은 없었다. 바로 전공을 살려 무역회사에 입사했다. 일반기업보다 여러 나라의 사람들을 만나면서 새로운 기회가 있을 것으로 생각했다. 잦은 해외 출장에 저녁까지 이어지는 클라이언트와 미팅으로 힘들었지만, 밤낮을 가리지 않고 일에 몰두했다. 하지만 시간이 지날수록 매일매일 똑같은 일상이 반복되고 주말만 바라보며 5일을 버티는 상황이 되었다. 회사 내에서 그의 꿈을 이루기에는 한계가 있었다.

회사의 월급만으로는 집안의 빚을 갚기에도 역부족이라고 느꼈다. 회사 일 이외의 다른 수입원이 필요했다. 부업을 위해 여러 가지 아이템을 알아보기 시작했다. 본업을 바로 그만둘 수 없기에 시간과 자금적인 측면에서 가능한 것들을 찾고 검토하였다. 그중에서도 온라인 쇼핑몰은 오프라인과 다르게 소자본으로 쉽게 시작할 수 있었다. 자금이 넉넉하지 않고 사업을 통해 성공하고 싶은 욕심이 있던 그에게 최적의 아이템이었다. 그렇게 부업으로 시작한 쇼핑몰은 이제 월 매출 1억 원의 쇼핑몰이 되었다.

직장인의 부업으로 쇼핑몰은 최고의 선택이다

그는 국정원 입사를 준비하면서 특전사에 자원 입대하여 5년을 근무했다. 비록 꿈을 이루지는 못했지만 이를 준비하는 과정에서 많은 것을 배울 수가 있었다. 그중에서도 강한 실행력과 도전 정신은 지금의 그를 있게 해준 원동력이 되었다. 쇼핑몰을 시작한다고 하자 주변의 지인들은 이미 레드오션이라며 말렸다. 하지만, 레드오션이라 해도 무자본으로 사업을 할 수 있는데 안 할 이유가 없었다. 경쟁이 치열한 치킨집도 몇억을 들여야 하는데 쇼핑몰은 직장인이 하기에 좋은 조건이라고 생각했다.

쇼핑몰을 하겠다고 마음먹고 바로 아이템 선정에 들어갔다. 그가 처음 판매를 시작한 제품은 시계였다. 부업이라는 특성을 고려하여 저렴하게 많이 팔기보다는 마진이 높고 손이 덜 가는 제품을 선택했다. 평소에도 시계에 관심이 많았기에 제품을 선택하고 소개하는 데 문제가 없다고 판단했다. 그중에서도 G 브랜드는 인기가 많았지만, 일본에서 수입을 하므로 가격이 높은 편이었다. 일본에 있는 친구를 통해 시계 4개를 구매해 국내 최저가 보다 낮은 가격에 판매했다. 우리나라와 일본의 가격 차이로 개당 20만원의 마진을 볼 수 있었다. 해외 영업 업무를 하면서 국내와 해외의 제품을 찾고 가격을 비교하는 데 익숙하였기에 가능한 일이었다.

원래 패션에 관심이 있었기에 남성 전문 쇼핑몰도 생각했지만, 부업으로 운영하기에는 적당하지 않았다. 의류, 신발 등은 사이즈별 재고를 갖추어야 하고 재고 보관을 위한 별도의 장소도 필요했다. 반면에 패션 잡화는 재고관리와 배송이 용이하고 단위당 마진도 높았다. 소비자에게 제품의 가치를 제대로 설명할 수만 있다면 최적의 상품이라고 판단했다. 이후 시계에 지갑, 가방, 패션 액세서리 등을 하나씩 추가하면서 패션잡화 쇼핑몰로 거듭났다.

쇼핑몰을 오픈하고 처음부터 매출이 급격히 증가한 것은 아니었다. 초기 1년은 매출보다는 온라인 쇼핑이라는 것을 알아가는 과정이었다. 제품 소싱에서 배송까지 혼자 일을 하다 보니 힘은 들었으나, 내 사업을 한다는 생각에 힘이 났다. 쇼핑몰 운영 2년 만에 비로소 본업 수준의 수익이 나기 시작했다. 본업이었다면 적은 수입에 포기할 수도 있었지만, 부업이었기에 가능한 일이었다. 쇼핑몰을 운영하는 직장인 중에 짧은 기간 운영하고 돈이 안되서 포기하는 경우가 많다. 직장인은 본업에서 들어오는 자금이 있으므로 여유로운 마음으로 다양한 시도를 할 수가 있다. 부업이라는 특성을 이해하고 직장인의 장점을 최대한 살려야 한다.

쇼핑몰 운영 3년 차가 되자 부업의 수익이 본업보다 많아졌다. 포장, 배송은 아르바이트를 고용해서 겸업으로 운영하는 데 문제가 없었다. 하지만 온라인 사업이 트렌드가 되면서 쇼핑몰이 급성장하기 시작했다. 3년간 쇼핑몰 사업을 해보니, 쇼핑몰에서 돈 버는 방법을 터득할 수 있었고 퇴사를 결정했다. 퇴사 후에는 그동안 하지 못했던 일을 적극적으로 실행했다. 독립 쇼핑몰을 오픈하고, 제품 다양화와 광고, 마케팅에 집중하자 매출은 더욱더 늘어났다. 만약 주변의 부정적인 이야기를 듣고 시작하지 않았다면 지금의 성공은 없었을 것이다.

남들과 차별화되는 나만의 제품 브랜드를 구축하라

쇼핑몰을 부업으로 하는 많은 직장인이 하는 실수가 있다. 바로 위탁(도매업체)판매를 하면서 돈이 안 된다고 불만을 하는 것이다. 위탁(도매업체)판매는 무자본으로 편하게 할 수 있다는 장점이 있지만 마진이 적다. 제품의 생산, 포장, 배송 등을 도매업체에서 직접 진행하기 때문에 경쟁이 치열하고 마진이 적을 수밖에 없다. 그래서 위탁(도매업체)판매는 초반에 온라인 쇼핑몰을 쉽게 시작하고 경험을 쌓는 방법으로 추천한다. 장기적으로 쇼핑몰을 키우고 더 많은 수익을 내기 위해서는 나만의 브랜드를 구축해야 한다.

조 대표도 '빅클 Bigcle'이라는 브랜드로 독립 쇼핑몰을 운영하고 있다. 스마트스토어와 같은 플랫폼에서 독립 브랜드로 성장하기에는 한계가 있기 때문이다. 지금의 '빅클'의 성장에서 가장 중요했던 것은 바로 남들과 차별화되는 제품이다. 그는 '전 세계에 숨어있는 보석'을 찾아 가치 있는 제품을 소개한다는 목표를 가지고 있다. 국내를 포함해 전 세계의 모든 곳을 뒤지고 돌아다니면서 기존에 없던 새로운 제품들을 찾아낸다. 기존 직장에서 근무했던 경험을 바탕으로 전 세계의 회사를 컨택하고 협상을 벌인다. 그 결과 '빅클'의 제품은 다른 곳에서 찾아볼 수 없는 고유의 차별성을 가진 제품이 되었다.

'빅클'의 제품은 '2%의 가치를 더하다'라는 슬로건 하에 엄청난 혁신보다 작은 생활의 변화를 추구한다. 제품 선정을 위해 전 직원들이 오랜 기간 직접 써보고 사용상 문제가 없는지를 연구한다. 아무리 디자인이 예쁘더라도 사용하기에 불편한 제품은 제외한다. 일상에서 많이 쓰이고 있는 제품 중에서 삶의 변화를 줄 수 있는 가치가 있어야 한다. 또한, 제품을 구매하는 순간만이 아닌 수명이 다할 때까지 생활에 도움이 될 수 있는 제품을 선택한다.

그는 이렇게 남들과 다른 차별화가 중요하다고 말한다. 제품뿐만 아니라 포장, 패키지 등에서도 남들과 다름을 추구한다. 남들과 달라야 가격에서 자유로워질 수 있고 높은 수익으로 연결될 수 있다. 여기저기 다 있는 제품은 결국 가격 경쟁으로 갈 수밖에 없다. 차별화된 제품이 초반 매출은 적을 수 있지만, 소비자에게 한 번 인식되면 고객 충성도가 높아진다. 대형 플랫폼처럼 아무나 쉽게 찾아오지는 못하지만 한 번 온 고객은 지속적인 거래가 일어난다. 남들과 다른 제품을 찾는 충성고객들이 늘어나면서 '빅클'의 매출과 수익은 점점 증가하고 있다.

▲ '워크맨'에 출연해 제품 홍보 중인 조대표

온라인 쇼핑몰의 핵심은 홍보와 마케팅이다

온라인 쇼핑몰의 성공을 위해 가장 중요한 요소 중 하나가 바로 홍보와 마케팅이다. 인터넷에는 수많은 쇼핑몰이 존재하고 비슷한 제품들을 판매하고 있다. 그렇게 많은 쇼핑몰 중에 고객이 스스로 내 쇼핑몰을 찾아올 가능성은 거의 없다. 아무리 남들과 차별화되고 좋은 제품이라도 고객이 쇼핑몰에 와서 보지 않으면 무용지물이다. '빅클'과 같은 독립 쇼핑몰은 스스로 제품을 알려야 하기에 홍보와 마케팅이 가장 중요한 부분이다.

일반적으로 쇼핑몰의 매출은 고객 유입량과 구매 전환율로 결정된다. '빅클'은 대형 플랫폼의 다른 쇼핑몰에 비해 외부 유입 고객이 많지 않은 문제가 있었다. 그는 이를 극복하기 위해 양말을 추가했다. 사람들이 많이 찾고 1만원 이하 제품을 찾아보던 중 양말이 여러모로 괜찮았다. 하지만 '빅클'이 추구하는 목표와의 괴리감으로 자칫 잘못하면 쇼핑몰의 정체성이 흔들릴 수 있었다. 이를 해결하기 위해 값이 싸기만 한 양말이 아니라 잘 벗겨지지 않는 기능성을 추가했다. 결과적으로 이 전략은 성공해 고객 유입량은 급격히 늘어났다.

또한, 쇼핑몰 초기부터 대행사에 의존하기보다는 직접 콘텐츠를 고민하고 영상을 찍었다. 빅클이 추구하는 '작은 생활의 변화'를 표현하기 위해서 제품 사용 순간을 짧게 제작해서 커뮤니티와 유튜브에 올렸다. 고객의 반응은 폭발적이었다. 10장의 사용 설명서보다 30초의 영상이 더 효과적이었다. 최근에는 고객의 구매 전환율을 높이기 위해 제품 이미지와 관련 동영상을 함께 올린다. 이미지는 미적인 요소를 강조해 제품을 사용하는 고객이 얼마나 예쁘고 멋있는지를 보여준다. 반면 영상은 제품이 얼마나 실용적이고 편리한지를 보여준다. 이 두 가지 요소가 잘 어우러졌을 때 고객의 제품 구매율은 올라간다.

처음에 영상을 찍는 것도 어색해했던 그는 이제 영상에 직접 출연까지 한다. 제품을 구매한 고객을 직접 찾아가 실제 사용 순간을 동행 촬영하고 고객의 의견을 청취한다. 또한, 고객과 소통을 위해 홈페이지 내에 '빅클 매거진(BIGCLE MAGAZINE)'을 운영하고 있다. 제품이 사용되는 상황을 잡지의 기사 형식과 직접 짧은 영상으로 제작해 올린다. 그리고 다양한 이벤트와 후기 사진이나 영상 등을 통해 고객과 지속해서 소통을 이어가고 있다. 이렇게 제품의 실사용 모습을 공유하고 고객과 쌍방향 소통을 통해 제품과 브랜드의 신뢰를 쌓았다. 이런 노력 덕분에 쇼핑몰에 유입된 고객의 구매율이 높고 한 번 구매한 고객의 재구매율도 굉장히 높은 편이다.

쇼핑몰을 처음 시작하는 직장인은 시간적 여유가 없다 보니 광고를 대행사에 맡기는 경우가 많다. 본업에서 들어오는 자금이 있으니 효율적인 판단일 수도 있다. 하지만, 제품 선정과 마찬가지로 광고 역시 대표 스스로 고민을 많이 해야 한다. 기술적인 부분은 대행사를 통해서 할 수도 있지만, 제품의 본질을 가장 잘 아는 사람은 본인이기 때문이다.

지금과 같은 코로나 시대처럼 인생은 생각지도 못한 변수가 생길 수 있다. 가슴 아픈 일이지만 코로나로 인해 많은 회사가 어려움을 겪고 무너지는 것을 쉽게 볼 수 있다. OOO 항공, OO 중공업 등은 이름만 들어도 모두가 알고 입사하고 싶어하는 기업들이었다. 하지만, 직원들은 월급도 못 받고 회사를 쫓겨 나게 생겼다. 이런 이유로 우리는 회사에 있을 때 항상 플랜비(PLAN B)를 준비하고 있어야 한다. 회사를 다니며 조금씩 미래를 준비한 사람과 그렇지 않은 사람은 언제라도 희비가 엇갈릴 수 있다.

3 _ 아마존

성공사례 _ e-커머스의 끝판왕 아마존 셀러되기 _ '아마존 NO1. 강사 최진태'

 호미, 돌솥 뚝배기, 홈런볼 등 아마존에서 성공을 거둔 국내 제품들이 언론에 소개되며 아마존에 관한 관심이 커지고 있다. 아마존은 190여 개 국가에 3억 명 이상의 구매 고객을 보유하고 있는 전 세계 1위 온라인 전자상거래 업체이다. 그야말로 온라인 쇼핑몰의 끝판왕이라 할 수 있다. 이런 아마존이 최근에는 직장인의 부업으로 관심을 받기 시작했다. 국내 쇼핑몰과 해외 구매 대행 등을 하던 사람들이 더 큰 기회를 찾아 아마존에 뛰어들고 있다. 과연 아마존은 직장인의 부업으로 가능한 것일까? 아마존 교육 분야의 유명 강사인 ㈜리머스 최진태 이사로부터 아마존 셀링 성공 노하우에 대해 알아보겠다.

 최 이사는 19년 경험의 글로벌 셀러이며, 아마존 코리아 공식 SPN(Service Provider Network, 외부 서비스 사업자)로 활동하고 있다. 최근에는 아마존 셀링 관련 교육 서적을 출판한 작가이기도 하다. 국내 온라인 쇼핑몰, 할인점, 홈쇼핑 등 다양한 국내 유통업을 경험한 그는 해외 무역 업무에 관심이 많았다. 20대 초반 글로벌 쇼핑몰인 이베이(ebay)를 알게 되면서 직장 생활과 이베이 셀링을 겸업했다. 이베이에서 유아용품, 인테리어용품 등을 판매하던 그는 아마존이 나오면서 자연스럽게 이베이와 아마존을 병행했다. 특히, 아마존의 판매 정책이 직장인의 부업으로 적합한 것에 관심을 가졌다.

---

* SPN : 아마존 셀러들의 판매 대금 수취, 배송, 마케팅 등의 서비스를 도와주는 외부 사업자

오랜 기간 이베이의 경험이 있었지만 처음 아마존을 시작하기가 쉽지만은 않았다. 초창기에는 직접 미국까지 가서 은행 계좌를 개설해야만 아마존에 셀러로서 등록이 가능하였다. (지금은 Payoneer, Worldfirst 등의 가상 계좌 서비스를 하는 기업들이 있어 시작하기가 편해졌음) 어렵게 아마존에 셀러로 등록되었지만 이베이와는 다른 정책과 생소한 플랫폼으로 많은 시행착오를 거쳤다. 이후 아마존 정책에 대해 깊은 공부와 다양한 시도를 통해 아마존에 맞는 상품을 소싱해 가며 점차 안정세를 찾아가기 시작했다.

그렇게 직장 외 부수입을 창출하던 그는 점점 커지는 글로벌 마켓을 주목하며 퇴사를 결정했다. 전업 셀러가 되어 밤낮으로 새로운 상품을 소싱하고 포장, 배송을 하며 비즈니스를 키워 나갔다. 퇴사 시점에 200여 개였던 운영제품은 3,000개로 늘어났고, 6개월 만에 직장의 월급을 넘어설 수 있었다. 이후 아마존의 보관, 배송 서비스인 FBA(Fulfillment by Amazon) 서비스를 적극적으로 활용하자 기존 매출의 3배 이상을 달성할 수 있었다. 오랜 기간 글로벌 셀러로 활동한 그는 아마존이야말로 직장인의 부업으로 최고의 선택이 될 수 있다고 말한다. 특히, 네이버 스마트 스토어만 생각하는 직장인이라면 차라리 아마존을 하라고 이야기한다.

네이버 스마트스토어를 운영하려면 아마존을 선택하라

직장인의 부업으로 아마존이 매력적인 이유는 무엇일까? 왜 직장인은 아마존을 해야 할까?

첫 번째, 아마존은 온라인 쇼핑몰의 새로운 트렌드이며, 대세이다.

미국에서 온라인 시장의 성장 속도가 점점 빨라지고 있다. 국내 쇼핑몰 시장이 지속해서 성장하고 있지만, 규모에 있어 미국에 비교할 바가 못 된다. 2019년 국내 온라인 쇼핑몰 규모 133조 원, 미국 692조 원이다. 특히, 코로나로 인해 미국의 온라인 시장의 성장 속도가 점점 빨라지고 있다. 우리가 해외 온라인 쇼핑몰에 관심을 가져야 하는 이유이다. 그중에서도 아마존의 위치는 독보적이다. 아마존의 2019년 매출은 229조 원으로 국내 1위인 쇼핑몰인 네이버 스마트스토어(2019년 결재액 19.7조원) 13배가 넘는다. 게다가 미국 온라인 쇼핑몰에서 아마존의 점유율은 38.7%로 부동의 1위이며, 2위인 월마트 E커머스(점유율 5.3%)와도 비교가 안된다.

두 번째, 한국 셀러들에게 유리한 상황들, 기회가 커지고 있다.

요즘 뉴스 등 많은 언론 매체를 통해 알 수 있듯이 한국의 호미, 뚝배기 등이 아마존에서 베스트셀러 상품으로 등극하고 있으며 많은 기업이 아마존 진출을 희망하고 있다. 또한, K-POP 열풍으로 K-뷰티, K-패션 등 한국 제품에 대한 인지도가 높아지고 있어 한국 상품에 대한 인지도가 상승 중이다. 해외 배송 서비스 또한 많은 발전을 하여 우체국 배송 외에 DHL 등의 특송업체 및 배송 대행 업체들이 늘어나며 배송에 대해서도 편해지고 있다. 현재 국제 정세를 보아도 미국과 중국의 관세 전쟁으로 해외 온라인에서 중국 셀러들이 퇴거하고 있어 상품이나 가격적인 부분에서도 많은 우위를 가져갈 수 있다는 장점이 있다.

세 번째, 직장인이 운영하기 어렵지 않다.

아무리 기회가 많아도 바쁜 직장인 관점에서 어렵고, 해야 할 일이 많다면 아무 의미가 없다. 글로벌 셀링을 하는 데 있어 가장 어려운 점은 배송과 고객 CS에 있는데 아마존 FBA 서비스를 사용하면 재고, 물류, 배송, CS 등을 아마존에서 대행하여 준다. 아마존 *FBA(Fulfillment by Amazon) 서비스는 미국 내 여러 창고에 상품 재고를 입고하여 고객에게 빠른 배송을 제공하기 위한 시스템이다. FBA시스템이 있기에 아마존셀러들은 아마존 창고에 재고를 입고해 놓기만 하면 신경 쓸 일이 없다. 이베이와 가장 다른 차이점이 바로 이 부분이며, 직장인이 부업으로 쉽게 아마존을 접근할 수 있는 이유이다.

네 번째, 제품소싱 및 등록이 쉽다는 것이다.

아마존의 판매 방식은 크게 Sell yours(셀유어스)와 Add a Product/PL로 구분된다. 셀유어스 방식은 아마존에 등록되어 있는 기존 상품을 별도의 작업없이 판매가, 판매수량 등만 입력하여 판매할 수 있는 방식이다. Add a Product은 아마존에 등록되어 있지 않은 새로운 상품을 판매하는 방식으로, 상품 소싱과 상품 페이지 등록 등 모든 것을 직접 진행해야 한다. 전업 셀러가 아닌 직장인의 경우 셀유어스 방식으로 손쉽게 아마존을 시작할 수 있다.

---

* **FBA란** 아마존이 지정한 물류센터에 미리 상품을 보내고, 재고로 보관해서 판매하는 방식을 말한다. 이를 통해 아마존 고객에게 '이틀 안에' 배송이 가능해진다. FBA를 통해 현지에서 상품을 판매하는 셀러들과 같은 조건으로 경쟁할 수 있다

구분	Sell yours	Add a Product
등록	기존 아마존에 등록된 상품 등록	A~Z까지 단계별로 상품 등록
장점	• 이미지 및 번역 없이 바로 등록 • 간편 등록으로 빠른 상품 등록 • 빠른 판매 전환율 • 리셀러(유통업자)에게 유리	• 나만의 상품을 등록할 수 있음 • 독자적 컨텐츠 관리 기능 • 옵션이 있는 상품 등록 가능 • 브랜드 오너에 적합
단점	• 컨텐츠 수정이 용이하지 않음 • 옵션이 있는 상품에 부적합 • 올바르지 못한 상품 등록 • 어카운트 정지될 우려 많음	• 상품 등록에 시간이 오래 걸림 • 이미지와 번역 등을 미리 준비해야 함 • 상품별 바코드 등을 준비해야 함

▲ Sell yours와 Add a Product 비교 _ 한 권으로 끝내는 글로벌 셀러 아마존 판매 실천 바이블(최진태 저 앤써북) 인용

직장인이 아마존에서 성공하기 위한 방법, 성공한 아마존 셀러가 되기 위해 이것만 기억하자

이렇듯 직장인이 아마존을 해야 하는 이유가 명확하고 접근이 쉽다고 하더라도, 모두가 성공하는 것은 아니다. 직장인이 아마존에서 성공하기 위해서는 어떻게 해야 할까?

• 직장인의 아마존 운영 방법

첫 번째는 "셀유어스(Sell yours)를 적극적으로 활용하라"이다.

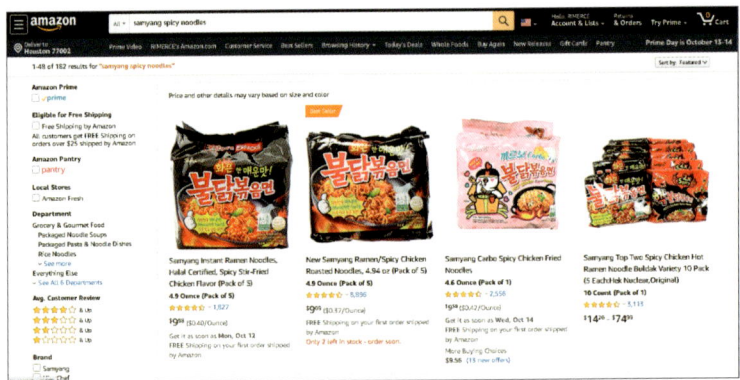

아마존에는 불닭볶음면, 신라면 등 우리가 흔히 구할 수 있는 상품들이 등록되어 있다. 이렇게 등록되어 있는 상품을 셀유어스 방식을 통해 간편하게 등록할 수 있다. 아마존 판매자 관리 페이지인 '셀러센트럴 〉 재고관리 〉 상품개별등록'을 클릭 후 판매하고자 하는

상품을 검색해 보면 기존에 등록된 상품을 확인할 수 있고 [이 제품 판매]를 클릭하여 상품 등록을 할 수 있다. 직장인이라면 셀유어스 방식을 통해 판매 경험을 우선 쌓는 것이 좋은 방법이다. 셀유어스 방식을 통해서 다양한 제품에 대한 경험과 판매 방식 등을 배울 수 있으며, 많은 힘을 들이지 않고 충분한 수익을 얻을 수도 있기 때문이다.

셀유어스 방식은 한 개의 상품을 여러 명이 판매하기에 상품을 등록한다고 바로 매출로 이어지지는 않는다. 내 제품이 판매로 이루어지기 위해서 가장 중요한 부분이 바로 BUY BOX를 차지하는 것이다. 아마존에는 One product One listing이라는 판매 방식이 있다. 이는 하나의 제품은 하나의 상세(판매)페이지를 가지고 여러 명의 셀러들은 이를 통해 판매를 제안하는 방식이다. 고객이 제품을 장바구니에 품목을 추가하거나 즉시 구매를 클릭하면 BUY BOX를 획득한 셀러가 자동으로 선택되게 된다. 아마존 판매량의 80% 이상이 BUY BOX에서 이루어지기 때문에 BUY BOX를 차지하는 것은 셀유어스에서 매우 중요하다.

BUY BOX 사례 _ 남성 모자

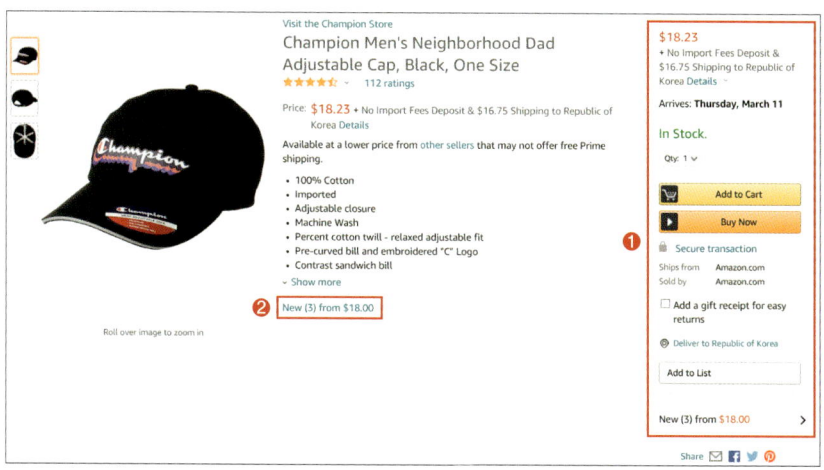

❶ 남성 모자를 판매하는 셀러는 3명이며, 그 중에 BUY BOX를 차지한 셀러가 자동으로 제품 페이지에 노출되어 소비자로부터 선택될 확률이 높아진다.

❷ New (3) from $18.00는 3명이 동일한 제품을 팔고 있다는 의미이며, 이를 클릭하면 3명의 셀러에 대한 정보를 알 수 있다.

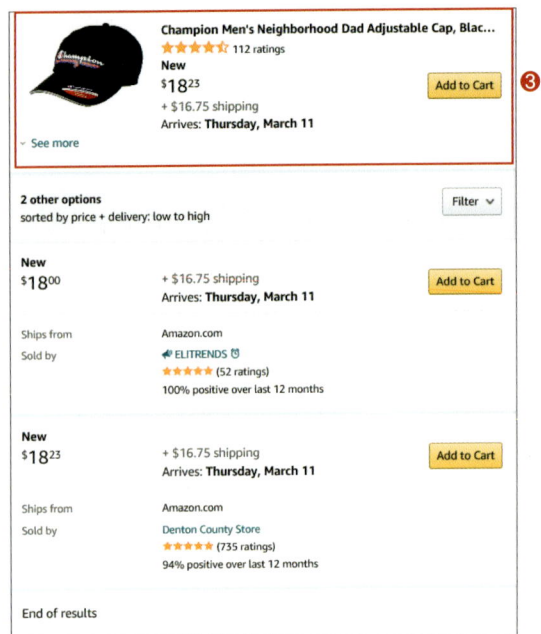

❸ 최상단에 위치한 셀러가 BUY BOX를 차지한 셀러이다.

BUY BOX를 차지하기 위한 명확한 알고리즘은 공개되지 않았다. 단지, 그동안의 경험과 여러 자료를 조합해보면, 다음의 사항들이 충족되었을 때 가능성이 커지는 것으로 판단된다.

❶ 전문(Professional) 판매자 계정 보유할 것
❷ 상품의 판매가와 배송비를 합한 가격이 다른 셀러들 보다 낮을 것
❸ 판매하는 상품은 새 상품이며, FBA에 재고가 있어야 함
❹ FBA배송이 아닐 경우 최소 6개월 이상 아마존에서 거래한 내역이 있을 것
❺ 고객 평가 점수가 3.5이상

두 번째는 "아마존 FBA를 적극 활용하라"이다.

직장인이 투잡/부업으로 온라인 쇼핑몰을 하는 데 있어, 가장 어려운 부분이 배송 및 고객 CS이다. 앞서 무재고 쇼핑몰을 통해 배송을 해결한다 해도 고객 응대와 CS는 피할 수 없다. 이런 어려운 점을 해결할 수 있는 방법이 아마존 FBA이다. 아마존 FBA 창고에 상품 재고를 입고해 두면 판매되었을 시 아마존에서 배송을 담당해준다. 매일 포장하고

배송해야 할 필요가 없는 것이다. 또한, 고객의 CS에 대해서도 아마존에서 대행하여 주기 때문에 직장인으로서는 적극적으로 활용해야 한다.

FBA를 활용할 경우 FBA에 판매할 상품을 입고할 경우 입고 수량에 대해서는 제한이 없다. 하지만, 아마존 FBA 서비스는 판매될 경우 배송을 대행해 주는 "주문처리 수수료"와 "월 보관 수수료" 등이 있다. 일부 사람들은 FBA 수수료를 아끼려고 하지만, 직장인 입장에서 충분히 감당할 수준이다. 특히, 많은 시간과 노력을 절약할 수 있다는 점에서 적극적으로 활용해야 한다. 다만, 처음부터 많은 수량을 입고하는 것보다는 판매 추이를 보면 입고 수량을 조절하는 것이 좋을 것이다.

▲ 아마존 FBA 배송 프로세스

세 번째는 "연관 상품을 소싱하라"이다.

Sell yours(셀유어스)를 통해 판매를 진행하다 보면 판매하고 있는 상품과 비슷한 상품들을 볼 수 있다. 이때 이러한 상품들을 소싱하여 Add a Product으로 등록하고 아마존 FBA로 입고하여 판매를 진행하면 된다. 일반적으로 Add a Product로 등록하고 나면 하루 정도는 노출이 이루어질 것이다. 하지만, 판매 이력이 없으므로 구매로 이어질 확률은 그리 높지 않다. 판매를 늘리기 위해서는 아마존 광고 프로그램을 활용할 필요가 있다.

| TIP | 아마존 광고 프로그램 종류 |

❶ Sale Price 활용하기 : Sale Price는 셀러가 설정한 기간 동안 할인 가격으로 판매하는 프로모션이다.

❷ 캠페인 매니저(Campaign Manager)로 광고하기 : 캠페인 매니저는 아마존에서 키워드를 통한 CPC(Cost Per Clic) 광고 프로그램이다.

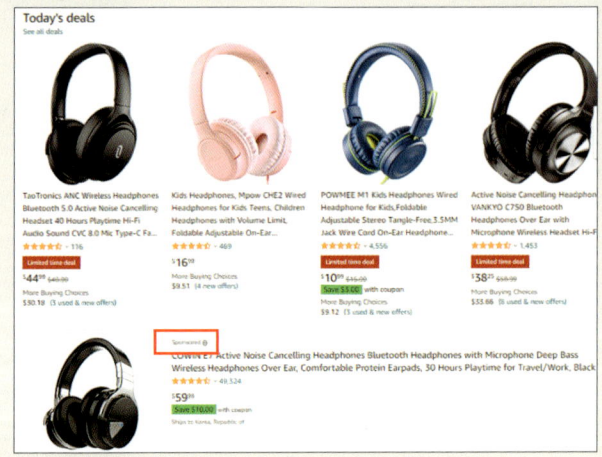

❸ 얼리 리뷰어 프로그램 (Early Reviewer Program) : 얼리 리뷰어 프로그램은 이미 상품을 구매한 구매자가 리뷰를 작성하고 작성한 리뷰를 공유하도록 장려하는 프로그램이다. 얼리 리뷰어 프로그램은 상위 상품의 SKU 또는 단독 상품으로 진행할 수 있으며, 사용료는 $60의 유료 프로그램이다. 등록 시점부터 1년동안 프로그램을 통해 5개의 리뷰를 받을 때까지 진행된다.

❹ 쿠폰 활용하기 : 쿠폰은 셀러가 고객에게 추가로 할인을 받을 수 있도록 설정하는 유료 프로그램이다. 쿠폰 프로그램은 건당 $0.60의 수수료가 발생한다.

- 직장인의 아마존 셀링 시 유의사항

첫 번째로 아마존에서 판매하기 위해 어려운 과정이 판매자 회원가입이다. 회원가입을 하기 위해서는 여권과, 뱅크스테이트먼트(Bank statement)가 필요하다. 여권은 유효기간이 남아 있는지 확인하고 컬러 스캔하여 준비하여야 하고 뱅크스테이트먼트(bank statement,은행계좌내역서)는 Payoneer 등에 가입 후 다운로드 받으면 되는 데 유의할 점은 뱅크스테이트먼트(bank statement)에 기재된 주소와 아마존 회원가입 시 등록한 주소가 일치하여야 한다.

두 번째는 어카운트 헬스(Account Health) 관리이다. 아마존은 정책 위반, 고객 평가 하락 등에 대해 까다로운 정책을 시행하고 있으므로 관리를 잘 못 하면 계정이 정지될 수 있으니 어카운트 헬스(Account Health)를 주기적으로 확인하여 관리하는 것이 중요하다. 어카운트 헬스(Account Health)에는 고객 서비스 성과, 아마존 정책 준수 사항, 배송 성과 등이 표시되는데 가장 중요한 사항이 고객 서비스 성과이다. 고객 서비스 성과는 부정적인 피드백(Negative feedback), 각종 클레임 등이 평가되는 점수이니 가장 관리를 주의해야 하는 것이다.

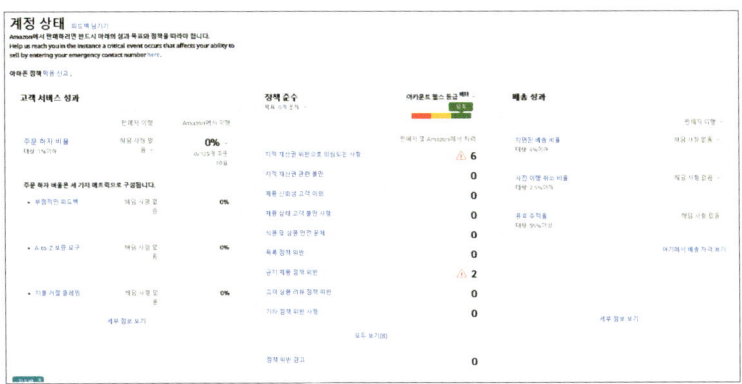

세 번째는 상품 소싱 및 운영을 위한 시간 투자이다. 아마존에서 셀유어스(Sell yours)로 판매할 상품을 찾는 것은 시간과의 싸움이라 할 수 있다. 셀유어스로 판매할 상품을 찾기 위해서는 아마존을 정말 열심히 찾아보아야 한다. 그러기 위해서는 시간이 필요하고 찾은 상품을 정리해서 마진을 계산하여 판매가를 선정하여야 한다. 이 시간을 얼마나 잘 견디고 정리를 잘 하느냐에 따라 아마존에서 원하는 만큼의 판매량이 나올 수 있다. 아마존 상품을 검색해주는 프로그램이나 판매량을 분석해 주는 여러 가지 외부 프로그램 등이 있기는 하지만 너무 맹신하지 말고 하나하나 찾아가며 상품을 정리하고 등록하는 것이 중요하다.

네 번째는 상품 가격 설정 및 적정한 마진확보이다. 상품을 판매하는 입장에서 가격 및 마진은 굉장히 중요한 부분이다. 특히, 해외 셀링 경험이 없다면 이부분에 대한 고민이 클 것이다. 아마존에서 특정적으로 얼마에 해야 한다는 규정은 없다. 보통 상품 가격은 다른 판매자(경쟁자)의 판매가격 등을 고려하여 설정하는 것을 추천한다. 판매 경험이 없으므로 높은 가격보다는 최저가 수준의 접근이 필요할 것이다. 하지만, 최저가 이하의 가격 파괴는 결국 치킨게임으로 흐를 수 있기에 추천하지 않는다. 일반적으로 꼭 최저가가 아니라도 판매는 이루어진다. 마진은 내가 매입한 가격과 아마존에서 경쟁자가 판매하는 금액을 계산하여 FBA 배송비, 아마존 판매 수수료(15%, 카테고리 마다 상이), FBA 주문처리 수수료, FBA 월 보관 수수료 등을 고려하여 계산해야 한다.

아마존 셀링에 대한 Q&A

Q 영어는 어느 정도 해야 하는지요? 영어를 잘해야 가능하지 않을까요?

A 아마존 셀러 센트럴(판매자 관리 페이지)는 한국어 지원을 하고 있어 영어에 대한 부분은 고객 CS 처리에 대해서만 걱정을 하면 된다. 고객 CS 또한 아마존 FBA 서비스를 사용하면 아마존에서 고객 CS를 대행하기 때문에 걱정할 부분은 아니다. 상품등록도 셀유어스로 진행할 때는 특별히 영어를 써야 하는 부분이 없다. Add a Product로 상품을 등록할 때는 상품명이나 상품 설명을 영어로 작성해야 한다. 이때는 구글 번역기나 파파고 번역기를 사용하면 충분히 처리할 수 있다.

Q 40, 50대도 아마존을 할 수 있나요?

A 젊은 세대가 IT에 익숙하겠지만, 40~50대가 못할 수준은 아니다. 오히려, 그동안의 직장 경험과 인맥 등을 활용한다면, 상품 소싱과 브랜딩에 유리할 수 있다. 40~50대에 퇴직해도 최소 20~30년은 나만의 일을 해야 한다. 최근 모바일을 통한 다양한 일거리가 생기고 있지만, 노후에도 사업으로 할 수 있는지를 생각해야 한다. 아마존은 그런 면에서 아주 좋은 선택이라고 생각한다. 아마존 판매자 조건은 여권과 신용카드 발급 또는 해외 사용 가능 체크카드가 있으면 누구나 가능하다. 지금 바로 도전하시기 바란다.

Q 셀유어스와 PL 어떤 방법이 더 좋은 건가요?

A 직장인이 부업으로 아마존에서 판매할 경우 셀유어스를 추천한다. 이유는 많은 시간과 비용을 들이지 않고 판매를 시작할 수 있고, FBA 서비스를 이용할 경우 배송 및 고객 CS 또한 처리할 수 있어 어렵지 않게 진행할 수 있다. PL(Private Label)은 제조업체에 OEM 또는 ODM으로 생산을 하여 자신의 라벨 또는 브랜드를 붙여 판매하는 방식이다. 아마존 PL 판매 방식의 경우 초기 비용과 시간이 많이 투자되고 광고비 또한 투자를 해야 하므로 부업 및 초기 판매자에게는 추천하지 않는 판매 방식이다. 오히려 셀유어스로 상품을 찾아 등록하면 시간과 비용을 줄일 수 있고 광고비 또한 투자하지 않아도 되기 때문에 부업을 생각하는 직장인들에게는 셀유어스 방식을 추천한다.

Q 마케팅은 어떻게 해야 하는지?

A 셀유어스로 판매하는 상품의 경우 아마존에서 판매가 되는 상품이기 때문에 특별히 마케팅이나 광고를 하지 않아도 판매는 이루어진다. 하지만, 셀유어스의 경우 바이박스 안에서 가격 비교가 한 눈에 보여지기 때문에 너무 높은 판매가를 설정할 경우 판매가 부진할 수 있다. Add a Product의 경우 노출이 잘되지 않기 때문에 초반에는 어쩔 수 없이 광고를 진행하여야 한다. 아마존 광고는 키워드 광고인 PPC를 진행하면 되는데 클릭당 비용이 발생하기 때문에 월별 광고 예산을 측정하여 진행하는 것을 추천한다.

Q 아마존을 시작하기 위한 초기 비용은 어느 정도인가요?

A 아마존을 처음 시작하기 위해서는 회원가입을 진행하여야 하는데 가입 방식은 두 가지 형태가 있다. 아마존 판매는 개인 판매(Individual), 전문 판매(Professional)로 나누어지는데 전문 판매의 경우 월 플랫폼 사용료인 $39.99가 매달 부과된다. 아마존 판매를 위해 초기 자본을 예상한다면 상품을 매입할 자금과 FBA까지 배송을 위한 배송비 정도가 필요한데 최소 500만원 정도는 있어야 한다고 생각한다.

Q 아마존을 잘하기 위할 필요한 기본 사항, 능력은?

A 아마존 판매를 위해서 기본적으로 필요한 사항은 엑셀 등을 사용할 수 있는 컴퓨터 활용 능력이 필수라고 봐야 한다. 이외 무역에 대해 이해하고 있으면 더 많은 도움이 된다고 생각한다. 세부적으로 설명하면 셀유어스로 판매할 때는 특별한 기본 소양이 필요하지는 않지만, Add a Product로 판매할 때는 상품 촬영을 위한 촬영 기술, 이미지 편집을 위한 포토샵, 손익 계산을 위한 엑셀 활용 능력, 상품 설명 등을 위한 번역 능력 (번역기 활용 능력), 무역 지식 등이 필요하다.

04
공유경제를 통한 수익 파이프라인 만들기

　전 세계가 공유경제 열풍이다. 차 한 대 없는 우버의 기업가치는 60조를 넘어서고, 방 하나 없는 에어비앤비의 기업가치는 20조에 달한다. 코로나 여파로 두 기업의 가치가 크게 줄어들었지만 이제 10년 남짓 된 두 기업의 성장은 놀랍다. 최근 이런 두 기업이 과연 공유경제 기업인지에 대한 논란이 있다. 공유경제의 근본은 금전적인 교환이 아닌 사회적 교환이어야 하는데 두 기업은 그렇지 못하다는 것이다. 경제학자들의 원론적인 논쟁과 상관없이 공유경제는 점점 성장하고 있다.

　공유경제의 성장에 있어 중요한 두 가지 요소가 바로 잉여와 플랫폼이다. 미국의 한 조사에 따르면 미국 가정에서 한 달 동안 사용하지 않는 물건은 80%나 된다고 한다. 나에게는 쓸모없는 잉여는 생각보다 주변에 많이 있는 것이다. 이런 잉여가 IT와 모바일의 발전으로 플랫폼을 통해 남들에게 소개되어 쓸모 있는 가치로 바뀌는 것이다. 에어비앤비와 같은 플랫폼 기업들은 이런 중간자 역할을 통해 수익을 창출하고 있다. 일반적인 플랫폼 기업은 수수료로 10~20%의 수익을 거두고 있다. 2019년 세계 10대 유니콘 기업 중 4개 업체가 바로 공유경제 관련업체였다.

순위	기업	금액
1위	바이트댄스(중국, 콘텐츠)	750억 달러
2위	우버(미국, 차량공유)	720억 달러
3위	디디추싱(중국, 차량공유)	560억 달러
4위	에어비앤비(미국, 숙박공유)	293억 달러
5위	스페이스X(미국, 우주로켓)	215억 달러
6위	스트라이프(미국, 핀테크)	200억 달러
7위	팰런티어 테크놀로지스(미국, 소프트웨어)	200억 달러
7위	위워크(미국, 사무실 공유)	200억 달러
9위	루닷컴(중국, 핀테크)	185억 달러
10위	줄랩스(미국, 전자담배)	150억 달러

▲ 세계 유니콘 기업 순위 _ 출처 좋은일컴퍼니

공유경제는 크게 두 가지로 분류할 수 있다. 기업 대 소비자 (P2C)와 개인 대 개인 (P2P) 이다. 숙박업을 예로 들면 야놀자는 전자이며, 에어비앤비는 후자이다. 같은 플랫폼 기업이 지만 개념은 약간 다르다. 그러면 공유경제가 적용될 수 있는 분야는 어떤 것이 있을까? 미국의 경우는 교통, 공간, 교육, 투자, 노동, 배송, 음식 등 다양하게 시장이 형성되어 있다. 우리나라에도 미국과 같은 플랫폼이 점점 확대되고 있다. 그중에서 직장인이 부업개념으로 할 만한 것은 크게 공간, 교육, 교통, 물건, 물류 등이 있다. 이제 공유경제는 직장인들에게 본업 이외에 추가 수입을 얻을 좋은 기회를 제공하고 있다.

1 _ 크라우드 펀딩

경쟁이 없는 시장에서 나만의 제품으로 승부한다

최근에 많은 직장인이 부업으로 온라인 쇼핑몰에 도전하고 있다. 하지만 제품 소싱, 재고 보유, 지속적인 CS 관리 등 겸업으로 하기에 힘든 부분이 있다. 게다가 많은 직장인의 참여로 경쟁이 심해져 수익을 내기가 어려워졌다. 이런 이유로 쇼핑몰을 경험했던 사람들이 크라우드 펀딩에 관심을 갖기 시작했다. 크라우드 펀딩은 다수의 대중으로부터 자금을 조달받는 방식이다. 자금이 부족한 사업 초기에 펀딩을 받아 프로젝트를 진행할 수 있다. 기존 제품을 판매하는 온라인 쇼핑과는 다른 방식과 서비스로 사람들의 관심을 받고 있다.

크라우드 펀딩은 크게 보상형(리워드형), 기부형, 증권형, 대출형으로 구분된다. 보상형은 목표 금액에 도달하면 프로젝트가 성공하는 방식으로 투자자는 현물이나 서비스를 받는다.

보상형(리워드형)은 가장 일반적이고 직장인의 부업으로 접근이 가능한 방식이다. 기부형은 순수한 기부를 목적으로 하는 방식으로 투자자에게 별도의 보상은 없다. 증권형은 사업자금이 필요한 기업에 투자를 하고 이익을 배분하는 형태이다. 투자자는 투자의 대가로 주식이나 채권 등의 증권으로 보상을 받는다. 대출형은 개인과 개인 간 돈을 빌려주고 받는 방식 (P2P : Peer to Peer)이다. 투자자는 은행보다 높은 중금리(8~10%) 수익을 목표로 한다.

▲ 크라우드 펀딩 분류

크라우드 펀딩이 일반화되기 시작한 것은 2008년 미국의 인디고고(Indiegogo)가 나오면서 이다. 이후 2009년 킥스타터(Kickstarter)가 나오면서 전 세계적으로 확대되었다. 우리나라에서는 2018년 크라우드 펀딩에서 일반인의 투자 한도가 늘어나면서 시장이 확대되었다. 최근에 와디즈와 텀블벅을 중심으로 다양한 형태의 펀딩 플랫폼이 생기고 있다. 더불어 일반인이 단순한 소비자가 아닌 제품, 서비스 생산자로 참여하면서 시장은 점점 확대되고 있다.

구분	와디즈	텀블벅
설립년도	2012년	2011년
기업정신	도전하는 기업이 사람들의 지지를 받고 성장할 수 있도록 돕는 크라우드펀딩 플랫폼	모든 사람의 창조적인 시도를 위한 크라우드 펀딩 플랫폼
펀딩금액	1,435억	263억
운영형태	보상형, 기부형, 증권형	보상형, 기부형
주요고객	20~30대 남성	20~30대 여성
특징	국내 최초 지분 투자형 플랫폼으로 아이디어 상품, 벤처 기술 구현 등 기능성 제품 중심	독립적인 문화창작자들의 지원을 목표로 하며 디자인 제품과 스토리가 있는 감성적 제품 중심

▲ 와디즈와 텀블벅 비교

많은 사람이 크라우드 펀딩에 참여하는 이유는 무엇일까? 크라우드 펀딩은 투자자와 제조사 모두에게 좋은 점이 있다. 투자자는 사업 세팅을 위한 초기 자금을 안정적으로 확보할 수 있다. 또한, 기존 유통 채널보다 높은 마진을 유지하면서 재고를 확보하지 않아도 된다. 소비자는 세상에 없던 제품을 누구보다 먼저 저렴한 가격에 소유할 수 있다. 얼리어답터 성향의 고객에게 큰 만족감을 제공하며, 유망 제품/서비스에 후원했다는 사회 공헌의 만족감을 가질 수도 있다.

성공사례 _ 얼리 어답터를 공략하라. 서진FNI _ 오태경 CEO

스마트폰 시장이 성장하면서 패션과 IT가 접목된 다양한 제품이 출시되고 있다. 서진 FNI의 오태경 대표는 골전도* 스피커가 내장된 모자 '제로아이'를 개발했다. 그는 온라인 쇼핑몰과 같은 기존 판매 채널이 아닌 크라우드 펀딩에 제품을 소개했다. 새로운 컨셉의 제품인 만큼 얼리 어답터가 주요 타겟이었다. 그렇게 미국, 일본, 호주, 한국에서 4억 원이 넘는 펀딩 성과를 기록하며 새로운 사업을 빠르게 안정화할 수 있었다. 또한, 이런 경험을 통해 성신여대에서 창업과정을 맡아 강사로도 활동하고 있다.

그는 삼성전자에 입사해 스마트폰 앱 개발자 지원 센터인 오션(OCEAN)에서 총괄 매니저로 근무했다. 약 150여 개의 스타트업 회사와 일하면서 기업의 흥망성쇠를 간접 경험할 수 있었다. 특히, 국내 최고 핀테크 기업 토스(TOSS)의 비바리퍼블리카와 글로벌 카메라 앱 캔디카메라의 제이피브라더스 등이 오션센터를 거쳐 갔다. 2012년 삼성창립 40주년 기념 올해의 우수 사원 상을 받는 등 회사 내에서 인정을 받으며 승승장구했다. 하지만, 많은 스타트업 기업이 글로벌하게 성공하지 못하고 사라지는 것을 지켜보았다. 가장 큰 이유는 한국은 시장 규모가 작다는 것이었다. 한국에서 100만 다운로드를 하면 성공한 앱이었지만, 중국에서는 실패한 앱이었다.

그렇게 한국시장의 한계를 느끼며 퇴사 후 중국행을 결정했다. 좀 더 큰 곳에서 꿈을 펼치고 싶었다. 우선은 중국에서 사업을 하는 지인과 액세서리 수출입 및 유통사업을 진행했다. 한류 열풍으로 한국 패션에 관한 관심이 컸기에 성공 가능성이 크다고 판단했다. 중

---

* 골전도 : 두개골의 뼈들을 통하여 소리가 속귀로 전도되는 것

국의 오프라인 시장에 대한 경험을 쌓은 후 온라인 사업으로 확장을 계획했다. 짧은 시간에 5개의 직영과 2개의 가맹점을 계약하며 사업을 확장해 나갔다. 승승장구하던 사업은 2016년 갑작스러운 사드 여파로 어려움을 겪었다. 예상치 못한 사업 환경 변화로 결국 한국으로 돌아올 수밖에 없었다.

국내로 복귀한 후 새롭게 패션&모자 사업을 시작했다. 한국에서 사업을 하고 있지만, 중국을 포함한 글로벌 시장에 대해 지속해서 생각했다. 중국에는 저가형 모자가 많았지만, 고가의 브랜드 모자에 대한 틈새시장이 있었다. 글로벌 진출을 위해선 디자인을 넘어서는 차별화 요소가 필요했다. 그렇게 스마트 웨어러블 제품에 관심을 갖게 되었다. IT와 패션에 대한 그동안의 경험과 국내 기술력이면 성공할 수 있다고 판단했다. 특히, 국내 모자 기술은 미국 점유율 60%를 넘을 정도로 기술력이 뛰어났다. 그렇게 골전도 스피커가 내장된 '제로아이' 제품 개발에 착수했다.

크라우드 펀딩을 통해 아이디어를 실현하다

그는 기존의 일반 모자 제품은 온라인 쇼핑몰과 백화점 팝업 스토어를 통해 판매를 진행했다. 하지만 '제로아이', '포캡(접어서 주머니에 넣을 수 있는 플렉서블 모자)' 등 기능성 신제품은 글로벌 펀딩 사이트를 통해 판매를 시작했다. 당시 해외에서 크라우드 펀딩은 많이 활성화되어 있었지만, 국내에는 익숙하지 않은 방식이었다. 그는 일반적인 신제품 개발과 출시에 어려운 점을 크라우드 펀딩에서 해결할 수 있었다. 그가 기존 유통이 아닌 해외 크라우드 펀딩을 선택한 이유는 무엇일까?

우선은 개발자금과 재고 문제 해결이다. 해외에서 골전도 스피커 제품들이 성공한 사례가 있었기에 '제로아이'도 충분히 가능성은 있었다. 하지만, 신제품 개발을 위해서는 많은 자금이 필요했다. 기존 사업에서 수익을 내고는 있었지만 투자할 정도로 자금이 넉넉하지는 않았다. 또한, 기존 방식으로는 재고까지 갖추어야 했기에 현실적으로 어려움이 많았다. 크라우드 펀딩에서는 바로 이런 부분을 해결할 수 있었다. 대중으로부터 자금을 지원받아 개발을 진행하고 펀딩이 완료된 후 제품을 배송하면 되었다. 일반적인 신제품 개발에 문제가 되는 두가지는 크라우드 펀딩에서 문제가 되지 않았다.

두 번째는 아이디어와와 시제품만으로도 펀딩 진행이 가능했다. '제로아이'는 기술적으로 완벽한 제품은 아니었다. 골전도 스피커 선글라스에서 제품 아이디어를 도출했지만, 기술적으로 완벽하지는 않았다. 우선은 기존 거래처를 활용해 시제품을 만드는 데 집중했다. 또 정부 지원 자금을 확보하고, 전문가들의 조언을 받아 어렵게 시제품을 만들었다. 그렇게 아이디어와 시제품만으로 펀딩을 진행할 수 있었다.

세 번째는 '제로아이'의 타겟 고객과 크라우드 펀딩의 소비자가 일치했다. 스마트 웨어러블 제품 특성상 스마트폰을 자유롭게 사용하는 젊은 층이 주요 고객이었다. 크라우드 펀딩의 소비자 역시 20~30대의 얼리어답터들이 주요 고객이었다. 크라우드 펀딩 플랫폼은 '제로아이'를 소개하고 판매하기에 최적이었다. 일반 유통과 달리 가격적인 부분에서도 자유로웠다. 전세계 어디에도 없는 제품이었기에 소비자에게 가격은 중요한 것이 아니었다. 그렇게 얼리어답터들의 선택을 받으며 첫 번째 펀딩에서 약 1.5억 원의 매출을 기록할 수 있었다.

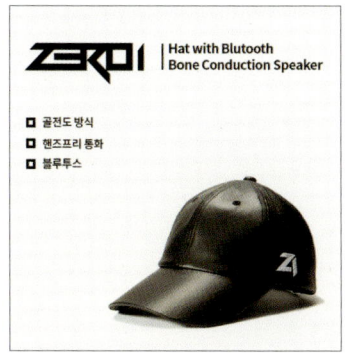

크라우드 펀딩에서 성공할 수 있었던 이유

그는 익숙하지 않은 크라우드 펀딩에서 어떻게 성공할 수 있었을까?

첫 번째는 지속적인 시장 트렌드 분석을 통한 빠른 실행이었다. 모자 사업은 경쟁이 치열한 성숙기 산업이었다. 때문에 남들과 다른 차별화 포인트에 대해 지속적으로 고민해야 했고, 해외에서 스마트폰의 성장과 함께 스마트 웨어러블 시장이 성장하고 있음을 알 수 있었다. 특히 골전도 스피커 관련 제품들 (선글라스, 이어폰 등)이 큰 주목을 받기 시작했다. 또한 스몸비* 와 이어폰으로 인한 사고가 끊이지 않고 일어나고 있었다. 모자에 적용할 수 있다면 충분히 성공

* 스몸비 : 스마트폰만 보고 주변을 살피지 않는 사람

할 수 있다고 판단했다. 지속적인 트렌드 예측을 통해 남들보다 빠르게 펀딩을 진행하고, 세계 최초의 골전도 스피커 모자를 소개할 수 있었다.

두 번째는 자신의 경험을 기반으로 주변의 네트워크를 최대한 활용했다. 시중에 골전도 스피커 제품들이 많이 있었지만, 모자에 이를 구현하기는 쉽지 않았다. 시장성은 있었지만 기술적으로 해결해야 할 문제가 가득했다. 그는 전 직장에서의 경험한 스타트업의 문제 해결 방법과 네트워크를 활용했다. 30년 모자 장인과 원단 전문가를 만나 많은 기기를 어떻게 모자에 배치하고 마감할지 논의했다. 골전도 기술에 대해 밤낮으로 연구하고 전문가에게 자문을 구했다. 오랜 연구 끝에 모자 챙 안에 스마트 기기들을 효율적으로 내장하고 특허까지 받을 수 있게 되었다.

> **TIP** 제로아이 개발 초기 주요 해결 과제
>
> ❶ 골전도스피커, 배터리, 마이크로폰 등 많은 기기를 어디에, 어떻게 넣을 것인가?
> ❷ 많은 기기로 무거워진 무게를 어떻게 줄일 것인가?
> ❸ 밖으로 새는 스피커 소리를 어떻게 줄일 것인가?
> ❹ 비가 왔을 때 방수는 어떻게 할 것인가?
> ❺ 배터리 용량을 어떻게 늘릴 것인가?
> ❻ 빨래는 어떻게 할 것인가?' 등등

그는 안정적인 제품 개발과 품질 관리를 위해 생산 공장을 갖추기로 했다. 제조원가가 증가했지만, 지속적인 사업을 위한 결정이었다. 원가 증가로 펀딩 수익은 줄어들었지만, 안정적인 품질로 소비자들의 인정을 받을 수 있었다. 또한, 스마트 웨어러블 제품의 생산 프로세스와 기술적인 부분의 경험을 쌓을 수 있었다. IT 관련 대기업에 근무했던 그가 공장을 운영한다는 것은 새로운 도전이었다. 하지만, 직장에서 쌓은 다양한 네트워크와 중국에서의 사업 경험이 있었기에 문제점들을 해결할 수 있었다.

많은 사람이 자신이 좋아하는 것을 펀딩 품목으로 선택한다. 하지만, 단순히 내가 좋아하는 것을 선택해서는 성공하기가 어렵다. 게임을 좋아한다고 게임을 만들 수 없고 설령 만든다 해도 치열한 경쟁에서 살아남기 어렵다. 특히, 글로벌한 경쟁에서 성공하려면 단순히 좋아하는 그 이상이 필요하다. 자신이 그동안 쌓아온 경험과 지식을 최대한 활용해 남들보다 잘할 수 있는 것을 해야 한다. 그리고 틈새시장을 찾아 끊임없이 노력하고 도전해야 한다.

세 번째는 해당 시장에 맞는 콘텐츠 제작과 마케팅 활동이었다. 크라우드 펀딩은 기존에 없는 제품과 서비스를 소개하기 때문에 소비자를 설득하는 작업이 중요하다. 짧은 시간에 소비자를 이해시키고 관심을 끌 수 있는 스토리와 콘텐츠가 중요하다. 그는 다양한 나라에서 펀딩을 진행하면서 각 국가에 적합한 콘텐츠를 제작했다. 소비자 타겟에 따라 제품을 소개하는 스토리텔링의 분위기를 달리 표현했다. 한국은 사회적인 트렌드를 반영한 스토리텔링이 중요했다. 반면 미국은 실리콘밸리의 영향으로 기술적인 차별화와 사용성(Usibility)이 중요했다.

이에 미국에서는 제로아이의 뛰어난 기술력에 대한 자세한 영상을 제작했다. 각각의 기기가 어디에 위치하고 어떤 원리로 작동하는지 등에 대해 상세히 설명했다. 모자를 많이 쓰는 특성에 맞게 일상생활에서 자연스럽게 사용하는 콘텐츠를 포함했다. 모자를 많이 쓰는 야구장, 일상에서의 러닝, 모자를 뒤집어쓰는 특징 등을 고려했다. 반면 한국에서는 사회 트렌드에 맞는 스토리텔링 콘텐츠를 제작했다. 특히, 휴대전화 이어폰으로 인한 사고와 아웃도어 시장에 포커스를 맞추었다. 특히, 등산, 낚시 등 모자를 사용하는 특정 상황에 맞추어 홍보를 진행했다.

직장인이 크라우드 펀딩에서 성공하기 위한 방법

그는 회사를 퇴사한 후 패션 사업에 도전했고, 스마트 웨어러블 모자를 크라우드 펀딩으로 진행했다. 어찌 보면 본업의 일부를 크라우드 펀딩을 통해 진행하고 성공한 것이다. 하지만, 직장인은 그와 같이 크라우드 펀딩에만 몰두할 수 없다. 게다가 온라인 쇼핑몰이 마케팅과 유통이 핵심이라면 크라우드 펀딩은 제품 개발과 생산이 핵심이다. 본업을 가지고 있는 직장인이 제품 개발까지 하면서 과연 크라우드 펀딩을 할 수 있을까? 그는 직장인은 크라우드 펀딩을 하기에 좋은 조건을 가지고 있다고 말한다. 그리고 온라인 쇼핑몰보다 진행이 쉬우며 성공 확률이 높다고 말한다. 그러면 직장인이 크라우드 펀딩에 성공하기 위해서는 어떻게 해야 할까? 직장인이 크라우드 펀딩에서 성공하기 위한 방법은 아래와 같다.

• 펀딩 주제 찾기

펀딩 주제는 기본적으로 나의 취미 또는 업무와 관련된 제품과 서비스를 선정해야 한다. 나와 전혀 관련 없는 주제를 선정하면 많은 시간과 자원을 투입해야 하는데 직장인에게는 어렵다. 본인의 경험과 지식을 활용해 카테고리를 세분화하고 새로운 가치를 제공해야 한다. 크라우드 펀딩은 꼭 새로운 기능이나 제품이 아니어도 된다. 새로운 컨셉과 스토리가 있으면 가능하다. 최근 가방을 세분화한 다양한 제품과 여권 케이스가 큰 성공을 거두었다. 또한 펀딩은 아니지만 '행운라떼'(기존 라떼에 네잎크로버 추가) 도 새로운 스토리로 성공할 수 있었다. 회사와 관련된 제품/서비스와 그동안 구매했던 제품 중에 불편했던 점과 개선점을 고민해보자. 펀딩할 수 있는 틈새 제품이 있을 것이다.

▲ 원가의 상승 없이 스토리와 컨셉으로 성공한 '행운라떼'

두 번째 방법은 그와 같이 전반적인 트렌드를 분석하고 예측을 통해 주제를 도출하는 방법이다. 기본적으로 펀딩이 성공하기 위해서는 판매할 시장이 존재해야 한다. 현재 트렌드를 주도하는 영역에서 틈새 시장을 찾아보자. (예) 주요 트렌드 : 여행, 반려동물 →펀딩 성공 사례 : 도난방지 가방, 고양이 캐릭터 달력/그림 등. 이 책에 소개하는 PDF 전자책도 직장인의 참여도가 많아지면서 하나의 카테고리로 자리 잡음) 또는 코로나 19 이후의 생활을 예측해 서비스를 고안해도 된다. 예를 들면 위생과 방역 제품, 온라인 교육, 홈트레이닝 영상 판매 등이다.

> **TIP 직장인의 펀딩 주제 선정 Quick Tip**
>
> ❶ 기존에 성공한 프로젝트를 조금 바꿔서 해보기 : 크라우드 펀딩은 똑같은 제품을 다시 판매할 수 없기 때문에, 기존 판매자가 성공한 제품을 다시 판매할 수 없다. 새로운 제품 개발에 집착하기 보다 성공한 제품의 디자인, 기능을 조금 바꾼다면 성공확률이 높아질 것이다.
>
> ❷ 성공한 제품의 리뷰를 통해 아이디어 얻기 : 기존에 성공한 제품의 리뷰를 확인해 '이런건 아쉬워요, 이러면 더 좋을 것 같아요'하는 것들을 찾아 개선한 제품과 서비스를 제공하기
>   (예) 가격이 너무 비싸요 ➡ 원가 절감한 제품 or 제품 구성 변경하여 출시하기
>
> ❸ 최대한 가벼운 주제를 선정하기 : 펀딩할 제품을 개발하기 위해서는 최대한 나와 관련이 깊고 쉽게할 수 있는 주제를 선정해야 한다. 전혀 생소한 주제를 선정하면 펀딩 진행이 어려울 수 있다.

- 직장인의 장점을 최대한 살리자

펀딩에서 중요한 부분이 개발에서 런칭까지 얼마나 빨리 진행할 수 있느냐이다. 완전히 차별화되는 제품과 서비스가 아니라면 트렌드에 맞는 시점에 빨리 런칭해야 한다. 펀딩이 처음인 직장인이 스토리를 구성하고, 영상을 찍고, 사전 마케팅을 하기 어려울 것이다. 시간을 줄이고 내 제품을 제대로 소개하기 위해서 대행사를 적극적으로 활용하는 것도 괜찮다. 직장인의 장점은 어느 정도 자금에 여유가 있다는 것이다. 대행사를 활용하면 비용이 들겠지만, 고품질의 콘텐츠를 빠르게 제작하고 마케팅할 수 있다. 또한, 전문가들과 이야기하고 일련의 과정을 경험하면서 많은 것을 배울 수 있을 것이다.

또한, 펀딩 플랫폼의 제품 PD를 적극적으로 활용하는 것이다. 해당 플랫폼의 PD는 다양한 펀딩에 대한 경험이 있으며, 각 플랫폼의 특성을 잘 알고 있다. 또한, 혼자 진행한 제품이 펀딩 플랫폼의 상위에 위치한다는 것은 어려운 일이다. 펀딩 초기에는 유튜브와 같은 알고리즘이 있었다고 하나 현재는 제품 PD의 역할이 절대적이다. 비용을 아끼기 위해 혼자 모든 것을 다하려다 오히려 더 많은 비용과 시간이 들어갈 수 있다. 또한 펀딩이 실패하면 그동안의 노력이 물거품이 될 수 있다.

- 내 주변 자원 활용하기

나와 비슷한 생각과 관심사를 가지고 있는 동료, 친구, 가족과 함께 펀딩을 진행하자. 많은 이들이 친한 사람과의 동업에 대해 부정적인 시각을 가지고 있다. 장기적인 관점에서 어느 정도 맞는 이야기이다. 하지만, 크라우드 펀딩 특성상 일회성으로 끝나는 경우도 많이 있다. 직장인 입장에서는 주변의 자원을 최대한 활용해 일을 나누고 시간을 단축해야 한다. 동업의 문제점은 동업을 해봐야 알 수 있다. 그 역시 중국에서 동업을 통해 동업의 어려운 점을 알게 되었다. 크라우드 펀딩을 하는 직장인 입장에서 단기적으로는 동업이 나쁜 것만은 아니다.

크라우드 펀딩은 기존 제조업자에게 꿈과 같은 사업 방식이다. 개발비와 재고 보유 등으로 시도도 못 하고 묻힌 아이디어를 실현할 수 있기 때문이다. 그는 크라우드 펀딩을 통해 신제품 개발과 양산을 위한 자금을 확보할 수 있었다. 미국에서 펀딩 성공 후 새로운 제품/서비스를 찾고 있는 관련 업체에서 연락이 왔다. 일본과 중국 등에서 입점 및 판매 문의가 와서 자연스럽게 판매를 할 수 있었다. 새로운 제품과 서비스를 기획하고 개발하는 것은 어려운 일이다. 하지만, 경쟁이 치열해진 온라인 마켓에서 내 제품을 판매하는 것도 쉽지만은 않을 것이다.

2 _ 에어비앤비

성공사례 _ 전설이 된 에어비앤비 _ '킹스맨 하우스' Belfort

국내 에어비앤비의 전설이 된 숙소가 있다. 바로 영화 킹스맨에 나오는 한 장면을 옮겨 놓은 듯한 영국풍의 'King's man house'이다. 킹스맨 하우스는 유튜브에 소개되며 인기를 얻었고 조회수 300만뷰를 기록했다. 많은 사람들이 캥스맨 하우스에 머무르기 위해 줄을 설 정도였다. 이제 존재하지 않는 전설이 되었지만 그 인기는 여전하다. 킹스맨 하우스를 기획한 Belfort(정우석)는 평범한 직장인이었다. 부업으로 시작한 킹스맨 하우스로 총 13개의 에어비앤비를 운영하였다. 지금은 에어비앤비 전문 강사로서 활동하고 있으며 직장을 다니면서 자신의 호텔을 운영하고 있다.

그의 어릴 적 꿈은 영화감독이었다. 대학교 때 경영학과를 전공하였지만, 전공에는 관심이 없었다. 꿈을 이루기 위해 광고 공모전 등에 참가하였지만 독학으로 영화감독이 되기는 쉽지 않았다. 결국, ROTC로 군대를 다녀온 후 전공과목과 취업 준비에 몰두하였다. 여타 대학생처럼 대기업에 들어가기 위해 면접을 보았고, 몇몇 곳은 입사를 앞두기도 하였다. 하지만, 면접을 보면서 안정보다 도전을 즐기는 자신의 스타일과는 맞지 않는다고 판단했다. 그렇게 대기업이 아닌 스타트업 기업인 '야놀자'에 입사를 했다.

처음에는 온라인 사업팀에서 영업, 마케팅을 담당했다. 숙박업 사장님을 찾아가 가입을 권유하는 것이 주요 업무였다. 지금이야 숙박 예약 앱이 활성화되었지만, 당시에는 맨땅에 헤딩하는 영업이었다. 사장님들의 연세가 많고 모바일에 익숙하지 않아 가입이 어려웠다. 하지만, 오랜 기간 숙박업을 하다 보니 새로운 변화에 대한 갈망이 있었다. 당장의 나의 이익보다는 그들에게 도움이 될 수 있는 부분이 무언가를 많이 생각하였다. 최신 숙박 트렌드, 전 세계 숙박업 사례 등을 소개하고 회사의 경영 관리 방식을 업장에 접목하였다. 진정성 있게 다가가니 사장님들의 신뢰를 얻을 수 있었고 성과가 나오기 시작했다.

이후 오프라인 사업팀으로 이동하여, 신규 브랜드의 프랜차이즈화, 건설, 시공 업무를 담당하였다. 기존 고객들과 좋은 관계 덕분에 오프라인에서도 탁월한 성과를 낼 수 있었다. 또한, 창업자들을 위한 점포매입, 리모델링, 운영에 대한 컨설팅을 진행하면서 숙박업 전반을 볼 수 있게 되었다. 대기업과 달리 스스로 해야 할 일이 많고 주도적으로 일을 하다 보니 많은 것을 배울 수 있었다. 본업이 숙박업이다 보니, 이 분야에 대한 트렌드를 주의 깊게 살피고 있었다. 특히 에어비앤비의 성장세가 두드러졌고 부업으로 할 수 있을 것으로 생각하였다. 그렇게 나만의 부업을 준비하기 시작했다.

도전하면 길이 보인다. 단돈 500만원으로 에어비앤비를 시작하다

인생이란 것이 나의 뜻대로 모든 것이 이루어지면 좋겠지만 그렇지 못한 경우가 대부분이다. 어떤 때는 우연이 인생을 바꾸기도 한다. 그 역시 영화감독을 꿈꾸었지만 그러지 못했다. 오히려 대기업 대신 입사한 스타트업 기업에서 새로운 기회를 찾을 수 있었다. 우연이 인생을 바꾸었지만, 이는 안정보다 도전을 선택했기에 가능한 일이었다. 그에게 스타트업이 첫 번째 도전이었다면 에어비앤비는 두 번째 도전이었다. 누구에게나 새로운 도전이 어렵듯이 그에게도 시작은 순탄하지 않았다.

에어비앤비를 시작하는 데 있어 첫 번째 문제는 자금이었다. 지독한 흙수저는 아니지만 그렇다고 부유하지도 못했다. 회사에서의 월급으로 월세와 생활비를 지급하고 나면 저축할 수 있는 여유도 없었다. 에어비앤비를 시작하기 위해서 그리 큰돈이 필요한 것은 아니었다. 하지만, 관련 업종에 있는 만큼 남들과 똑같은 형태로 하고 싶지는 않았다. 그는 원하는 모습을 구체화하기 시작했다. 그러던 중 영화 킹스맨에서 영감을 얻어 영국풍의 고풍스러운 디자인을 구상했다. 영화감독을 꿈꾸었던 만큼 그의 취향은 확실했다.

이를 위해서 적지 않은 돈이 필요했다. 방법을 고심하던 그는 주변에 자기 생각을 알리기 시작했다. 에어비앤비로 시작하지만 사실 그의 목표는 숙박을 통한 복합문화 공간이었다. (요즘 젊은이들 사이에서 유행인 파티룸 형태였다) 익숙하지 않은 컨셉에 지인들의 반응은 시큰둥했다. 그러던 중 신생 인테리어 플랫폼에서 작은 공간을 꾸며주는 이벤트를 한다는 것을 알게 되었다. 일단 부딪혀보자는 생각으로 플랫폼 대표와 미팅을 추진했고 대표 역시 새로운 콘텐츠를 갈망하고 있었다. 그렇게 '킹스맨 하우스' 프로젝트를 진행할 수 있었다. 그는 5백만원으로 인테리어를 꾸밀 수 있었고 플랫폼은 유튜브 조회수 백만뷰를 넘겼다. 불가능한 일 같아 보였지만 도전하고 실행하니 좋은 결과를 얻을 수 있었다.

두 번째 걸림돌은 바로 회사였다. 스타트업 기업이라 업무의 자율성이 있기는 했지만 '회사에 알려야 하나?'에 대한 고민이 있었다. 어느 회사도 직원이 본업 외 부업을 하는 것을 좋아하지 않기 때문이다. 다행히 숙박업 시장에도 에어비앤비로 인해 많은 변화가 있었다. 전국 숙박업 3백만 명 중 절반 이상이 에어비앤비를 겸업으로 하기 시작했다. 회사에서도 이 부분이 고민이었고, 직속 상관을 설득하기로 마음먹었다. 적을 알고 나를 알아야 전쟁에서 이길 수 있음을 강조했다. 어찌 보면 그가 적진으로 달려가는 것이었다. 그렇게 회사에 승인을 얻어 정식으로 에어비앤비를 시작할 수 있게 되었다. (이 부분은 개인마다 처한 상황이 다르기에 회사에 알리는 것이 정답은 아님을 알려둔다.)

기존의 Rule을 파괴하라

킹스맨 하우스는 에어비앤비가 성공하기 위한 기존의 Rule을 철저히 파괴했다.

일반적으로 에어비앤비에 있어 가장 중요한 것은 입지이다. 이런 이유로 잘되는 에어비앤비는 대부분 교통이 편리한 홍대와 강남에 집중되어 있다. 킹스맨 하우스는 인천 송림동에 위치해 지하철도 버스로도 가기가 어려웠다. 에어비앤비에 있어 가장 중요한 입지를 포기한 것이다. 그가 이곳을 선택한 이유는 자금 때문이었다. 그가 가진 자금으로는 서울 어디에도 집을 구하기가 어려웠다. 그래서 '입지>인테리어>단가'라는 일반적인 룰을 깨기로 한 것이다. 어차피 서울에 구하기 어려울 거라면 집을 구하는 비용을 최소화하여 인테리어에 투자하기로 했다. 또한, 당시 인천지역을 담당하고 있었기에 관리가 쉬운 장점이 있었다.

그는 집을 구하는데 많은 시간을 들였다. 대부분의 에어비앤비가 그렇듯이 초기 보증금을 줄이는 게 중요했다. 그렇게 인천의 모든 지역을 돌아다니며 보증금이 제일 싼 곳을 찾아다녔다. 그렇게 구한 장소가 바로 송림동 빌라였다. 그곳은 낡은 시설로 오랫동안 임대가 나가지 않아 집주인의 고민이 많은 곳이었다. 집주인을 만나 인테리어를 해줄 테니 2년간 무상으로 대여해 달라고 요청했다. 집주인으로서도 인테리어 비용을 생각하면 나쁘지 않은 조건이었다. 그렇게 누구도 생각하지 못했던 무보증금, 무월세로 집을 구할 수 있었다.

또한, 그는 일반적인 에어비앤비 운영자가 가진 생각과 정반대의 개념을 갖고 있었다. 기존 에어비앤비는 내가 소유하고 있는 비어 있는 공간을 대여해주는 형태이다. 이런 이유로 대부분 운영자는 사용자들이 그저 문제없이 조용히 왔다 가기를 원했다. 하지만, 그는 사용자 모두 즐겁고 행복하게 놀다 갈 수 있는 복합 문화 공간이 되길 원했다. 연인과 친구들이 함께 즐겁게, 때로는 시끄럽게 놀 수 있는 공간을 추구했다. 지금의 파티룸과 비슷한 개념이었다. 젊은 사람들 사이에서 입소문이 나며, 교통이 불편해도 친구들과 기념일에 모여 즐겁게 놀 수 있는 공간이 되었다.

킹스맨하우스는 이런 차별화로 에어비앤비에서 중요시하는 가격적인 요소에서도 자유로웠다. 보통의 경우 하루에 10만원을 넘어가는 경우가 많지 않았다. 게다가 인천 송림동은 교통의 불편함과 지역 노후화로 숙박 요금이 낮은 지역이었다. 킹스맨 하우스는 이 지역 에어비앤비의 2~3배의 가격을 받을 수 있었다. 또한, 일반적인 에어비앤비 운영자는 공실이 발생하지 않도록 많은 노력을 한다. 킹스맨 하우스는 남들과 다른 컨셉과 차별화로 공실없이 1년치 예약이 꽉 차게 운영할 수 있었다.

혼자 빛나는 별은 없다. 주변의 Network를 최대한 활용하라

그는 지금의 성공이 있기까지 본인 혼자만이 아니라고 겸손하게 말한다. 사실 모든 일은 그의 도전으로 시작되었지만 성공하기까지의 과정은 주변인의 도움을 많이 받았다. 우선 킹스맨 하우스를 구하게 된 것은 그가 영업하며 만난 공인중개사와 관계를 통해서였다. 그는 그들에게 자신의 계획을 설명하며 최대한 적은 보증금의 장소를 섭외해줄 것을 요청했다. 공인중개사는 계약 금액에 따른 수수료를 받기 때문에 무보증금의 계약은 돈이 되지 않는다. 그럼에도 평소 그의 진정성 있는 태도에 흔쾌히 도움을 주었고 원하는 공간을 구할 수 있었다.

킹스맨 하우스는 그가 평소에 영업하는 지역이었기 때문에 관리가 용이했다. 급할 때는 직접 방문해 일을 처리할 수도 있었다. 하지만, 에어비앤비의 개수가 늘어나면서 혼자 운영하는 것은 점점 어려운 상황이었다. 에어비앤비를 관리해주는 전문업체를 이용할 수도 있었지만, 주변의 네트워크를 이용하기로 했다. 특히 평소 그를 잘 알고 이해해주는 친한 친구들을 자신의 지원자로 만들었다. 에어비앤비 운영뿐만 아니라 향후 그가 추구하는 사업을 위해서 친구들의 도움이 필요했다. 처음에는 각자의 직업을 가지고 있던 친구들도 킹스맨 하우스의 성공 이후 동참을 결정했다. 이제 그는 혼자가 아니었다. 직장에 다니지만 작은 규모의 중소기업이 되었다. (그는 3개까지는 직장인이 직접 운영이 가능하다는 생각이다. 우선 한 개를 성공해 놓으면 그 경험으로 3개까지는 운영할 수 있다고 한다. 물론 이를 위해서는 문의가 적도록 운영 Rule을 철저히 하고 지역을 최대한 근접으로 하는 것이 필요하다.)

그는 그동안의 경험을 토대로 온라인 플랫폼에서 에어비앤비 강의를 하고 있다. 직장 밖의 새로운 도전으로 진정한 N잡러의 삶을 살게 되었다. 또한, 기존 회사를 퇴사하고 투자회사의 부동산 자문과 호텔 사업을 겸업으로 하고 있다. 호텔 사업은 그가 에어비앤비 강사를 하면서 만나게 된 수강생과의 네트워크를 통해서였다. 그는 숙박 공간을 복합 문화 공간으로 만들겠다는 꿈이 있었고, 수강생은 자금과 숙박업계의 경험이 있었다. 그렇게 두 사람은 힘을 합쳐 천안에 홍콩 영화 공간을 재현한 호텔 '소륜'을 개업했다. 어느 정도 성공을 이루었고, 이제 대전에 2호점을 준비하고 있다.

그는 지금 와서 생각하면 이 모든 일이 꿈만 같다고 말한다. 결혼도 안 한 30대 청년이 작은 도전을 통해 많은 인연을 만났다. 예상치 못한 행운이 따르면서 지금의 성공까지 오게 되었다. 그 역시 평범한 직장인이었고 일개의 사원, 대리였다. 하지만, 직장의 시스템에 구속되지 않고 오히려 직장의 경험과 시스템을 최대한 이용하였다. 그는 꿈을 잃지 않고 있다. 비록 영화감독이 되지는 못했지만 운영하는 호텔에 그가 좋아하는 영화에 나오는 공간을 재현했다. '공간 엔터테이너'로서의 꿈을 위한 그의 도전은 진행형이다.

우리 모두에게는 꿈이 있었다. 이순신, 세종대왕이라는 허무맹랑한 꿈과 대통령, 과학자 같은 어느 정도 현실적인 꿈도 있었다. 그러다 직장을 다니면서 쉽지 않은 현실에 꿈을 포기하고 살고 있다. 필자 역시 어렸을 때 꿈에 대해 잊고 살아오다 그를 통해 꿈이 무엇이었는지 다시 생각해보게 되었다. 우리에게 아직 많은 시간이 남아 있다. 꿈을 포기하지 말고 조금의 시간을 내서 그 꿈을 위해 조금씩 도전해보자. 그처럼 돈을 벌 수 있으면 좋겠지만 그렇지 않더라도 우리는 다시 행복해질 것이다.

> **TIP** 에어비앤비를 생각하는 직장인을 위한 조언
>
> **첫 번째, 에어비앤비를 위해 직장을 그만두면 안 된다.**
> 이는 말 그대로 부업이라 생각해야 한다. 보통 에어비앤비 하나당 월 1백만원 정도의 수익이 난다고 생각할 때, 3개까지는 부업으로 하고 그 이상이 되었을 때 전업을 고민하기 바란다.
>
> **두 번째, 공유경제의 흐름을 읽어야 한다.**
> 에어비앤비 하나만 생각하면 안된다. 앞으로 공유경제 트렌드는 점점 확대될 것이다. 에어비앤비 이외에 공유경제의 흐름을 주시해야 한다. 최근 재능마켓 시장이 커지고 있다. 에어비앤비를 바탕으로 재능마켓 강의 등 관련 사업으로 확장하는 것을 생각해보자.
>
> **세 번째, 일단 작게라도 도전하고 시작하자.**
> 사실 킹스맨 하우스로 큰 돈을 번 것은 아니다. 그리고 얼마를 벌었는지는 중요하지 않다. 운영하며 만난 사람들과의 인연과 경험이 더욱 소중했다. 시간과 돈을 아껴 작게 시작한 일이었지만, 소중한 인연들과 함께 좋은 결과를 만들 수 있었다. 너무 많이 고민을 하기보다는 작게라도 일단 시작해보자.

"저는 그저 평범한 직장인이었습니다. 제가 했다면 여러분도 할 수 있습니다. 지금 바로 도전하시기 바랍니다."

3 _ 쉐어하우스

성공사례 _ 집 없이 임대사업자의 꿈을 이루다 _ 함께하는 삶(김진영)

국내 최대 쉐어하우스 커뮤니티인 '쉐어하우스의 모든 것'을 운영하고 있는 함께하는 삶(김진영)은 평범한 직장인이다. 그는 20여 년 동안 하나의 회사에서만 근무하고 있다. 직장생활을 하며 꾸준히 부동산 공부를 하였고, 경매, 상가임대 등 다양한 경험을 했다. 그러던 중 우연히 쉐어하우스를 알게 되어, 이를 통해 본업 외에 추가 수입을 얻게 되었다. 이후 '쉐어플러스'라는 쉐어하우스 전문 플랫폼을 운영하면서 2권의 책을 집필하였다. 그는 직장과 쉐어하우스 커뮤니티를 운영하며, 공유 부동산 관련 강의도 하고 있다. 평범한 직장인으로서 쉐어하우스를 통해 안정적인 수입과 새로운 기회를 창출할 수 있었던 그만의 성공 노하우를 알아보자.

그가 부동산에 관심을 갖기 시작한 것은 결혼을 준비하면서였다. 신혼집을 구하면서 내 집은커녕 전세도 얻기 어려운 직장인의 현실을 실감했다. 아이들을 키우면서 월급만으로는 도저히 현실을 극복하기 어렵다고 생각했다. 또한, 대기업에 근무하다 보니 경직된 기업 문화와 치열한 경쟁 속에서 답답함을 느끼게 되었다. 공무원이 아닌 이상 정년까지 직장 생활을 한다는 것이 어렵고 직장만 바라봐서는 안 된다고 생각했다. 그렇게 월급 외 새로운 파이프라인을 찾기 시작했다. 여러 가지 대안 중 부동산에 관심을 가지며 경매 공부를 시작하고, 공인중개사 자격증을 취득할 수 있었다.

기존의 부동산 투자는 한두 개를 투자하고 나면 더 이상의 추가 투자는 어려웠다. 대부분이 시세 차익을 기다리는 조금은 지루한 시간과의 싸움이었다. 일반적인 갭투자보다는 지속적인 캐시 플로워(Cash flow)를 만들어주는 투자법을 찾기 시작했다. 그렇게 상가, 에어비앤비, 쉐어하우스 등 다양한 임대 사업을 경험할 수 있었다. 그중에서도 쉐어하우스는 가장 적은 투자로 가장 큰 수익을 얻을 수 있는 사업이었다. 대학교 때 하숙 생활을 하며 쉐어하우스와 유사한 공동체 경험이 있었기에 낯설지 않았다.

처음에는 함께 부동산 공부를 했던 후배와 같이 1개를 운영하다가, 추가로 5개를 운영하게 되었다. 운영의 노하우가 쌓이자 초기 투자비가 적은 쉐어하우스를 추가로 운영하는 것은 어려운 일이 아니었다. 하지만, 직장 생활을 하며 부업으로 하기에는 이 정도가 적당했다. 개수를 늘리기보다는 IT회사에서의 근무 경력을 살려 플랫폼 사업으로 확대를 고민했다. 그렇게 쉐어하우스 전문 정보 포털인 '쉐어플러스'와 운영자 커뮤니티인 '쉐어하우스의 모든것'을 오픈했다. 그는 이를 통해 쉐어하우스 전문가로 발돋움할 수 있었다.

직장인의 부동산 투자는 바뀌어야 한다. 쉐어하우스로 안정적인 현금흐름 만들기

일반적인 부동산 투자는 큰 금액을 들여 뜰만 한 곳에 투자해 시세 차익을 얻는 것을 의미한다. 하지만, 평범한 직장인이 이런 투자를 하기 위해 큰돈을 마련하기는 쉽지 않다. 대부분 직장인은(특히 아이를 키우고 있는 경우) 매월 1백만원을 저축하기도 어려운 것이 현실이다. 그는 자신과 같은 직장인도 할 수 있는 부동산 투자를 고민했다. 그렇게 여러 시도 끝에 쉐어하우스에 집중하게 되었다.

- 그가 쉐어하우스를 선택한 이유는 무엇일까?

첫 번째는 적은 투자비용과 높은 수익률이다. 오피스텔의 경우 은행 대출을 이용해도 꽤 많은 투자비와 약 6~7% 수준의 수익률이 발생한다. 쉐어하우스는 임차하여 운영할 경우 일반적인 임대 사업 대비 5~6배의 수익률이 가능하다. 에어비앤비 역시 높은 수익률이 가능했지만, 직장인 입장에서 매일 관리해야 하는 부담감이 있었다. 또한, 우리나라에서는 아직 불법적인 요소가 있었기에 에어비앤비보다는 쉐어하우스를 선택했다. 어차피 가질 수 없는 강남 아파트에 마음 아파하기보다 꾸준한 수익을 내는 쉐어하우스가 더 나은 선택이었다.

두 번째는 사회 전반적인 트렌드와 정부의 우호 정책이다. 1인 가구와 비혼의 증가, 공유경제라는 사회 트렌드로 주거 공간에 대한 개념이 점점 바뀌고 있다. 서울의 비싼 집값과 부족한 공급으로 집을 구하지 못한 사람은 공간을 공유할 수밖에 없다. 에어비앤비의 성공에서 알 수 있듯이 IT 기술의 발전으로 이제는 쉽게 공간을 공유할 수 있게 되었다. 게다가 정부의 주거 정책은 3~4인 가구에 대한 지원이 집중되고 있다. 쉐어하우스는 이런 문제를 해결할 수 있는 훌륭한 대안이었다.

세 번째는 부동산에 대한 경험과 수익을 극대화할 수 있었다. 임대 사업은 보통 임차인 1명을 상대하지만 쉐어하우스는 5~6명을 상대하게 된다. 쉐어하우스 한 번의 경험은 다른 임대사업 5번의 경험과 비슷한 수준이다. 또한, 한 번의 경험만 있으면 추가로 사업을 확대하여 수익을 늘릴 수 있다. 그도 첫 번째 성공 이후 총 5개의 쉐어하우스를 운영하며 수익을 극대화해 본업 이상의 수익을 올릴 수 있게 되었다.

- 직장인이 쉐어하우스를 성공하기 위해서는 어떤 점을 고려해야 할까?

쉐어하우스에 있어서 가장 중요한 것은 입지이다. 에어비앤비는 입지가 조금 떨어지더라도 인테리어가 훌륭하면 선택을 받는 경우가 있다. 쉐어하우스는 입지가 무엇보다 중요하다. 쉐어하우스의 주요 고객은 20~30대가 90% 이상이다. 그 중에서도 대학생의 비중이 높으므로 대학교 주변이 가장 좋다. 다만, 현재는 코로나로 인한 온라인 수업으로 학생들 수요가 많이 줄어들었다. 만약 직장인을 대상으로 한다면 지하철과 가까운 곳이어야만 한다. 그는 서울에서 쉐어하우스 하기 좋은 곳으로 2호선 주변을 추천한다. 특히, 대학교가 밀집된 홍대와 신촌, 직장인들이 선호하는 강남역 일대, 그리고 신림역 주변이다.

두 번째는 인테리어다. 인테리어가 예쁘면 당연히 좋겠지만 직장인 입장에서 큰 돈을 투자하기는 어렵다. 그는 기본 인테리어(도배, 장판 등)와 기본 물품만 갖추고 가구와 소품을 최대한 활용한다. 가구는 내구성보다는 스타일리시한 디자인을 중요시한다. 소품은 가능하면 트렌드에 맞는 최신 제품으로 자주 교체하여 항상 새로운 느낌을 유지한다. 특히 저렴하고 트렌디한 이케아 제품을 많이 활용한다. 눈에 잘띄는 가전 제품인 TV는 신제품으로 구비하고 냉장고, 세탁기는 중고로 구하는 것도 하나의 방법이다. 최근 쉐어하우스의 인기가 높아지고 경쟁이 심해지면서 인테리어의 중요성이 점점 커지고 있다.

세 번째는 운영자의 정책과 역할이다. 직장인이 겸업으로 운영할 때 가장 신경 써야 하는 부분이 바로 운영 정책이다. 운영 Rule이 명확하지 않으면 본업에 지장을 받을 수밖에 없다. 최대한 구체화하고 매뉴얼화해야 한다. 또한, 운영자는 입주자가 스스로 잘 살 수 있도록 초기에 마중물 역할을 하는 것이 중요하다. 그는 입주 초기에 환영회를 개최해 기존 멤버들과 잘 지낼 수 있도록 신경을 썼다. 그리고 입주자들의 생일에 문자와 기프트콘을 보내 친밀한 관계를 유지한다. 겸업으로 하는 직장인은 입주자들의 불만이 많아지면 감당하지 못할 스트레스가 생길 수 있다. 돈을 너무 아끼기보다는 작은 투자로 입주자들의 마음을 얻는 것이 필요하다.

네 번째는 마케팅과 홍보이다. 수익에 있어 가장 중요한 부분은 공실을 없애는 것이다. 공실 문제는 공인중개사에 의존해서 해결할 수 없다. 인터넷 등을 활용해 적극적으로 홍보해야 한다. 요즘에는 부동산 카페와 직거래 앱, 전문 포털 등이 잘 되어 있으니 꼭 활용해야 한다. 학생들이 자주 이용하는 학교 커뮤니티 등을 활용하는 것도 필요하다. 돈이 부족한 학생들은 공인중개사를 이용하기보다는 직거래를 선호하기 때문이다. 예전처럼 전봇대에 전단지만 붙여서는 공실을 해결할 수 없다.

공유 플랫폼에 도전하다

그는 쉐어하우스의 성공에만 머무르지 않았다. 직장인이기 때문에 운영점을 지속해서 늘리는 것은 어렵다고 생각했다. 그는 공유 플랫폼을 이용하는 자에서 스스로 공유 플랫폼이 되는 것을 도전했다. 그렇게 IT 쪽에 일하고 있는 회사에서의 경험을 살려 '쉐어플러스'를 오픈했다. 사실 '쉐어플러스'는 플랫폼 사업에 대한 꿈을 실현할 기회였다. 돈보다는 공공의 이익을 목표로 운영자는 공실을 해결하고 사용자는 수수료를 절감할 수 있기를 바랐다.

플랫폼 초기에는 운영이 쉽지 않았다. 플랫폼에 대해 아는 사람이 없으니 제대로 운영이 되지 않았다. 운영자들을 찾아가 가입을 권유했지만, 반응은 시큰둥했다. 시스템보다는 콘텐츠를 채우고 사람을 모으는 것이 문제였다. 그는 단계별로 플랫폼의 홍보를 진행했다. 우선 블로그를 개설해 부동산 칼럼과 쉐어하우스에 대한 다양한 글을 포스팅했다. 그렇게 세상에 내 존재를 알리자 사람들이 모이고 관련자들로부터 연락이 왔다. 출판사로부터 출판 제안이 들어왔고 포스팅한 글을 정리해 책을 집필하기 시작했다. 또한, 출판사와 연계해 네이버에 쉐어하우스 관련 포스팅 연재를 할 수 있었다.

쉐어하우스에 대한 개념이 많이 알려지지는 않았지만, 네이버라는 플랫폼의 힘을 알 수 있었다. 많은 사람이 관심을 두기 시작했고 쉐어하우스 운영자와 사용자로부터 쉐어플러스 가입 문의가 들어왔다. 이후 책을 출판하자 온라인 교육업체로부터 강의 제안이 들어왔다. 시간을 쪼개서 강의안을 만들고 수업을 진행했다. 부동산이라는 특성상 수강생들은 지속적인 교류를 원했다. 수강생들을 중심으로 네이버에 쉐어하우스 카페를 개설하고 소통을 이어갔다. 수강생 중심으로 운영되던 카페는 많은 사람들이 가입하며 국내 최대 쉐어하우스 커뮤니티가 되었다.

쉐어플러스가 활성화되고 커뮤니티가 커지면서 그의 명성은 올라갔다. 회사에서는 평범한 직장인이었지만 업계에서는 유명인사가 되었다. 오프라인 교육을 지속하면서, 서울시의 지원으로 싱글페어 전시회에도 참가할 수 있었다. 이렇게 다양한 활동을 통해 카페와 플랫폼의 가입자를 늘릴 수 있었다. 이렇듯 플랫폼 이용자에 머무르지 않고, 플랫폼 운영자가 되겠다는 도전으로 그에게 많은 기회가 찾아왔다. (현재는 새로운 사업을 준비하며 두 개를 카페로 통합해 운영하고 있음)

▲ 온/오프라인 강의로 새로운 수익 파이프라인을 창출하다

직장을 당장 그만둘 필요는 없다. 다양한 수입 PIPELINE을 만들어라

그는 다양한 수입 파이프라인을 갖추기 위해 많은 노력을 하였다. 그 결과 쉐어하우스를 통해 본업 이상의 수입을 벌 수 있었다. 하지만, 회사를 그만두지 않았다. 본업 수준의 새로운 파이프라인을 갖추고 유지하기가 쉽지 않다는 것을 알게 되었기 때문이다. 본업은 여전히 그에게 중요하면서 안정적인 수입 파이프라인이다. 그는 처음에는 가능하면 본업을 유지하면서 부업으로 진행할 것을 권한다. 그리고 큰 거 한방을 추구하기보다는 지속적인 Cash flow를 줄 수 있는 부업을 추천한다. 그래야 그 과정에서 많은 것을 배울 수 있기 때문이다. 사이드 프로젝트를 통해 현재의 메인 잡을 대체할 준비를 하는 것이다.

그는 책 '돈 버는 부동산에는 공식이 있다(저자 민경남)'를 인용하여 직장의 가치가 절대 작지 않음을 강조한다. 직장인의 연봉 6천만원은 수익률이 2%인 기업의 30억 원 매출과 같다는 것이다. 특히 금리가 내려갈수록 직장인의 가치는 올라간다는 것이다. 요즘의 코로나 시대에 정말 이해가 되는 부분이다. 코로나 시대에 직장인의 월급 가치는 매우 높다. 많은 자영업자가 운영이 힘들어 매장을 닫거나, 힘들게 대출을 받고 있다. 자영업자들은 안전하게 월급이 나오는 직장인을 부러워한다. 코로나라는 특수 상황이지만 직장인의 연봉 가치는 절대 작지 않은 것이다.

그는 사이드 프로젝트를 회사에 알리지 않았다. 첫 번째 책을 출판할 때도 본명이 아닌 필명을 사용했다. 개인정보를 공개하지 않으니 출간 후 인터뷰 기사 등을 게재하기가 쉽지 않았다. 본명을 쓰고 적극적으로 활동하지 못해 아쉬움은 있었지만, 본인이 사장이라도 직원이 회사일 외 다른 일을 하면 좋아하지 않을 거라 생각했다. 많은 직장인이 회사 규칙 위반 때문에 사이드 프로젝트에 대해 두려워한다. 하지만, 본명을 노출하지 않고도 충분히 가능하다. 회사는 더 이상 직원을 평생동안 지켜주지 않는다. 이제는 스스로 새로운 파이프라인을 찾기 위해 노력해야 한다.

그러면 어떤 사이드 프로젝트를 진행해야 할까? 그는 사이드 프로젝트는 본인이 좋아하고 잘 할 수 있는 것을 선택해야 한다고 조언한다. 무슨 일이든 본인이 좋아하고 잘하는 일을 할 때 즐거울 수 있으며 지속성을 가지기 때문이다. 그가 수익률이 좋은 에어비앤비 대신 쉐어하우스를 선택한 것은 더 익숙했던 점과 합법적인 운영이 가능했기 때문이었다. 잘할 수 있고 외부 리스크가 적은 것을 선택했을 때 성공 확률이 높아진다. 또한 전반적인 사회 트렌드에 맞는 것을 선택해야 한다. 온라인이 대세인데 오프라인 매장을 오픈할 필요는 없는 것이다. 특히 의식주처럼 사라지지 않는 분야의 상품과 서비스를 선택해야 한다. 쉐어하우스는 이런 면들에 부합하는 훌륭한 부업이었던 것이다.

최근 쉐어하우스의 단점 및 문제점을 저격하는 글이나 유튜브가 많이 올라온다. 주요 내용은 '생각보다 힘들다', '공실 문제 해결하기가 어렵다', '입주자들과 관계 형성이 어렵다', '입주자들이 물건을 함부로 쓴다' 등이다. 모두 맞는 말이다. 하지만, 어떤 일도 쉬운 일은 없으며, 직접 경험해보지 않으면 알기 어렵다. 현재 운영에 어려움을 겪는 곳도 많이 있지만 잘 운영되는 곳도 많다. 사실 이는 어떠한 업종에서도 마찬가지일 것이다. 솔직히, 일반적인 자영업 대비 리스크는 높지 않으며, 큰 욕심 없이 직장인의 부업으로서는 절대 나쁘지 않다. 에어비앤비와 다르게 초반에 힘들여 세팅해 놓으면 손이 많이 가지도 않는다. 쉐어하우스의 경험은 짧은 시간에 부동산에 대한 지식을 향상시킬 것이다.

코로나로 인해 모두가 어려운 상황이다. 자영업자의 타격이 가장 크겠지만 직장인도 맘이 편하지는 않다. 지금까지는 월급을 빠짐없이 받을 수 있었지만, 앞으로는 어떻게 될지 모른다. 코로나로 인해 쉐어하우스 같은 공유경제도 적잖은 영향을 받을 것이다. 하지만, 수입의 파이프라인을 다양화하면 극복할 수 있다는 것도 동시에 깨달았다. 많은 직장인이 여전히 사이드 프로젝트에 대해 두려워하지만, 향후에는 메인 잡을 대체할 수도 있다. 회사만 바라보는 직장인은 하루 아침에 실업자가 될 수 있다. 스스로 새로운 파이프라인을 찾아야 한다. 절대 두려워하지 말자. 그리고 실패해도 된다. 실패를 통해 배울 수 있고 다른 시도를 하면 된다. 손해 볼 일은 전혀 없다.

05
취미&관심사를 통한 수익 파이프라인 만들기

1 _ 취미&관심사

성공 사례 1 _ 국내 최초 레고 공인 작가 _ '하비앤토이' 김성완 대표

'천재는 노력하는 사람을 이길 수 없고, 노력하는 사람은 즐기는 사람을 이길 수 없다.' 만약 내가 좋아하는 취미를 직업으로 할 수 있다면 성공할 수 있는 확률은 높아질 것이다. 그런데 우리나라에서 좋아하는 취미를 직업으로 삼는 사람은 많지 않다. 체면을 중시하고 직업의 귀천을 따지는 문화 때문이다. 레고 창작 회사를 운영하는 김성완 대표는 전 세계 21명 밖에 없는 국내 최초 레고 공인작가(LEGO Certified Professional, LCP) 이다. 그는 주위의 시선과 실패의 두려움을 이겨내고 취미를 직업으로 하는 '덕업일치 德業一致'의 꿈을 이루어 냈다. 남들처럼 평범한 길을 거부하고 본인의 꿈을 위해 도전하는 김성완 작가의 성공 스토리를 알아보자.

그가 레고에 처음 관심을 두기 시작한 것은 초등학교 시절이었다. 우연히 친구의 집에 놀러 갔다 친구가 해외에서 선물 받은 레고를 가지고 놀았다. 기존 장난감은 한 번 만들면 끝이었지만 레고는 분해 후 다시 조립할 수 있었다. 게다가 조립하는 방법에 따라 매번 다른 형태로 조립할 수 있었다. 만들기를 좋아하던 어린아이에게 레고는 장난감 그 이상이었다. 레고의 매력에 빠졌지만, 레고를 구하기가 쉽지 않았다. 장난감치고는 고가였고 우리나라에 레고를 판매하는 곳이 많지 않았다. 그렇게 레고는 김 작가와 멀어졌다.

그가 레고를 다시 만나게 된 것은 대학생 때였다. 우연히 대전에 한 백화점에 갔다가 레고를 발견했고 자연스럽게 레고에 빠져들었다. 처음 관심을 가진 제품은 '테크닉 슈퍼카 8448' 이었다. 하지만, 국내에서는 제품을 구할 수 없었고 해외 인터넷 사이트를 뒤져 몇 달 만에 제품을 구할 수 있었다. 당시 국내에는 레고에 대한 정보가 많지 않았고 해외 사이트를 통해 정보를 얻어야 했다. 레고에 대한 정보를 모아가면서 '레고인사이드'라는 동호회를 만들었다. (이후 브릭인사이드로 이름 변경) 일부 매니아들 사이의 전유물이었던 레고는 그가 동호회를 만들자 많은 사람들이 모이기 시작했다.

그는 직장을 다니면서도 레고 만들기와 동호회 운영을 멈추지 않았다. 전산학과 전공을 살려 레고 관련 정보를 데이터베이스화하여 홈페이지에 공유했다. 동호회 인원은 점점 늘어나 짧은 시간에 회원 수 1만 명이 넘는 국내 최대 레고 동호회가 되었다. 이후 해외의 완구 유통회사가 국내 진출하면서 장난감 시장은 커지기 시작했다. 개인과 기업 등에서 작품 의뢰가 지속해서 들어왔고 회사와 겸업으로 할 수 없게 되었다. 2008년 직장을 그만두고 동호회 활동을 함께하던 멤버들과 레고 창작 회사인 '하비앤토이'를 설립했다.

직장이 인생의 전부는 아니다. 나만의 꿈을 위해 도전하라

그는 카이스트 전산학과를 졸업하고 삼성전자에 근무한 엘리트 출신이었다. 최고의 회사에 엔지니어로 입사했지만, 회사에 적응하기가 쉽지는 않았다. 야근을 밥 먹듯 하는 근무시간과 경직된 조직 문화가 그와는 맞지 않았다. 그렇게 퇴사를 결심하고 완구 리뷰 콘텐츠를 제작하는 등 레고와 관련된 다양한 사업에 도전했다. 회사를 벗어나기가 쉽지 않앉지만, 자유로운 상상으로 레고를 만들 때가 가장 행복했다. 그렇게 그의 도전과 상상력에 많은 사람이 관심을 가지며 그는 레고인들 사이에서 독보적인 존재가 될 수 있었다.

회사를 그만두고 새로운 사업을 하는 과정이 쉽지만은 않았다. 평범한 회사원들과 마찬가지로 회사라는 울타리를 벗어나는 것이 두려웠다. 최고의 엘리트 코스를 밟아온 그였기에 주위의 기대와 시선을 의식하지 않을 수 없었다. 요즘은 자신에게 맞는 직업을 찾기 위해 다양한 시도와 이직을 한다. 취미를 직업으로 하는 '덕업일치'를 꿈 같이 생각하지만, 당시는 그렇지 않았다. 게다가 아이들 장난감인 레고로 창업을 한다고 하니 부모님과 많은 지인이 우려의 시선을 보냈다. 그런데도 그는 모두의 걱정과 반대를 무릅쓰고 도전을 선택했다.

남들과 다른 길을 가는 것이 두려웠지만 일단 마음먹은 일이니 밀어붙이기로 했다. 레고라는 분야에서 최고가 되겠다는 목표를 설정하고 최선을 다하기로 했다. 목표가 명확해지니 하루하루를 충실하게 살 수 있었다. 회사에 다닐 때는 출근과 동시에 퇴근을 생각했지만, 이제는 일분일초가 아까웠다. 내 사업을 하면 절대 야근을 하지 않겠다고 다짐했지만, 기업 전시회는 납기를 위해 야근을 해야 했다. 야근을 해도 억지로 하는 것이 아니기에 힘들지가 않았다. 전 세계 어디에도 없는 나만의 작품을 만든다는 생각과 자부심이 컸다. 작품이 완성됐을 때의 성취감과 작품을 보고 놀라는 사람들의 시선에서 행복을 느낄 수 있었다.

취미가 직업이 되니 일하는 것이 즐거워졌다. 좋아하고 즐거운 일을 하니 더 열심히 하게 되었다. 직원에서 대표가 되어 보니 회사 운영에 대한 걱정은 있지만 출근하는 것 자체가 행복했다. 그동안은 남을 위한 삶을 살았다면 이제는 온전히 나를 위한 삶을 살 수 있게 되었다. 그는 삶의 방향은 하나가 아니라고 말한다. 대부분의 직장인이 나보다는 남을 위한 삶을 살다 보니 수동적이고 의미 없이 하루를 보낸다. 모든 회사가 나와 맞을 수는 없다. 나와 맞지 않는 옷을 입고 힘든 하루를 보내는 것만이 정답은 아니다. 내가 좋아하는 것이 있다면 마음속에 품지 말고 더 늦기 전에 한 번 도전해보는 것도 괜찮을 것이다.

'덕업일치'가 끝은 아니다. 끝없는 노력으로 국내 최초 '레고 공인작가'가 되다

취미를 함께하는 사람들과 덕업일치의 행운을 이루었지만, 회사를 운영하는 것은 다른 문제였다. 개인으로서 작품을 만들 때는 많은 이들의 칭찬을 받았지만 일로서는 냉정한 평가가 따랐다. 특히, 많은 돈을 지불하는 기업 입장에서는 효과가 크고 디테일한 작품을 원했다. 국내에서 최고로 인정받고 있었지만 이런 기업들의 요구를 만족시키기에는 한계가 있었다. 기업들이 원하는 수준과 그가 원하는 작품을 위해서는 다른 차원의 도전이 필요했다. 그는 그렇게 전세계에 10명 남짓한 레고 공인작가(LEGO Certified Professional, LCP)에 도전하기로 했다.

LCP는 일반인들에게는 낯설지만 레고 매니아들에게는 꿈의 자격증이었다. 기술적으로 뛰어나야 할 뿐만 아니라 다양한 창작활동의 경험도 필요했다. 이런 기본적인 자격을 갖추고 레고 본사의 기준과 나름의 검증을 통과해야 LCP자격을 받을 수 있었다. 그 역시 LCP자격을 얻기 위해 힘든 과정을 거쳐야 했다. 국내에서는 최고 수준의 레고 권위자였지만 LCP가 되기 위해 다양한 창작활동을 이어가야 했다. 그렇게 각고의 노력 끝에 디오라마 부문 등에서 자신만의 고유한 작품세계를 인정받았다. LCP자격 신청 4년만에 전 세계에 16명밖에 없는 국내 1호 LCP 자격을 얻을 수 있었다.

LCP가 되자 레고 본사가 주최하는 각종 행사에 초청을 받게 되었다. 또한, 본사에서 사용하는 소프트웨어를 자유롭게 사용하고 원하는 부품을 저렴하게 얻을 수 있었다. 자연스럽게 그의 사업은 힘을 얻을 수 있었고 기업의 작품 의뢰가 늘어났다. LCP가 되기까지 피 말리는 스트레스와 마음 고생이 있었지만 모든 것을 보상 받을 수 있었다. 특히, 레고 매니아들 사이에서 명실상부 최고의 전문가로 인정받을 수 있었다. 창업 시 목표로 했던 국내 최고의 전문가라는 목표를 이룰 수 있게 된 것이다.

그는 최근 '스타워즈 트렌치 런'과 '상암 월드컵 경기장, 세계속의 K-POP'을 선보였다. 역동적이고 화려한 그의 작품에 전세계 레고 매니아들의 호평과 찬사가 이어졌다. 기존의 작품들은 움직임이 적고 정적이었지만, 그의 작품은 다양한 스토리와 재미가 내포되어 있다. 기존에는 의뢰처의 요청에 맞춘 작품을 만들었다면 이제는 작가로서 작품 세계를 인정받고 있다. 앞으로 그는 우리 생활 속에 있는 많은 이야기를 작품으로 표현할 예정이다. 매니아들이 즐기는 레고를 넘어 많은 대중들이 쉽게 즐길 수 있는 레고 대중화에 앞장서고 있다.

함께하는 동반자를 만들어라. 함께했기에 어려운 시기를 이겨낼 수 있었다

그는 레고 커뮤니티인 브릭인사이드를 통해 많은 것을 이룰 수가 있었다. 힘든 회사생활에서 커뮤니티 활동은 가뭄에 단비 같은 존재였다. 커뮤니티를 통해 그가 생각했던 것을 펼칠 수 있었고 인생의 동반자들을 만날 수 있었다. 인생에 있어 누구나 변화와 실패에 대한 두려움은 있다. 그 역시 새롭게 회사를 창업하고 운영하는데 많은 두려움이 있었다. 꿈은 이상이지만 두려움은 현실이었다. 하지만, 커뮤니티를 통해 만난 동반자들이 있었기에 도전하고 성장할 수 있었다. 브릭인사이드를 만든 것은 그였지만 성공한 그를 만든 것은 브릭인사이드였다.

그는 브릭인사이드의 활성화를 위해 전공을 살려 국내외 레고 제품에 대한 데이터화를 진행했다. 출시된 모든 제품에 대한 상세 정보(가격/출시년도/부품종류 등)와 구매자 리뷰를 제공했다. 이는 레고를 시작하는 일반인과 레고 매니아들에게 큰 호응을 받았다. 일반인들은 제품에 대한 다양한 정보를 쉽게 접할 수 있게 되자 레고에 대한 어려움이 없어졌다. 매니아들은 레고 창작에 필요한 모든 부품 정보를 얻을 수 있었다. 브릭인사이드는 일반인들의 참여를 확대하고 매니아들의 창작 활동을 확대하며, 레고의 대중화와 전문화를 이끌었다. 일반인과 매니아들이 모두 참여하는 명실상부 최고의 레고 커뮤니티로 성장할 수 있었다.

많은 사람이 모이자 레고 본사와 기업들의 신뢰를 얻을 수 있었다. 완구 시장의 성장으로 커뮤니티를 통한 기업 작품 의뢰가 끊이지 않았다. 작품이 점점 고품질, 대형화되면서 개인이 작업할 수 있는 수준을 넘어섰다. 기업 전시 작품은 한 달 이상이 걸리는 경우도 많았고 도움이 필요했다. 그런 그에게는 레고에 대한 사랑과 열정을 가진 동호인들이 있었다. 동호인들은 순수한 마음으로 지지하고 도움을 주었고 커뮤니티는 더욱 성장할 수 있었다. 브릭인사이드의 규모가 커지자 혼자 운영하는 것은 불가능해졌다. 커뮤니티의 지속적인 성장을 위해 체계적인 관리가 필요했다. 그는 레고의 특징을 접목해 커뮤니티를 운영하기 시작했다.

- 우선 커뮤니티 운영을 분업화했다

기업 전시회 작품 등을 위해서는 혼자가 아닌 공동 작업과 적절한 분업 활동이 필요했다. 이런 특징을 접목해 게시판의 카테고리별로 담당자를 선정했다. 전체적인 운영은 그

가 책임을 맡지만, 각 카테고리 담당자에게 운영의 권한을 부여했다. 각 담당자는 커뮤니티에 대한 소속감을 느끼게 되었고 다양한 아이디어를 쏟아 냈다. 커뮤니티는 활성화되었고 지속적인 성장이 가능했다.

- 두 번째는 재미와 즐거움이었다

레고는 완구이기에 재미와 즐거움이 가장 중요한 요소였다. 레고가 점점 교육화, 전문화되고 있지만, 재미가 없다면 존재 이유가 없었다. 이를 위해 다양한 이벤트를 진행했다. 특히, 매 분기마다 브릭인사이드 창작대회를 개최했다. 많은 회원들이 작품을 출시하고 서로 대화하고 평가하면서 큰 호응을 얻을 수 있었다. 2008년에 시작한 대회는 현재 47회가 진행중이다. 이외에도 브릭인사이드 파워펑션 레이싱, 이달의 리뷰 등 재미와 참여를 유도하기 위한 다양한 시도를 하고 있다.

- 세 번째는 경쟁의 요소를 접목했다

레고는 연령에 맞춘 단계가 있으며, 제품별 난이도에 따라 단계가 있다. 김대표는 전산학과의 특성을 살려 회원들의 참여도를 수치화 했다. 게시판에 올리는 글, 댓글, 작품 출시 등에 점수를 매겨 회원들의 활동을 점수화하고 독려했다. 활동 우수자는 이달의 매니아로 선정하고 시상을 했다. 또한 우수 멤버에게는 개별 게시판을 부여해 특별 대우를 해 주었다. 개별 게시판을 부여 받았다는 것은 커뮤니티에서 레고 마스터로 인정 받았다는 것을 의미했다.

- 네 번째는 회원들 간의 소통 활성화했다

대형 레고 프로젝트를 위해서는 함께 상상하고 만들어가는 것이 중요하다. 커뮤니티 내의 원활한 소통을 위해 소모임을 활성화했다. 초기에는 이베이(ebay)를 통한 레고 구입이 많았기에 이베이 소모임을 만들었다. 이후 번개모임, 레고 제품 매니아 모임 등 회원들간 소통할 수 있는 공간을 마련했다. 현재는 창작발전소 (회원들의 창작 작품 공유), 다산(레고 테크닉 모임, 강좌활동), 레크닉(메카 창작가 모임)의 운영을 통해 회원간 소통을 활성화하고 있다. 이제 브릭인사이드는 레고인들의 꿈의 공간이며 소통을 위한 플랫폼이 되었다. 이 모든 일들은 혼자서는 할 수 없는 일이었다. 커뮤니티를 운영하는 동반자들이 각자의 부문에서 역할을 하고 회원들의 참여가 있기에 가능했다.

"혼자 꾸는 꿈은 그저 꿈에 지나지 않는다. 하지만 함께 꾸는 꿈은 현실이 된다."

모두가 꿈꾸는 덕업일치의 꿈을 이루었지만, 그 과정이 수월하지만은 않았다. 박사과정을 그만두고 회사에 취업하는 과정에서 우울증으로 고생을 했다. 우여곡절 끝에 최고의 기업에 입사했지만 경직된 조직문화에 적응하지 못했다. 회사에서 성공을 이루지 못했지만 꿈을 잃지는 않았다. 같은 꿈을 꾸는 동반자를 찾고 모았다. 그리고 그들을 인정하고 신뢰했다. 그들이 있었기에 힘든 시절을 이겨내고 성공할 수 있었다. 혼자였다면 할 수 없었겠지만 함께였기에 가능한 일이었다.

그는 직장 생활을 스타크래프트 게임에 비유한다. 인생을 살다 보면 여러 가지 상황이 생기고 그에 맞게 변화를 해야 한다는 것이다. 한가지 전술에만 급급하면 살아남을 수가 없다는 것이다. 아쉽게도 우리는 좋은 대학과 훌륭한 직장이 인생의 전부인 것처럼 살아간다. 여러 가지 길이 있다는 것을 알려주는 사람이 없기 때문이다. 죽을 때까지 나와 맞지 않은 일을 한다면 얼마나 슬픈 일인가? 이제는 내가 좋아하는 일이 무엇인지 고민해야 한다. 그는 한 번에 크게 성공하려고 하지 말고 지금 직장에서 작은 도전들을 하나씩 실행할 것을 권한다. 특히, 한살이라도 어릴 때 도전하고 작게라도 돈을 버는 경험을 해봐야 한다고 조언한다.

성공사례 2 _ 인디밴드에서 성공한 N잡러가 되다 _ 포터블 그룹 대표 "호야&오상"

우리는 남들과 다른 삶을 꿈꾼다. 남들보다 더 잘 살고 남들보다 더 행복해지기를 원한다. 하지만, 남들보다 더 잘 살기 위해 잠을 줄이고 더 많이 일하고 있다. 남들과 다른 삶을 살기 위해 남들과 같은 또는 그보다 못한 삶을 살고 있다. 우리는 연예인을 동경하고 재벌과 같은 삶을 꿈꾸지만, 그들은 불면증으로 수면 주사를 맞고, 우울증으로 어느 날 갑자기 사라지기도 한다. 나보다 더 잘 사는 것 같고 행복해 보이지만 결국에 삶은 모두가 비슷한 것이다. 그렇다면 남들과 다른 삶이란 어떤 것일까? 결국 '나 다운 삶'을 사는 것이 아닐까? 남들과 비교하는 것이 아니라 스스로 '나 다운 삶'을 살 때 행복해질 수 있을 것이다.

포터블 그룹(패션 멀티샵 '포터블 롤리팝' / 카페&펍 '포터블 로프트' / 남성패션샵 '포터블 게러지' 등)을 운영하는 '오상&호야'는 '나 다운 삶'을 살고 있는 부부 CEO이다. 20대에 홍대 인디밴드에서 활동한 두 사람은 결혼 후 15년간 함께하며 행복한 삶을 살고 있다. 남들처럼 평범한 직장인이었던 두 사람은 나만의 삶을 살기 위해 퇴사 후 다양한 일을 경험했다. 지금은 패션샵, 카페, 인테리어업체, 가구제작, 일러스트레이터, 전시기획자, 에어비앤비 등 다양한 직업을 가진 N잡러로 살고 있다. 또한, 예전처럼 활발하지는 않지만, 동네 음악회를 개최하면서 밴드 활동도 이어 가고 있다.

각자 다른 삶을 살아온 두 사람은 여타 부부가 그렇듯이 서로 다른 성격이다. 밴드 활동을 오래 한 남편(오상)은 창의성이 뛰어나고, 아내(호야)는 실행력이 뛰어나다. 워낙에 자유로운 영혼인 남편은 직장과는 애당초 맞지 않는 성격이었다. 의상 디자이너로 일하던 아내는 이러한 남편과 함께하기 위해 퇴사 후 여러 가지 직업을 갖게 되었다. 남편과 함께하며 본인도 하고 싶은 일이 많은 사람이었다는 것을 깨닫게 되었다. 그렇게 함께하고 싶은 일을 하나씩 하다 보니 지금의 다양한 직업을 가지게 되었다.

두 사람이 다양한 직업을 가지면 행복한 N잡러로 살 수 있었던 비결과 성공 스토리에 대해 알아보겠다.

불변의 진리, 하고 싶은 것을 해야 한다

두 사람은 결혼 후에도 밴드 활동을 지속해서 해왔지만, 퇴직 이후 생활비를 벌기에는 부족했다. 그렇게 제대로 된 첫 사업으로 패션 멀티샵인 '포터블 롤리팝'을 시작했다. 패션 멀티샵을 선택한 것은 두사람이 가장 좋아하고 잘하는 분야였기 때문이었다. 아내는 의상 디자이너 출신으로 패션에 관심이 많았고 남편은 무언가를 그리고 만드는 것을 좋아했다. 자연스럽게 부인은 옷을 디자인하고 남편은 아기자기한 소품과 매장 가구를 제작했다. 첫 사업으로 부담감이 없지 않았지만, 함께 좋아하는 일을 한다는 것에 하루하루가 즐거웠다.

자금적으로 많은 여유가 없었기에 두 사람은 매장을 계약하고 셀프 인테리어로 매장을 꾸몄다. 브랜드 로고를 만들고 간판 설치도 직접 진행했다. 전문가가 아니었기에 어설프고 힘들었지만, 좌충우돌하며 새로운 분야에 대한 경험을 쌓을 수 있었다. 작은 매장이었지만 아기자기한 소품으로 매장을 꾸미자 손님들이 관심을 두기 시작했다. 포터블 롤리팝이라는 이름에 맞게 작은 막대사탕을 손님들에게 나눠주며 홍보도 진행했다. 일반 브랜드 편집샵과 다르게 직접 제품을 디자인하고 제작하기에 항상 새로움을 유지할 수 있었다.

독특하고 유니크한 매장으로 소문이 나면서 인테리어와 가구제작 등의 의뢰가 심심치 않게 들어왔다. 전문 분야는 아니었지만, 스스로 모든 것을 꾸려왔기에 도전할 수 있었다. 그렇게 와인샵, 베이커리, 카페 등의 인테리어&가구제작을 사이드 잡으로 진행했다. 인테리어는 일반 소비자를 상대하는 것과 다른 경험이었다. 실수해도 되는 내 매장과 다르게 책임감도 필요하고 규모가 컸다. 또한, 마감날짜가 있어 혼자가 아닌 협력 파트너를 모집하고 함께 진행해야 했다. 고객, 파트너와 커뮤니케이션, 공사 일정 및 수익관리 등 생각보다 많은 것을 신경 써야 했다. 모든 것이 쉽지 않았지만, 새로운 분야에 대한 경험을 쌓을 수 있었다.

"인생에 정답은 없고, 이 세상에는 무수히 많은 직업이 있어요. 어차피 누구나 처음 사는 인생이기에 완벽할 수 없다고 생각해요. 하고 싶은 일에 제한을 두지 말고 최대한 많은 경험을 하세요. 이 세상에 하고 싶은 일을 하면서 사는 것처럼 행복한 일은 없으니까요. 인생은 하고 싶은 일을 시도하면서 나에게 맞는 것을 찾는 여행이라고 생각하세요. 얼마 전 장사로 크게 성공하신 사장님께서 '돈은 많이 벌고 있지만, 이러다 쓰러져 죽는 것은 아닌지 걱정이 된다'며, 즐겁게 일하는 저희 부부가 부럽다고 하셨어요."

여러 가지 일을 하다 보면 체력적으로 힘들 수밖에 없다. 하지만, 하고 싶은 일을 하면 몸은 힘들어도 참을 수 있고 재미를 느끼며 할 수 있다. 물론 항상 재미있고, 즐거운 것은 아니지만 전반적으로 재미가 힘듦을 이겨내는 원동력이 되는 것이다. (재미 〉 힘듦) N잡러로 성공하기 위한 첫 번째는 바로 '하고 싶은 일', '가장 즐거운 일'을 하는 것이다.

혼자가 힘들 땐 함께하기

직장인이 본업 이외 다양한 일을 한다는 것은 쉬운 일이 아니다. 특히, 가정이 있는 직장인이라면 더 힘이 들 것이다. 가족과 함께하는 시간을 포기해서 일을 진행해야 하기 때문이다. 부업을 넘어 N잡을 위해서는 가족의 이해와 협조가 필요하다. 더 나아가 단순히 이해를 바라기보다는 함께 사업을 해나가는 것도 괜찮다. 오상&호야 부부 역시 결혼 후 서로 다른 성격으로 조율의 시간이 필요했다. 단점보다는 서로의 장점에 집중하고 부부의 특성에 맞추어 일을 분업해 나갔다. 서로 다른 성격을 인정하는 데 시간이 걸렸지만, 일단 서로를 인정하자 시너지가 일어났다. 부부는 상하관계가 아니다. 삶을 함께할 동반자로 서로를 인정하고 힘을 합칠 때 생각보다 많을 일을 할 수 있다.

두 사람은 24시간을 함께 하며, 많은 일을 해 나갔다. 하지만, 하는 일이 늘어나면서 두 사람이 모든 것을 소화할 수 없었다. 새로운 사업을 시작하자 기존 사업보다 더 많은 시간을 할애할 수밖에 없었다. 기존 사업은 어쩔 수 없이 믿고 맡길 수 있는 파트너가 필요했다. 새로운 사람을 뽑기보다는 기존 사업을 많이 아는 직원들의 역할이 중요해졌다. 많은 사업을 해나가면서 직원들과의 관계가 무엇보다 중요하다는 것을 알게 되었다. 그렇게, 두 사람은 직원을 단순한 직원이 아닌 함께 성장하는 파트너로 여기게 되었다.

회사생활을 하다 보면 직원이 해결할 수 없는 일들이 많이 있다. 우리나라는 수직적 문화 특성상 아래 직원에게 책임이 전가되는 경우가 많이 있다. 두 사람도 이런 경험을 했기에 수평적인 문화를 추구했다. 장사가 안되면 스트레스를 받을 수 밖에 없지만, 돈을 쫓기보다는 직원들이 함께 성장하는 행복한 직장이 되기를 바랬다. 기업의 문화가 좋으면 직원들의 업무 성취도가 올라가고 효율성이 올라갈 것으로 생각했다. 그렇게, 직원들에게 자율성을 부여하자 적극적으로 의견을 개진하고 일에 책임감을 느끼게 되었다. 서로에게 신뢰가 쌓이면서 이제는 없어서는 안 될 가족 같은 존재가 되었다. 든든한 직원들이 있기에 마음껏 새로운 일을 펼칠 수 있게 되었다.

실패를 두려워하지 말고 작게 시도하기

새로운 일을 시도하는 두 사람의 도전이 항상 성공한 것은 아니었다. 네일아트가 돈을 많이 번다는 주변의 말에 급하게 매장을 오픈하기도 했다. 네일아트 열풍이 불면서 샵이 많이 생기기 시작했고 더 늦기 전에 시작해야할 것만 같았다. 원래 아내가 네일아트 받는 것을 좋아했고, 그동안의 경험으로 성공을 확신했다. 하지만, 네일아트 분야에 대한 사업 경험이 전무한 상태에서 급하게 큰 돈을 투자한 것이 화근이었다. 기술적으로 무지했기에 직원에 의존할 수밖에 없었고 고객관리 등 모든 부분이 미흡했다. 큰돈을 투자하다 보니 꼭 성공해야 한다는 압박감이 심했다. 결국, 사업은 1년을 못 버티고 접었다. 실패의 경험을 통해 작게 시작하는 것의 중요함을 다시 한번 새기게 되었다.

최근에는 에어비앤비를 오픈했다 그만두게 되었다. 두 사람은 숙박과 레스토랑은 두 사람의 경험을 실현할 수 있는 좋은 사업이라 생각했다. 큰돈을 들여 숙박 사업을 하기보다는 적은 돈으로 예쁜 에어비앤비를 꾸몄다. 인테리어와 가구, 다양한 소품 등 그 동안의 경험을 접목할 수 있는 여지들이 많았다. 그렇게 에어비앤비는 많은 고객들의 선택을 받으며 슈퍼호스트 등극을 눈 앞에 두었다. 하지만, 임대 계약 관계와 코로나 등으로 사업을 접을 수밖에 없었다. 애당초 많은 일을 직접 했기에 투자 비용이 많지 않았고 쉽게 그만둘 수 있었다.

그동안의 다양한 시도와 도전으로 새로운 일을 시작하고 접는 것에 대한 두려움이 줄어들었다. 여러 가지 직업 중 전문적으로 배워서 시작한 일은 거의 없었다. 두 사람은 스스로를 전문가라고 부르지 않는다. 전문적이지 않지만 다양한 경험을 통해 준전문가라 불릴 수 있게 되었다. 전문가라면 실패에 대한 두려움이 크겠지만, 전문가가 아니기에 두려움이 적다. 전문가가 아니므로 실수, 실패할 수 있다는 생각을 기본적으로 가지고 있다. 대신 작은 시도를 통해 시장성을 판단하고 성공 가능성이 보일 때 집중하고 투자를 한다.

두 사람은 다른 사업을 쉽게 시작하기 위해 가능하면 가장 잘 아는 지역을 선호한다. 지역을 잘 알아야 주변 상인과 협조 및 공간 임대 등을 원활히 할 수 있기 때문이다. 대부분 사업을 처음 '포터블 롤리팝'을 시작한 양재동에서 진행하는 이유이다. 장기로 공간을 임대하지 않고 임시로 빌려 단기 팝업스토어 형태로 운영한다. 그리고 6개월 정도 운영 후 장사에 대한 확신이 생기면 그때 장기 계약을 한다. 또한, 돈을 쫓기보다는 일하면서 새로운 사람을 만나고 함께 일하며 관계를 쌓아가는 것을 중시한다. 돈은 일에 대한 결과물이지 목표가 아니라 생각한다. 돈을 너무 많이 생각하면 하고 싶은 일에 대한 선택지가 줄어들기 때문이다.

성공의 열쇠, 네트워크 만들기

두 사람의 성공에 있어 가장 중요한 요인 중 하나는 바로 네트워크이다. 밴드 활동으로 다양한 예술가들을 알게 되었고, 그들은 포터블 그룹을 더 즐겁게 하는 원동력이 되었다. 그들과 함께 포터블에서는 다양한 행사와 이벤트가 열린다. 그중에서도 벼룩시장은 포터블을 대표하는 트레이드 마크가 되었다. 두 사람은 사업&제품 아이디어를 얻기 위한 해외여행에서 벼룩시장을 자주 접했다. 물물교환을 통해 필요한 것을 사고팔고 사람 냄새가 나는 벼룩시장의 매력에 빠졌다. 정(情) 문화가 있는 우리나라에 벼룩시장은 지역 네트워크를 키우고 교류할 수 있는 좋은 기회라고 생각했다.

그렇게 '포터블 롤리팝' 벼룩시장을 2008년에 처음 시작했다. 우리나라에서는 익숙지 않은 시도에 지역에서는 아무도 참여하지 않았다. 하지만, 회를 거듭할수록 사람들의 관심이 늘어나기 시작했다. 예술가 친구들과 매장 앞에서 노래를 부르고 판을 벌이니 하나둘씩 사람들이 모였다. 동네 빵집과 카페에서 참여를 문의했고, 동네 주민들이 물건을 가지고 나와 팔기 시작했다. 아이들의 장난감에서 엄마들의 액서사리 등 다양한 사람들이 참여하며 규모가 점점 커졌다. 또한, 어느 블로그에 서울에서 꼭 가봐야 할 곳으로 소개되며 지방에서의 참여도 이어졌다. 그렇게, 벼룩시장은 13년 동안 지속하며 지역의 행사로 자리 잡을 수 있었다.

두 사람은 지역 네트워크 활동을 활발하게 진행하고 있다. 지역 주민, 상인들과 좋아하는 노래를 공유하는 '음감회'를 개최하고, 주말에 책을 읽는 모임인 '주책 모임'도 주관한다. '주책 모임'의 마무리는 항상 술로 마무리되기에 '주(酒)책 모임'이라는 오해도 있다. 최근에는 '음감회'에 참여한 손님(알고보니 필라테스 강사였음)과 함께 양재 시민의 숲에서 필라테스 수업을 시작했다. 초반에는 소규모로 진행하던 모임은 주민들의 참여로 규모가 확장되었다. 이렇게 다양한 활동에 참여한 주민들과 자연스럽게 친구가 되고 단골이 되었다.

포터블 매장은 일반 매장과 다르게 알록달록한 간판으로 지나가는 사람들의 궁금증을 자아낸다. 하지만, 가만히 있으면 그저 궁금해 할 뿐 적극적인 구매로 이어지진 않는다. 무언가 이벤트를 열고 고객들에게 다가가야 한다. 두 사람은 벼룩시장과 다양한 네트워크 활동으로 지역에서 입지를 다질 수 있었다. 또한, 포터블을 열렬히 지지하는 단골과 팬을 확보할 수 있었다. 포터블은 이제 단순한 옷 가게, 카페를 넘어 지역민과 예술가들이 모이는 공간이 되었다. 더 나아가 빡빡한 일상에 찌든 주민들이 예술가들과 소통을 통해 영감을 얻을 수 있는 하나의 플랫폼이 되었다.

▲ 포터블 롤리팝 벼룩시장

PART 03

직장이 안정적일수록 새로운 도전은 어렵습니다.
'직장이냐, 퇴사 후 내 사업이냐'의 선택이 아닌 두번째, 세번째 직업을 위한 즐거운 도전을 시작해보시기 바랍니다. 나의 직장 외에 다른 일로 십만원이라도 벌어보는 성취를 느껴보세요. 그 도전이 당신의 여유로운 삶의 시작이 될 것이라 확신합니다.

성공한 N잡러가 되기 위한 성공 전략

01 시작하기
02 운영하기
03 확장하기
APPENDIX

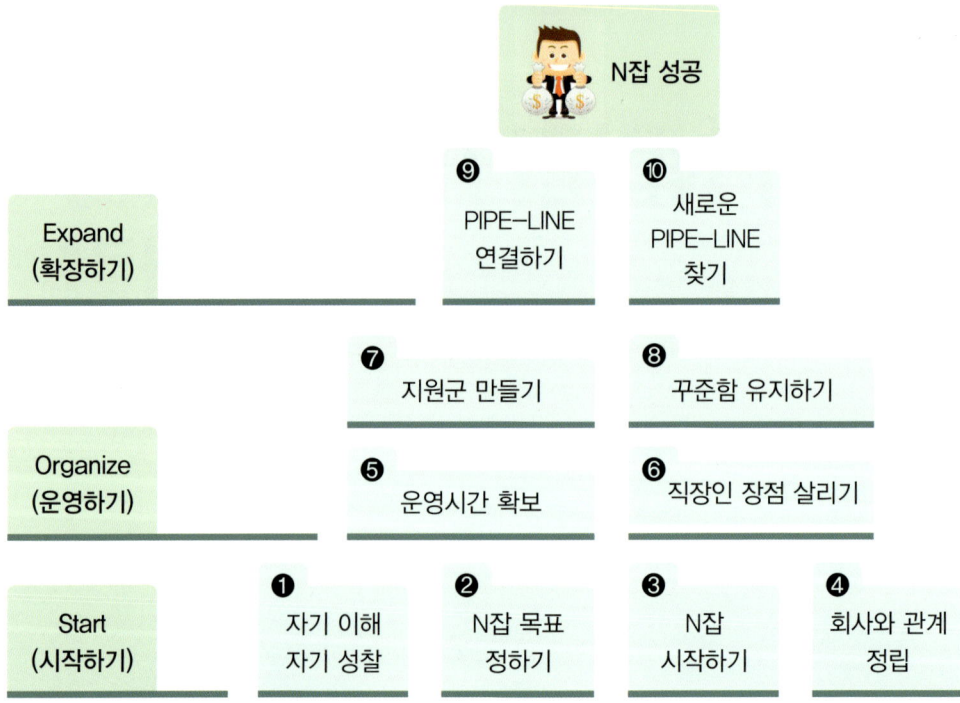

01 시작하기

1 _ 자기 이해, 자기 성찰하기

자신이 좋아하는 일을 선택하라

성공한 N잡러가 되기 위한 첫 번째 조건은 바로 자신이 좋아하는 일을 선택하는 것이다. 직장인들은 자신이 좋아하는 것이 무엇인지 정확히 모르는 경우가 많다. 초-중-고-대학교를 거쳐서 직장인이 되기까지 자신의 선택보다는 타인의 관심과 평가가 중요했기 때문이다. 그러다 보니 하루 중 대부분의 시간을 보내는 회사 일과 사람 관계가 즐겁지 않다. 이제는 스스로 행복해질 수 있는 일이 무엇인지 생각해야 한다. N잡러가 되기 위한 첫 번째는 자기가 좋아하는 것이 무엇인지를 파악하는 것이다.

힘들게 N잡을 하는 것은 월급 외 부수입을 얻기 위해서이다. 하지만, 그보다도 중요한 점은 내가 진정 좋아하는 일을 할 수 있다는 것이다. 돈은 즐겁게 일하는 과정에서 나오는 결과물이기 때문이다. 내가 좋아하는 일을 하고 재미있어 더 열심히 일한다면 결과는 자연스럽게 따라올 것이다. 우선은 자신이 좋아하는 취미와 관심사가 무엇인지 생각해보자. 그리고, 책에서 제시한 방법으로 차근차근 해 나간다면 돈은 자연스럽게 따라올 것이다.

레고 마스터 김성완 작가는 '카이스트-삼성전자' 경력의 최고 엘리트였다. 그는 직장을 다니며 본인이 가장 좋아하는 레고를 만들고, 카페를 개설했다. 그리고 우리나라 최초의 레고 공인작가가 되어 전 세계 사람들의 인정을 받고 있다. 물론, 지금의 성공한 작가가 되기까지가 쉬운 과정은 아니었다. 하지만, 자신이 좋아하는 일을 했기에 힘든 과정을 극복할 수 있었고, 최고의 자리에 오를 수 있었다.

포터블 그룹의 '호야&오상' 역시 자신들의 좋아하는 일을 선택하고 도전하였기에 성공한 N잡러가 될 수 있었다. 인디밴드는 돈과는 관련이 없지만, 이 특이한 이력 때문에 사람들의 관심을 끌 수 있었다. 또한, 이 과정에서 만난 많은 예술가가 사업을 확장하는 데 큰 도움이 되었다. 그들은 자신들이 좋아하고 궁금해하는 일에 지속해서 도전하고 있다. 돈을 쫓기보다는 새로운 일에 도전하는 과정을 즐기기에 스스로 만족하고 행복함을 유지할 수 있다.

회사는 이익 집단이지 자선단체가 아니다. 우리는 이런 회사와 서로의 필요 때문에 계약으로 맺어진 관계이다. 그러기에 회사에서 행복하고 즐거운 일상을 기대하는 것은 애초부터 쉽지 않은 것이다. 하지만, 어찌 되었든 우리 직장인에게는 회사라는 든든한 버팀목이 있다. 워라밸로 직장인에게 여유시간이 많아지고 있다. 회사에 있는 시간은 회사 일에 집중해서 월급을 벌어야 하고 그 외 시간은 또 다른 부수입을 창출할 수 있어야 한다. 그리고, 그 시작은 내가 좋아하는 일에서 찾아야 한다.

내가 잘하는 일을 찾아라

필자는 산을 좋아한다. 좀 아저씨 같아 보이기는 하지만 산에 가면 시원한 바람이 좋고 나뭇잎 사이로 비춰오는 햇빛도 좋다. 또한, 힘들게 산에 올라 정상에서 느끼는 성취감도 매우 좋아한다. 하지만, 산을 좋아한다고 이를 통해 수익을 창출하기는 쉽지 않다. 왜냐하면, 필자는 동네 뒷산과 집 근처에 있는 관악산만 주로 오르기 때문이다. 산을 통해 수익을 창출하려면 전국에 있는 명산 100개 정도는 올라줘야 할 것이다. 그리고, 등산 장비 등에 대한 전문성도 있어야 할 것이다.

이렇듯 돈을 벌기 위해서는 남들보다 전문성을 갖거나 차별화 포인트가 있어야 한다. N잡의 시작은 내가 좋아하는 것으로 시작하지만, 좀 더 공부하고 경험해야 한다. 왜냐하면, 내가 시도하는 영역에는 이걸로 먹고 사는 전문가들이 많기 때문이다. 그들에게는 목숨과 같은 본업이기에 단순히 좋아하는 수준으로는 그들을 이길 수가 없다. 그렇기에 좀 더 노력해서 전문가 수준까지 갈 수 있어야 한다. 그들과 다른 나만의 차별화 요소가 있어야 할 것이다.

직장인 관점에서 조금 쉽게 N잡을 선택하는 방법은 그동안의 나의 경력을 살리는 것이다. 특히, 다년간의 회사생활은 나에게 돈을 벌어준 만큼 전문성을 갖추었다고 할 수 있다. 종종 "저는 회사 다닌 지 몇 년 안 되었는데요?", "저보다 경력이 많은 선배가 많은데 제가 할 수 있을까요?"라고 이야기하는 직장인들이 있다. 우리는 힘든 경제 여건에서 취준생들이 그토록 들어가고 싶어서 하는 회사에 입사했다. 그리고, 어려운 신입사원의 시절을 이겨내었다. 우리에게는 충분한 경험과 능력이 있다.

최근 재능마켓에는 대리, 과장급 수준의 우수한 강사들이 많다. 경력이 많은 차장님 부장님 입장에서는 한없이 부족해 보일 수 있다. 하지만, 취준생들과 신입사원들에게는 많은 이야기를 해줄 후 있는 훌륭한 멘토가 될 수 있다. 이들은 업무와 관련된 PPT, EXCEL 등의 스킬과 보고서 쓰는 방법 등에 대해 강의할 수 있다. 또한, 각자의 위치에서 회사의 경험을 함께 공유할 수 있을 것이다. 대리급이라면 입사 전과 후에 느낀 회사에 대한 차이점을 이야기할 수 있다. 과장급이라면 결혼하기 전과 후, 아이를 낳기 전과 후에 관해 이야기할 수 있을 것이다.

2 _ N잡의 이유와 목표 정하기

앞서 소개한 내용 이외에도 본업 못지않게 추가 수익을 올릴 방법은 많이 있다. 최근에는 유튜브가 돈이 된다고 하니, 너도나도 유튜브에 도전한다. 하지만, 아무런 준비가 안 된 상태에서 유튜브 수익화를 위한 기본조건(구독자 1,000명 시청시간 4,000시간)을 채우기가 쉽지 않다. 물론, 도전하고 시작했다는 것 자체만으로도 큰 의미가 있지만, 돈만 보고 무턱대고 시작하기보다는 '왜 N잡을 하려고 하는지? N잡을 통해 무엇을 얻으려고 하는지?' 에 대한 이해가 있어야 한다.

대다수의 부업이 결과를 얻기까지 많은 시간과 노력이 필요하다. 오직 돈만을 목표로 하다 보면 '생각보다 돈이 안 되는데?' 하면서 쉽게 포기할 수 있다. 또한, 일하다 보면 많은 사람을 만나고 소통하게 된다. 그런 과정에서 불편하고 힘든 일이 생길 수도 있다. 쇼핑몰을 운영하다 보면 고객의 요청, 불만 사항을 받게 된다. 그리고, 내가 찍은 유튜브 영상에 '싫어요'와 안 좋은 댓글이 달리기도 한다. N잡을 하는 목표와 이유가 명확하지 않으면 의외로 작은 일에 의욕이 꺾일 수 있다.

일반적으로 우리가 N잡을 통해 얻고자 하는 것은 크게 3가지 정도로 구분할 수 있다.

❶ 돈
❷ 자기성찰
❸ 자기만족

어찌 보면 돈은 N잡을 통한 최종 결과물일 수 있다. 가능하면, 돈 자체를 목표로 하기보다는 그 과정을 즐기고 배우는 것을 1차 목표로 하는 것이 좋다. 돈을 목표로 하면 마음이 조급해질 수 있기 때문이다. 예를 들어, 출판은 오랜 기간의 노력이 필요하지만 당장 돈이 되지는 않다. 베스트셀러가 되어 성공한다는 보장도 없다. 하지만, 책을 쓰는 과정 그리고 책이라는 결과물 자체가 큰 의미가 되는 것이다. N잡에 대한 자기 이해와 목표를 통해 성공적으로 부업이 진행된다면 3가지 모두를 얻을 수 있을 것이다 .

N잡에 대한 이해와 목표를 기반으로 앞서 소개한 PIPE-LINE과 연결하면 아래와 같다.

❶ 돈 : 쇼핑몰, 크라우드펀딩, 에어비앤비, 쉐어하우스 등
❷ 자기성찰 : 재능마켓, 출판 등
❸ 자기만족 : SNS, 취미&관심사 등

각자의 상황과 목표에 맞는 PIPE-LINE을 선택해보기 바란다. 그리고, 각각의 PIPE-LINE별 작은 KPI(Key Performance Index, 행동지표)를 정해보기 바란다.

예 PIPE-LINE별 KPI 설정 예시
유튜브 : 매주 1영상 업로드, 일주일에 구독자 100명 모으기
블로그 : 매일 1일 1포스팅 하기, 매일 100명에게 이웃 신청하기
출판 : 매일 1권의 책 읽기, 하루에 원고 3장 쓰기

3 _ N잡 시작의 기술

일단 시작하기

N잡을 고민하는 직장인들의 가장 큰 문제점은 시작이 어렵다는 것이다. 시간이 없어서 못 하고, 돈이 없어서 못 하고, 회식 때문에 못하고, 아이들 때문에 못한다. 이렇게 못하는 이유를 나열하자면 끝도 없다. 그중에서도 직장인의 가장 큰 문제는 무엇이든지 완벽하게 하려 한다는 것이다. 안 하면 안 했지 일단 하면 무엇이든지 완벽해야 한다. 회사에서 업

무를 할 때는 빈틈이 있으면 안 된다. 자그마한 빈틈에도 상사는 치고 들어오기 때문이다. 특히, 작은 글씨 하나 틀린 것도 상사는 귀신같이 잡아낸다. 하지만, N잡은 이런 걱정을 안 해도 된다. 어차피 시작하는 것도 운영하는 것도 나이기 때문이다. 그러니, 걱정과 고민할 시간에 일단 시작하고 움직여야 한다.

세상에는 돈 한 푼 안 들이고 할 수 있는 부업들이 넘쳐나고 있다. 그 많은 부업 중 어떤 것이 나에게 맞을지 모른다. 일단 부딪혀서 어떤 것이 나에게 맞는 것인지 경험해야 한다. 생각하고 계획한 것과 실제로 하는 것이 다른 경우가 대부분이다. 유튜브를 책으로 읽고 공부하는 것과 직접 채널을 개설하고 운영하는 것은 전혀 다른 이야기이다. 유튜브를 성장시켜 수익화가 되게 만드는 것 역시 책에 나온 대로 한다고 되는 것이 아니다. 그러기에, 수십 권의 책을 읽고 시작하는 것보다는 한두 권의 책을 읽고 일단 시작하는 것이 더 나은 선택이다. 성공한 많은 이들 중에 완벽히 준비된 상태에서 시작한 사람은 거의 없었다. 일단 몸을 움직여 시작하고 부족한 부분은 채워 나가면 된다.

작게 시작하기. 과도한 투자는 금물

처음에는 무조건 작게 시작해야 한다. 처음부터 거대한 결과를 생각하고 과도한 투자를 하면 안 된다. 이는 '돈과 시간' 모두 해당한다. 새로운 N잡에서 우리는 초보자이다. 그러니, 배운다는 자세로 하나하나 해나가야 한다. 100% 실천할 수 있는 작은 일부터 시작해야 한다. 인스타그램이라면 1일 1사진 포스팅 하기, 책쓰기라면 하루에 관련 책 1권씩 읽기와 같은 것들이다. 이렇게 실천할 수 있는 작은 목표를 정하고 실천해 나가다 보면 나의 경험과 실력은 향상될 것이다. 작게라도 시작하는 것을 목표로 해야 한다.

새로운 도전은 것은 누구에게나 어렵고 두려운 일이지만, 하면 할수록 익숙해지고 쉬워진다. 회사를 입사해 신입사원으로 처음 발표할 때를 생각하면 지금도 기억이 생생하다. 얼굴도 모르는 수많은 동료와 선배들 앞에서 발표하는 것은 정말 두려운 일이었다. 하지만, 신입사원이 실수한다고 뭐라고 할 사람은 아무도 없다. 사실 그들은 신입사원에 큰 기대를 하지 않는다. 잘하면 좋겠지만, 못한다고 전혀 문제 되지 않는다. 왜냐면 그것은 시작이기 때문이다. 시작은 누구나 두렵고 실수를 하기 마련이다. 새롭게 하는 N잡들 역시 마찬가지이다. 처음의 실수는 어찌 보면 당연한 것이다. 단지 그 과정을 통해 실수를 줄이고 점점 완벽해지면 되는 것이다.

4 _ 회사와 관계 정립하기

직장인이 부업을 하는 데 있어 가장 큰 걸림돌은 바로 지금 다니고 있는 직장일 것이다. 많은 회사가 취업규칙에 겸업 금지 조항을 두고 있기 때문이다. 앞서 직장과 직업은 다른 개념이고 구분해야 한다고 했지만, 현실을 무시할 수만은 없을 것이다. 그렇다면 회사에서 N잡은 어떻게 해야 할까? 우선 N잡을 했을 때 회사에서 어떤 것이 문제가 될지 알아보겠다.

첫 번째, 업무시간에 부업 활동으로 본업에 지장을 주는 경우이다.

내가 사장이라도 업무시간에 직원이 본업은 뒷전으로 하고 부업에만 신경 쓴다면 당연히 싫을 것이다. 이는 상식의 문제이다. 기본적으로는 업무시간에는 본업에 집중해야 한다. 부업이 본업을 방해하게 하면 안 된다. 재능마켓의 손성은 강사는 업무 중에는 수강생의 문의 전화나 문자에 응대하지 않는다. 대신 퇴근 후 밤늦은 시간까지 수강생과 소통을 이어간다. 특히, 쇼핑몰을 운영하는 경우에는 고객 CS 처리를 해야 한다. 이럴 때는 가능하면 가족(아내)이 응대해주면 좋다. 또는, 메일로 응대하거나, 직접 통화는 응대 시간을 명시하는 것도 좋다. 혹시라도, 업무시간에 해야 한다면 다른 사람이 모르게 해야 한다.

그러면 업무시간 외에 부업을 하는 것은 괜찮을까? 겸업 금지 사항이라는 것이 굉장히 광범위한 면이 있다. 하지만, 업무 시간 외에 다른 활동을 하는 것까지 문제 삼기는 어려운 것이 현실이다. 경제 상황은 안 좋아지고, 회사 월급만으로 생활하기가 점점 힘들어지고 있다. 이런 상황에서 업무 시간 외 하는 부업까지 문제 삼기는 어려울 것이다. 종종 회사에서 부업의 수익을 알게 될까 봐 걱정하는 직장인들이 있다. 만약 그것이 불안하다고 하면 가족이나 친구를 활용하면 될 것이다. 요즘은 전업주부가 부업으로 쇼핑몰을 운영하는 예도 많기 때문이다.

두 번째, 회사의 정보를 외부에 유출하는 경우이다.

회사의 정보를 경쟁사에 유출하거나 이를 직접 판매하면 법적으로 문제가 될 것이다. 이는 지양해야 한다. 가끔 회사의 내부 정보를 활용해 주식으로 수익을 내거나 유튜브에 회사의 내용을 오픈하는 경우도 있다. 이 역시 원칙적으로 금지사항이다. 하지만, 임원이 아닌 직원이 자사주를 구매해 수익을 낸다고 해서 문제 되는 경우는 많지 않다.(직원의 중요한 정보를 다루는 경우라도 통상적으로 6개월간 보유하면 큰 문제가 되지 않는다고 한다.) 유튜브를 운영하는 경우에는 얼굴을 오픈하지 않고 이미지(가면)를 활용하거나 목소리만 나오게 하는 방법을 권한다.

세 번째, 회사의 재산이나 경험을 이용해 수익을 내는 경우이다.

이 또한 많은 대기업이 금지하는 사항이다. 회사 재산을 사적으로 이용하는 것은 당연히 법적으로 문제가 될 것이다. 가끔 회사의 쓸모없는 자산을 활용해 수익을 내는 경우가 있다. 아무리 쓸모없는 자산이라도 회사의 자산이라면 건드리지 않는 것이 좋다. 그렇다면 회사의 경험을 이용하는 것은 어떨까? 최근 재능마켓 등에서 회사의 경험을 사례로 사용하는 경우가 많이 있다. 이 또한 직접 회사명을 기재하지 않는 것이 좋다. 이때는 내가 아닌 친구의 회사로 소개하거나, 비슷한 내용의 다른 회사의 사례를 사용하는 것이 좋다. 또는, 인터넷에서 공공연하게 통용되는 내용이나 관련 기사를 활용하면 될 것이다.

위 사항을 고려하여 과하지 않은 수준에서 부업을 한다고 하면 크게 문제 되지 않을 것이다. 그런데도 회사가 부업에 대해 문제 삼고 최악에 경우 소송으로 간다면 어떻게 될까? 최근 노동환경의 변화 등을 고려하면 회사에 명확하게 피해를 주는 경우가 아니면 노동자가 이길 확률이 높다고 한다. 하지만, 일단 본업이 주요 수입원임을 생각할 때 회사와 소송까지 가는 상황은 피해야 한다. 소송까지 가면 차후 이직에도 영향을 미칠 수 있기 때문이다. 물론 회사도 소송까지 가는 것을 원하지는 않을 것이다. 굳이 이런 일로 구설에 오르고, 시대에 뒤떨어진 회사라는 오명을 쓰기는 싫을 것이다.

결론적으로 최근의 경제 상황이나 노동환경 변화를 생각하면 부업이 크게 문제 되지는 않을 것이다. 하지만, 부업이 본업만큼의 수입이 되기 전까지는 굳이 '나 부업하고 있다.'라고 말할 필요는 없다. 회사에는 나를 도와주고 힘이 되어주는 동료도 있지만, 나를 시기하고 경쟁상대로 생각하는 사람도 있기 때문이다. 또한, 회사 역시 나에게는 주요 수입원이며, 지금의 나를 있게 해준 고마운 존재임을 잊지 말아야 한다.

정리하면
❶ 업무시간에는 본업에 집중하기. 부업은 업무 시간 외에만 하기
❷ 회사의 정보를 유출해 회사에 피해를 주지 않기
❸ 굳이 회사에 나의 부업을 알릴 필요는 없음
❹ 회사는 나의 주 수입원이며, 지금의 나를 있게 해준 고마운 존재임을 잊지 않기

02 운영하기

1 _ 시간 확보하기

　직장인들이 부업을 시작하지 못하는 가장 큰 이유는 바로 시간이 없다는 것이다. 잦은 회식과 야근으로 부업을 위한 시간 확보가 어렵다는 것이다. 하지만, 정말 시간이 없는 걸까? 조금 냉정하게 이야기하면 이는 시작하지 못한 사람들의 핑계에 불과한다. 일단 부업을 시작한 사람들은 어떻게든지 일할 수 있는 시간을 만들어냈다. 일반적으로 부업이라는 것이 내가 좋아하는 것을 선택하고 온전한 나의 일이기에 일을 즐기게 된다. 또한, 일한 만큼 돈을 벌기 때문에 없는 시간이라도 만들어서 부업에 집중하게 된다.

　하루 24시간은 누구에게나 공평하게 주어진다. 이 중에 8시간은 잠을 자고, 8시간은 일을 한다. 그리고 남은 시간은 8시간이다. 이 8시간을 어떻게 사용하느냐에 따라 앞으로의 성과가 달라질 수 있다. 하지만, 8시간을 온전히 다 사용하는 것은 현실적으로 어려움이 있다. 조금 여유롭게 출퇴근 2시간, 식사 2시간, 개인시간(가족, 운동, 취미 등) 1시간을 빼고 남은 시간은 3시간이다. 바로 이 남은 3시간을 꾸준하게 확보할 수 있어야 한다.

　사실 직장인은 자영업자보다 여유시간이 많다. 한 달 중 토, 일요일을 제외하면 실제 근무일은 20일 정도이다. 여기에 월차, 공휴일, 여름휴가 등까지 생각하면 일 년 중 실제 근무일은 3분의 2가 안 된다. 하지만, 업무를 하고 퇴근하면 몸도 마음도 피곤해진다. 친구도 만나고 싶고, 놀고도 싶고, 쉬고 싶은 것이다. 이렇게 할 것 다 하고 나면 시간이 없는 것이다. 부업은 시작하기가 어렵지만 일단 시작하면 시간은 문제 되지 않는다. 어찌 보면 우리에게 필요한 것은 시간이 아니라 시작하겠다는 의지와 결단력일 수도 있다.

직장인 N잡을 위한 시간 관리 TIP

첫 번째는 매너 있게 거절할 수 있어야 한다. 퇴근 후 회식과 야근 등이 반복되다 보면 그런 분위기에 휩싸여 시간 확보가 어려워진다. 그러다 보니, 업무시간에 부업을 하는 경우들이 생기고, 회사와 관계가 안 좋아진다. 업무시간은 회사와 내가 계약한 시간이고 회식과 야근은 계약 외 시간이다. 그러기에, 업무시간은 선택 불가지만 업무 외 시간은 선택할 수 있다. 업무 시간에 부업을 해서 욕을 먹는 것과 회식에 참여를 못 해 욕먹는 것은 차이가 있다. 어느 쪽을 선택할지는 쉽게 판단할 수 있을 것이다.

회식에 참여해 팀원들과 네트워크를 하는 것도 중요하다. 하지만, 부업을 하기로 마음먹었다면 매너 있게 거절해야 한다. 특히, 부업 초기 3~6개월 정도는 특별한 이유를 만들어 시간을 확보해야 한다. 선의의 거짓말도 필요하다. 인터넷상에 나오는 매너 있게 거절하는 법을 참조해보기 바란다. 이것도 처음이 어렵지 자꾸 하다 보면 익숙해질 것이다.

TIP 매너 있게 거절하는 법

❶ 업무 시간에 최대한 집중해 야근&회식을 하는 것을 어려운 부탁이 되게 하기
❷ 가족 관리 : 아이 픽업, 아내가 싫어함…
❸ 건강 관리 : 병원예약, 약을 먹고 있어서…
❸ 친한 상사 등 아군 이용하기 등

두 번째는 효율적인 시간 관리를 위해서 '자투리 시간'과 '집중 시간'을 구분하는 것이다. '자투리 시간'은 부업을 위한 준비 시간으로 활용하고 실제 업무는 '집중 시간'에 진행하는 것이다. 인스타그램, 블로그 등 SNS는 스마트폰을 활용하기에 자투리 시간을 충분히 활용할 수 있다. 책을 쓰기 위한 주제 선정과 자료 수집도 출퇴근과 식사시간을 활용해서 할 수 있다. '자투리 시간'에 무언가 성과를 내려 하기보다는 자료를 찾거나 생각하는 시간으로 활용하는 것이 좋다.

집중 시간은 평일 3시간과 주말 시간을 확보해야 한다. 예를 들어 퇴근 후 아이들과 시간을 보내고 이후 22:00~01:00를 집중 시간으로 정할 수 있다. 팟캐스트 '윤식단'은 평일에는 주제를 선정하고 주말에 집중적으로 녹음을 진행했다. 물론 당장 3시간을 확보하는 것이 어려울 수 있다. 3시간이 아니라 1시간이라도 좋으니 나만의 시간을 확보하는 것이 중요하다. 많은 N잡러들이 평일에 3시간 이상을 부업에 투입하고 있다. 일이 신나고 돈 버는 것이 재미있다 보니 더 열심히 하는 것이다. 처음이 어렵지 일단 시작하고 나면 시간은 걸림돌이 되지 않을 것이다.

2 _ 직장인의 특성 이해 및 장점 활용하기

직장인의 부업, 투잡은 어제 오늘의 이야기가 아니다. 경기가 조금이라도 어려워지면 투잡을 고민하는 직장인의 이야기는 단골 기삿거리이다. 하지만, 주위를 돌아보면 이를 실제 행동으로 옮기는 사람은 거의 없다. 또한, 이를 통해 본업만큼의 수익을 거두는 사람도 많지 않다. 여러 가지 이유가 있겠지만 직장인이 본업과 함께 부업을 병행하는 것이 어렵기 때문이다. 특히, 수익을 내기 위해서는 남들보다 더 큰 노력과 열정이 필요하다.

직장인이 도전하는 부업에는 그 분야를 본업으로 하는 전문가들이 존재한다. 직장인들은 그들만큼 시간과 열정을 투자할 수가 없다. 직장인에게는 분명히 시간, 열정, 체력적인 한계가 존재한다. 이 부분을 극복하기 위해 노력해야 하겠지만, 기본적으로는 이 한계를 인정해야 한다. 그들보다 작은 시간과 노력을 투입하고 같은 수준의 수익을 거두기를 기대해서는 안 된다. 그러기에 직장인의 부업은 장기적인 관점에서 움직여야 한다. 그리고, 기존 플레이어(player)들과 차별화할 수 있는 것이 무엇인지에 대해 고민해야 한다.

직장인들은 기본적으로 시장의 경쟁자들보다 불리한 것이 사실이지만 그들만의 장점이 존재한다. 직장인의 가장 큰 장점은 바로 본업에서 나오는 자금력이다. 본업으로 하는 경쟁자들은 투자비 대비 수익성이 절대적으로 중요하다. 그들은 수익이 나오지 않으면 사업을 지속하기가 어렵다. 하지만, 직장인은 본업이 있기에 자금 활용에 유연성이 존재한다. 이는 매우 중요한 장점이며 직장인은 이를 최대한 활용해야 한다.

❶ 쓰러져도 다시 도전할 수 있다

　수많은 N잡 중 어떤 것이 나에게 적합한지 실제 하기 전까지는 알기 어렵다. 퇴직 후 쇼핑몰에 도전한다고 했을 때, 제품 소싱, 홈페이지 구성 등 많은 준비가 필요하다. 사업이라는 것이 성공하면 좋겠지만 항상 좋은 결과가 있는 것은 아니다. 쇼핑몰 오픈을 위해 투입된 시간과 노력은 실패하더라도 경험이 될 수 있다. 하지만, 이를 위해 투입된 자금들은 고스란히 부담으로 다가온다. 직장인은 본업에서 지속해서 사업자금을 융통할 수가 있다. 혹시 하나의 도전에서 실패하더라도 새로운 도전을 할 수 있는 밑받침이 되는 것이다.

❷ 돈으로 시간과 경험을 사라

　새로운 분야에 도전하기 위해서는 생각보다 많은 시간과 노력이 필요하다. 다행히 요즘은 이런 부분을 돈으로 살 수가 있다. 크몽과 같은 재능마켓에는 우리가 도전하려고 하는 분야의 다양한 전문가들이 많이 있다. 사업의 전반적인 전략을 배울 수도 있고, 실제 실행을 위한 1:1 컨설팅도 받을 수 있다. 홈페이지 구성, 영상 제작 등 실무적인 부분에 대한 직접적인 도움을 받을 수도 있다.

　A~Z까지 모든 것을 스스로 진행하면 많을 것을 배울 수 있지만, 바쁜 직장인에게는 한계가 존재한다. 이런 이유로 돈이 된다는 것을 알면서도 시작을 하지 못하는 경우가 많다. 이제 더 이상 고민만 하지 말고 투자가 필요한 부분은 과감하게 투자해야 한다. 직장인들에게는 이런 여유가 있다. 제주도를 자동차를 타고 배로 이동하려면 많은 시간이 걸리지만, 비행기를 타고 렌터카를 빌리면 편한 여행을 할 수 있다. 업계의 전문가들과 함께하면 혼자 하는 것보다 더 많은 것을 배울 수 있다. 그들의 경험을 돈으로 살 수 있다는 것은 정말 큰 장점이다. 이를 최대한 활용해야 한다.

❸ 초기에는 저마진으로 고객을 모아야 한다

　경쟁자를 이기기 위해서는 차별화가 중요하다. 이는 비단 제품에 국한되지 않는다. 직장인의 특성상 제품과 서비스의 차별화가 쉽지 않다. 그 대신에 가격에서 차별화가 가능한다. 즉, 초반에는 시장의 경쟁자보다 낮은 가격으로 접근해 고객들의 관심을 끄는 것이다. 이는 쇼핑몰, 크라우드펀딩, 재능마켓 등에서 사용할 수 있는 방법이다. 초반에 마진을 줄여 고객을 확보하고 그들을 만족시켜야 한다. 좋은 리뷰는 빨리 성장할 수 있는 원동력이 된다.

쇼핑몰을 부업으로 운영하는 많은 직장인이 처음에는 저마진 전략을 사용한다. 이미 시장을 선점하고 있는 경쟁자들 속에서 우선은 소비자의 선택을 받는 것이 중요하기 때문이다. 이를 통해 일단 거래를 시작하고, 구매 고객을 늘리면서 운영 품목을 늘려간다. 이는 재능마켓에서도 적용이 된다. 손성은 튜터도 기존 경쟁자보다 저렴한 가격으로 시작했다. 그리고, 초반에 강의를 신청한 학생들에게 최선을 다해 좋은 리뷰를 이끌어냈다. 초기에는 돈을 버는 것보다 고객을 확보하고 그들과 신뢰를 쌓는 것이 더 중요하다.

3 _ 모든 것을 혼자 하려고 하지 말자. 나의 지원군 만들기

직장인이 N잡을 할 수 있는 여건은 점점 좋아지고 있다. 모든 일을 혼자 하려고 하면 힘들 수밖에 없다. 본업도 힘든데 투잡, 쓰리잡을 하려면 몸과 마음이 지치기 마련이다. 회사에서도 개인이 모든 것을 다할 수 없기에 팀별로 업무가 나누어져 있다. 때론 외부의 협력사와 협업을 하기도 한다. N잡이 정상 궤도에 오르면 많은 노력을 하지 않아도 손쉽게 돌아간다. 하지만, 초반에 많은 시행착오와 어려움을 이겨내야 한다. 이 시기에 혼자 모든 것을 감당하려고 하면 빛을 보기 전에 포기할 수도 있다. 우리는 주변의 다양한 인적 network를 최대한 활용해야 한다.

❶ 영원한 내 편, 가족과 함께하자

결혼 후 1년만 지나도 부부 사이에 변화가 생기기 시작한다. 연애 시절에는 서로의 좋은 면만 보이고 사랑하기에 결혼까지 한다. 하지만, 그동안 다른 환경에서 살아온 생활 습관이 서로에게 불편함을 가져온다. 단적인 예로 필자는 오징어를 싫어한다. 그런데 신혼 시절에 아내가 오징어 요리를 계속해주었다. 오징어국에 오징어 볶음, 오징어 젓갈까지 모든 음식이 오징어 천국이었다. 아내가 오징어를 좋아하기에 어쩔 수 없이 눈 질끈 감고 계속 먹었다. 하루는 마음먹고 '나는 오징어가 싫어요'라고 이야기했다. 그러자 아내는 당황하며 본인도 오징어를 좋아하지는 않는다는 것이었다. 잘 먹는 모습을 보고 좋아하는 줄 알고 계속해준 것이었다.

'아 여태까지 뭐 한 거지? 진작에 이야기할 걸…' 이렇듯 부부간에는 대화가 필요하다. 부업을 시작함에도 마찬가지이다. 월급 외 추가 수입을 번다는 것은 분명 좋은 일이다. 하지만, 부업은 퇴근 후, 주말에 가족과 함께하는 시간을 포기하고 해야 한다. 아내(or 남편)의 성향에 따라 다르겠지만, 부업보다 가족과 함께하는 생활이 더 중요할 수도 있다. 부업을 시작할 때는 회사에는 알리지 말아야 하지만, 부부간에는 이야기를 해야 한다. 그리고, 가능하다면 상대방에게 도움을 요청하고 함께 해야 한다.

크라우드 펀딩의 오태경 대표는 많은 부분을 본인이 처리하지만, 제품 상세페이지는 디자이너인 아내의 도움을 받고 협의한다. 그 부분은 아내가 전문가이고 더 잘하기 때문이다. '호야&오상' 부부 역시 두 사람의 성격과 특징이 전혀 다르다. 두 사람은 한 사람이라도 의견이 맞지 않으면 시작하지 않는다. 두 사람이 서로 100% 협의가 되었기에 초기에 힘든 과정을 함께 이겨낼 수 있었다.

또한, 때론 가족과의 일상이 중요한 아이템/주제가 될 수도 있다. 인스타그램 쾌니의 손경완 대표와 블로그의 세수하면이병헌 황성원 대표는 가족과의 일상이 중요한 콘텐츠가 된다. 가족이 단순한 협조자를 넘어 부업을 함께하는 동업자가 된다면 큰 시너지를 만들어 낼 것이다. 필자의 많은 지인 중에는 부부가 함께 N잡을 하는 경우가 많다. 쇼핑몰을 함께 하는 지인은 남편은 제품기획, 회계 등을 담당하고 아내는 홈페이지 관리, 고객 응대를 담당한다. N잡을 하는 데 있어 가족은 매우 중요한 지원군이며 동반자임을 명심해야 한다.

❷ 친구, 직장 동료와 함께하기

어떤 일이 되었던 혼자 하는 것보다 함께 하는 것이 더 나은 선택이다. 같이 함으로써 외로움과 힘든 과정, 실패의 위험성을 나눌 수 있기 때문이다. 때론 형제보다 친구와 함께 하는 것이 더 나은 선택이 된다. 돈과 관련해서는 가까운 사이일수록 더 큰 화를 불러오기 때문이다. N잡을 하는 데 있어 친한 친구와 함께할 수 있다면 좋지만, 친구는 이미 자신만의 삶을 살고 있기에 함께 하기가 쉽지 않다.

먼저 친구와 함께하되 그것이 어려우면 나와 친한 직장 동료와 함께 하는 것도 괜찮다. 그들은 나와 대부분 시간을 함께하고 비슷한 고민을 하고 있기에 N잡의 동반자로 나쁘지 않다. 대신에 회사의 동료는 확실한 사람을 선택하는 것이 중요하다. 자칫 잘못했다가 시작도 하기 전에 소문이 퍼질 수도 있기 때문이다. 동료와 함께한다면 업무분담을 명확히 할 필요가 있다. 새로운 N잡에서는 직급에 상관없이 동등한 동업자로 서로를 존중해주어야 한다.

이렇게 동료와 함께하는 것은 팟캐스트, 유튜브 등에서 시너지를 낼 수 있다. 팟캐스트는 오디오 콘텐츠로 이루어지기 때문에 자칫 지루해질 수 있다. 동료와 함께한다면 콘텐츠 확보뿐만 아니라 서로 이야기를 주고받으며 재미를 더할 수 있다. 이런 이유로 대부분의 팟캐스트는 2명 이상이 함께하는 경우가 많다. 유튜브도 함께함으로써 시너지를 낼 수 있다. '신사임당'을 비롯한 많은 유튜버들이 초기에 친구, 동료와 함께했다. 최근에는 초대 손님과 인터뷰하는 형식으로 콘텐츠의 한계를 극복하고 있다.

4 _ '꾸준함' 유지하기

대기업과 중소기업의 차이는 무엇일까? 여러 가지가 있겠지만 가장 큰 차이는 자금의 차이일 것이다. 대기업은 중소기업보다 투자하고 운용할 수 있는 자금의 규모가 크다. 이것이 바로 대기업의 경쟁력이다. 큰돈이 있기에 차별화 제품을 만들 수 있고, 차별화 마케팅을 할 수 있으며, 차별화된 고객 서비스를 제공할 수 있는 것이다. 반면에 작은 회사의 경쟁력은 속도와 시간이다. 작으므로 무엇이든지 빠르게 진행하고 결정할 수 있다. 또한, 투자 규모가 작기에 성과가 조금 작더라도 좀 더 기다릴 수 있다.

직장인의 N잡은 이런 작은 회사와 비슷하다. 대부분의 N잡은 무자본 또는 소자본 투자이다. 본업과 병행해야 하기에 본업으로 하는 경쟁자보다 시간 투입도 적을 수밖에 없다. 비용과 시간에서의 절대 투입량이 적기 때문에 결과물도 작거나 오래 걸릴 수밖에 없다. 열심히는 하되 결과물에 너무 집착하지 말아야 하는 이유이다. 유튜브 수익화 창출 조건은 1년간 구독자 1,000명 전체 시청시간 4,000시간이다. 3개월, 6개월이 아니라 1년의 시간을 둔 것은 그만큼 꾸준하게 해야 한다는 것을 의미한다. 1년은 해야 크리에이터로서 인정을 받을 수 있는 것이다.

이는 유튜브에 국한되지 않는다. 블로그, 인스타그램, 쇼핑몰 등 모든 N잡이 마찬가지이다. 종종 '블로그로 월 1천만원 벌기', '스마트스토어로 월 1천만원 벌기' 등의 광고들이 있다. 불가능한 일은 아니지만, 여기에는 시간이라는 중요한 조건이 빠져 있다. 만약 '한 달 만에'라는 조건이 붙으면 가능할까? 아마도 대부분, 아니 모든 N잡이 불가능할 것이다. 한 달 만에 가능하게 하려면 대규모의 사람과 돈이 투자되어야 한다. 즉, 혼자가 아니라 10명이, 무자본이 아니라 1억이 투자된다면 가능할 것이다. 직장인의 N잡은 이런 조건들이 충족되지 않기에 시간이 걸릴 수밖에 없으며 장기적인 관점을 가지고 꾸준하게 해야 한다.

그러면 지치지 않고 꾸준하기 위해서는 어떻게 해야 할까?

❶ 한꺼번에 열정을 다 쏟지 말자

여러 가지 일을 하는 N잡러가 가장 조심해야 하는 것은 '번아웃(Burn out, 탈진)' 증후군이다. N잡을 하는 이유는 경제적, 정서적으로 행복하기 위함이다. 너무 과한 욕심을 부려 한 번에 모든 것을 쏟아붓고 장렬히 전사하면 안 된다. N잡은 4년에 한 번 있는 올림픽이 아니다. 단 한 번의 순간에 성과를 내는 것이 아니라, 하루하루 작지만, 지속적인 성과를 만들어야 한다. 이런 작은 성과들이 쌓이고 누적되어 점점 커져야 한다.

유튜브를 시작한 사람들의 90% 이상이 수익화에 실패하고 중간에 포기한다. 처음 시작할 때는 당장 될 것처럼 영상을 찍고 밤을 새지만, 한 달만 지나면 생각보다 쉽지 않다는 것을 깨닫게 된다. 그렇게 한두 달이 더 흐르면 '이건 안되는구나!' 하고 포기하는 것이다. 남녀 간의 사랑이 언젠가는 식듯이, 열정도 언젠가는 식기 마련이다. 순간의 열정보다는 꾸준함이 중요하다. 어떤 영상이 언제 터질지 모르고, 수익화를 위해서는 1년이라는 기간이 주어진다. 수익화 조건 4,000시간이 처음에는 불가능한 것 같지만, 1년이 지나면 구독자가 늘어나 실현 가능해질 것이다.

❷ 작은 목표를 통해 성공 경험 쌓기

목표가 너무 크고 막연하면 실행이 어려워진다. 실천 가능한 수준의 작은 목표를 세우고 작게라도 성취감을 느껴야 한다. 작은 성공에 익숙해져야 큰 성공이 가능해진다. 한 번에 팔굽혀 펴기 100개를 할 수 있는 사람은 많지 않을 것이다. 하지만, 매일 1개씩 숫자를 늘린다면 100일째에 100개를 할 수 있는 사람은 많아진다. 마찬가지로 인스타그램 팔로워 10만 명이 목표가 되면 안 된다. 처음에는 '100명 팔로워 만들기'처럼 실천 가능한 목표를 정해야 한다. 달성이 되면 '300명 팔로워 만들기'로 목표를 수정한다. 그렇게 목표를 조금씩 높여 나간다.

그리고, 목표를 구체화하고 수치화해야 한다. 다이어트를 한다고 했을 때 '살 빼기, 운동하기, 조금 먹기'와 같은 막연한 목표는 의미가 없다. 위의 목표는 '한 달 내 5kg 빼기, 퇴근 후 1시간 운동하기, 8시 이후 야식 안 먹기 등'으로 바꾸어야 한다. 목표 설정에 유용한 방법은 SMART 기법을 활용하는 것이다. SMART 기법은 '현대 경영의 아버지' 피터 드러커에 의해 알려진 목표관리 기법이다.

S : Specific 구체적일 것
M : Measurable 측정 가능할 것
A : Achievable 성취 가능할 것
R : Realistic, Relevant 현실적일 것
T : Time-Bounded 기한을 정할 것

블로그를 한다고 할 때 SMART를 활용해 목표를 설정하면 아래와 같다.

S : 블로그 운영하기 → 육아와 패션을 주제로 워킹맘 대상 블로그 운영하기
M: 블로그 활성화하기 → 1일 1 포스팅을 통해 블로그 하루 방문자 100명 만들기
A : 블로그 이웃 1만 명 만들기 → 매일 이웃 신청 50명을 통해 블로그 이웃 1,000명 만들기
R : 블로그로 월 1억 벌기 → 블로그 쇼핑몰로 월 300만원 수익 벌기
T : 수익화 블로그 만들기 → 1년 내 블로그 이웃 3,000명 만들어 월 300만원을 벌겠다.

❸ 주변에 나의 N잡을 알리자

내가 N잡을 하는 것을 회사에는 당분간 비밀로 해야 한다. 회사 안에서 내가 N잡 하는 것을 반길 사람은 많지 않기 때문이다. 안 그래도 N잡으로 힘든데 동료들 눈치까지 보게 되면 더 힘들 수밖에 없다. 혹시라도 실패하면 두고두고 입방아에 오르내릴 수도 있다. 하지만, 회사를 제외한 주변의 지인에게는 알리는 게 좋다. N잡을 시작하는 초기에 지인들의 관심과 조언은 채널을 지속하고 활성화하는 데 도움이 된다.

특히, SNS를 활용한 PIPIE-LINE을 구축하는 데 있어 지인 홍보는 필수이다. SNS의 특성상 채널의 영향력은 구독자와 댓글 수에 달려 있다. 초기에 구독자가 어느 정도 확보되고 소통이 이루어져야 사람들을 지속해서 모을 수 있다. 구독자가 10명도 안 되는 채널에 처음 방문하는 사람이 관심을 두지는 않을 것이다. 또한, 내가 올리는 사진과 댓글에

어느 정도 호응이 있어야 신이 나서 계속할 수 있다. SNS는 약간의 자기 자랑과 '나를 봐주세요.'라는 무언의 부탁이 있다. 초기에 지인 찬스를 통한 홍보는 채널을 지속할 수 있는 원동력이 되는 것이다.

    N잡을 하다 보면 일이 갑자기 몰려 계획보다 늦어지기도 한다. 그렇게 일에 치여 일주일만 쉬어 간다는 것이 한 달, 두 달이 되어 슬럼프에 빠지게 된다. 슬럼프가 올 때 지인의 관심은 자신을 스스로 반성하고 채찍질하는 계기가 된다. 필자의 지인은 가족, 친척, 친구들에게 N잡하는 것을 알렸다. 그러자, 부모님과 친척들로부터 유튜브 언제 올리냐며 계속 협박(?)의 연락이 왔다. 지인들의 관심으로 쉬고 싶어도 쉴 수 없는 상황이 되었다. 의도적으로 주변의 지인에게 알림으로써 N잡을 꾸준하게 지속할 수 있게 된다.

03
확장하기

1 _ 파이프라인 연결을 통한 시너지 창출하기

'하나보다 둘이 낫고 둘보다는 셋이 낫다'는 속담처럼 수입 PIPIE-LINE도 많을수록 좋다. 하나의 부업이 정상적으로 돌아가기 시작하면, 다른 PIPE-LINE과 연결 또는 확장을 해야 한다. 보통의 사람은 '하나도 힘든데 어떻게 두 개 세 개를 한다는 거지?' 하고 의문을 가질지 모르겠다. 하지만, 이는 그리 어려운 것이 아니다. 때론 나의 의도와 상관없이 자연스럽게 이루어지기도 한다. 특히, SNS를 통한 N잡은 나를 노출시키고 외부와 소통하기에 많은 기회를 얻을 수 있다.

앞서 블로그를 기본으로 운영해 볼 것을 추천했다. 블로그는 글, 스토리, 사진, 영상이 모두 있기에 다른 플랫폼을 확장하는데 용이하다. 많은 이웃을 보유하고 영향력 있는 블로거는 출판 제의를 종종 받게 된다. 글과 사진 그리고 스토리가 있기 때문에 포스팅이 많아 지면 출판이 가능해진다. 블로그를 기반으로 재능마켓에서 강의와 컨설팅을 할 수도 있다. 당장 블로그를 개설한 초보 블로거들은 수천, 수만 명의 이웃을 보유한 블로거가 롤모델이 된다. 그들에게 그간의 과정과 경험을 기반으로 강의를 할 수 있는 것이다. 또한, 블로그의 특성에 따라 상품을 판매하며 쇼핑몰로 확장이 가능할 것이다.

블로그 ➡ 강의/컨설팅 ➡ 쇼핑몰 ➡ 출판 등으로 연결 확장 가능이는 유튜브도 마찬가지이다. 최근 많은 유튜버가 자신들의 책을 출판하고 있다. 구독자가 많은 것은 콘텐츠가 도움이 되고 매력적이기 때문이다. 수십만의 구독자를 보유하기까지는 쉽지 않은 과정이었을 것이다. 이런 유튜버의 성공담과 콘텐츠는 충분히 책으로 출판이 가능하다. 게다가, 수십만의 구독자가 잠재고객이 되기에 출판사 입장에서는 매우 매력적이라고 할 수 있다. 그리고, 많은 구독자를 기반으로 다양한 강의와 컨설팅을 할 수도 있다. 구독자 수십만을 보유한 사람의 실물을 접하는 것만으로도 흥미로운 일이다. 게다가 성공 노하우까지 배울 수 있다면 더욱 좋을 것이다.

또한, 각각의 채널이 상호 작용하며 구독자, 팔로워, 이웃을 모을 수 있다. 유튜브를 해보면 초반 지인 찬스로 200명 정도까지는 구독자를 모을 수 있지만, 그 이상은 쉽지 않다. Yeccol Artstudio의 최고려 대표는 유튜브를 시작하며, 단번에 200명의 구독자를 확보했지만, 교육 채널 특성상 구독자를 모으기가 쉽지 않았다. 지인 찬스가 끝나자 바로 정체기가 찾아왔다. 결국, 지인 찬스의 한계를 느끼고 블로그, 인스타그램, 카페 등 여러 플랫폼에 유튜브를 홍보하기 시작했다. 각각의 플랫폼에서 다른 특성을 가진 구독자들을 유입하며, 수익화 조건을 채울 수 있었다.

N잡의 장점은 하나의 부업이 성공하면 다른 PIPE-LINE으로 확장할 수 있다는 것이다. 일단 메인 채널은 유지하면서 다른 플랫폼으로 확장을 시도하기 바란다. 블로그를 하다 재미없거나 지루해지면 사진을 모아 인스타그램에 업로드를 한다. 영상들은 편집해서 유튜브를 할 수도 있다. 블로그를 시작했다 해서 블로그에만 올인할 필요는 없다. 대세인 유튜브도 한번 시도해볼 수 있다. 이런 과정에서 자신에게 어떤 플랫폼이 더 잘 맞는지 알 수 있다.

필자가 즐겨보는 IT리뷰 채널인 '테크몽'은 원래 원래 자동차와 IT를 소개하는 블로거였다. 블로그를 운영할 때도 만 명 이상의 이웃을 가진 소위 파워 블로거였다. 그런 그가 어느 날 유튜브를 시작했다. H 자동차 출신의 평범한 직장인이었기에 처음 영상은 어색했지만, 시간이 지날수록 친숙하고 솔직함이 매력으로 다가왔다. 이는 필자뿐만 아니라 테크몽 채널을 구독한 사람들의 공통적으로 느끼는 점일 것이다. 그는 자신의 이런 이미지를 바탕으로 구독자 50만명을 보유한 탑클래스 IT 유튜버가 되었다.

최근 협찬과 유료광고로 유튜브가 난리지만, 이전부터 돈을 받고 진행하는 중심의 제품 리뷰로 불만이 있었다. 테크몽은 이런 IT 유튜버들 사이에서 솔직함으로 자신의 이미지를 구축하는 데 성공했다. 이런 그가 최근 블로그를 그만두고 유튜브에 집중한다고 밝혔다.

여러 가지 이유가 있지만, 요약하면 유튜브가 더 자신에게 맞고 돈이 되기 때문일 것이다. 그가 만약 블로그에만 집착했다면 자신의 장점인 솔직함을 표현하는 데 한계가 있었을 것이다. 그리고 지금처럼 50만명의 구독자가 아닌, 2만 정도의 이웃에 머물렀을 것이다. 이렇듯 하나의 플랫폼에 집착하기보다는 다양한 플랫폼에서 도전을 이어가야 한다. 또 다른 플랫폼에서 더 큰 성공을 할 수도 있기 때문이다.

2 _ 새로운 파이프라인 찾기 : 빠른 진입이 성공의 열쇠다

IT와 모바일의 발전으로 수많은 부업이 생기고 사라지고 있다. 그들 중 대부분은 몸으로 뛰는 생계형 부업이다. 이런 부업은 직장인에게 적합하지 않다. 직장인의 부업은 한 번의 셋팅(setting)으로 지속적인 수익이 나와야 한다. 앞서 소개한 N잡들은 이런 조건들을 충족한다. 일정 수준의 임계점을 넘어가면 지속적인 수익이 창출 된다. 하지만, 어느 정도 시간이 흐르면 수익이 줄어드는 시점이 오게 된다. 예전에는 블로그가 메인이었지만, 이제는 유튜브가 대세이다. 유튜브 역시 새로운 형태의 플랫폼으로 대체될 수 있다. 항상 변화를 주시하고 새로운 트렌드에 관심을 가져야 하는 이유이다.

경영이론 중 '선점우위 효과 (First Mover Advantage)'가 있다. 이는 시장에 먼저 진입한 기업이 더 많은 이익을 얻는다는 것이다. 초기 위험성이 큰 만큼 일단 성공하면 선점자로서 큰 이익을 얻는 것이다. 이런 선점우위 효과는 N잡에서도 적용이 된다. 초기에 접근할수록 경쟁자가 적기에 성공하면 많은 혜택을 누릴 수 있다. 물들어 올 때 노 젓는다는 말처럼 물들어 오는 시점을 잘 알아채서 초반에 승부를 내야 한다. 시장 초기에는 전문가라고 할 수 있는 사람도 많지 않다. 먼저 시작하고 경험한 사람이 전문가가 되어 선점 효과를 누릴 수 있는 것이다.

대부분 기업은 선점우위 효과의 장점을 알지만 이를 실행하지 못한다. 바로 실패 위험성에 대한 부담 때문이다. 성공이 담보되지 않은 상황에서 과도한 투자가 부담되는 것이다. 실패가 기업 성장의 보약이 된다고 하지만 이를 받아들이기는 쉽지 않다. N잡의 세계에서는 이런 실패 위험성이 거의 없다. 대부분이 투자비가 없거나 거의 들지 않기 때문이다. 대부분이 본인의 결단력만 있으면 바로 실행할 수 있다. 그러기에 우리는 N잡에 더는 망설일 이유가 없는 것이다. 시장 트렌드를 살피고 과감하게 도전해야 한다.

세상에 영원한 것은 없다. 50년 전 우리나라 100대 기업 중 현재까지 순위에 있는 기업은 10개 정도밖에 되지 않는다. 나머지는 100위 밖으로 밀려났거나 사라졌다. IT와 모바일의 발전으로 이런 현상은 더욱 심해지고 있다. 우리가 몸을 담고 있는 기업도 안전할 수 없다. 대부분 기업은 이런 변화에 늦을 수밖에 없다. 기존에 투자한 것이 있기에 최대한 그것에 집중하고 수익을 내야 하기 때문이다. 이런 현상은 투자 규모가 큰 기업일수록 심하다. 앞뒤 양옆 위아래를 살펴야 하는데 그럴 겨를이 없는 것이다. 시장의 변화에 뒤떨어진 기업은 사라질 수밖에 없다.

많은 직장인이 회사에 답답함을 느끼는 것이 바로 이런 부분이다. 새로움과 다양성을 중요시한다고는 하지만 변화보다는 안정이 더 중요한 것이다. 이는 회사의 특징이니 더는 불평불만은 하지 않기로 한다. 이런 부분은 인정하고 우리는 나만의 N잡에서 새로운 도전을 해야 한다. N잡은 도전만으로도 삶의 활력을 줄 것이다. 변화의 흐름을 놓치지 않고 새로움을 유지할 수 있게 해줄 것이다. 또한, 행운이 따른다면 지금의 직장을 벗어나 내가 좋아하는 일을 하면서 평생 살 수도 있다. 어느 유튜버의 말처럼 언제 어디서 터질지 모르니, 다양한 가능성을 열어 놓고 과감하게 도전해야 한다.

N잡을 통해 모든 직장인이 삶의 새로운 의미를 찾고 행복한 인생을 살아갈 수 있기를 기원합니다. 감사합니다.

APPENDIX

1 _ 직장인 N잡러 노무 관련 Q&A "해인 노무법인" 우창수 공인 노무사

Q 직장인 투잡/N잡 가능한가요?

A 직장인의 투잡/N잡이 가능한지를 확인하기위해서는 우선 "겸업(兼業)"과 "경업(競業)"을 구분할 필요가 있다.

"겸업"은 본업 이외에 다른 일을 겸하는 것을 의미하며, "경업"은 경쟁 사업체에서 일하는 것을 의미한다. 일반회사에서는 두 가지 경우를 혼용하여 쓰는 경우가 있지만, 분명히 다른 개념이다.

'경업'에 대해서는 상법(제397조)에 금지 규정을 두고 있다.

"이사는 이사회의 승인이 없으면 자기 또는 제 3자의 계산으로 회사의 영업부류에 속한 거래를 하거나 동종영업을 목적으로 하는 다른 회사의 무한책임사원이나 이사가 되지 못한다."

물론 상법상 이사 신분이 아니라 하더라도 근로자가 회사의 승인 없이 경쟁회사에 취업하거나 경쟁 사업체를 운영하는 등 동종영업을 목적으로 경업을 수행하는 것 역시 '경업금지'에 해당할 수 있을 것이다. 반면, '겸업'의 경우는 기업 질서나 노무 제공에 지장을 초래하지 않는다면 가능할 것이다.

Q 직장인이 투잡/N잡을 할 경우 징계를 받거나, 법률적으로 문제가 되지는 않을까요?
A 앞서 "경업"의 경우에는 법적으로 문제가 될 수 있음을 알 수 있다.

직장인의 N잡이 가능한 "겸업"의 경우에 대해 자세히 알아보겠다.

우리가 흔히 사용하는 "겸업"은 "겸직(兼職)"과 "겸업(兼業)"으로 구분할 수 있다.

"겸직(兼職)"은 '직을 겸'하는 것으로 자기 본연의 직무(주된 업무) 외에 다른 직무를 겸하는 것으로, 경쟁회사가 아닌 다른 회사에 직을 겸하는 방식이 될 것이다.

"겸업(兼業)"은 "본업 이외에 다른 일을 겸하여서 하는 것"으로 직장을 다니면서 다른 형태의 사업(예: 소규모 부업 등)을 겸할 때 사용되는 의미라 할 것이다.

겸직이나 겸업의 개념이나 적용에 대해서는 거의 유사하게 사용되고 있고, 회사에서 별도의 금지 규정을 두는 경우 혼용하여 사용하는 예도 많다.

여하튼 겸직이나 겸업 모두 직장인(근로자)이 회사의 주된 일 이외의 다른 직무나 사업 등을 하는 경우라 할 것이고, 이러한 겸직이나 겸업에 대해 회사는 자체 내부 기준(취업규칙) 등에 '금지' 조항을 두고 있는 경우가 많다.

그러나, 이러한 겸직(겸업) 금지 규정(약정)에 대해 법원(대법 2009다82244, 선고 2010-03-11)은 "헌법상 보장된 근로자의 직업선택 자유와 근로권 등을 과도하게 제한하거나 자유로운 경쟁을 지나치게 제한하는 경우에는 민법 제103조에 정한 선량한 풍속 기타 사회질서에 반하는 법률행위로서 무효"라고 판단하고 있다.

또한, 법원(서울행법 2001구7465, 2001-07-24)에서는 "근로자가 다른 사업을 겸직하는 것은 근로자 개인 능력에 따라 사생활의 범주에 속하는 것이므로 기업 질서나 노무 제공에 지장이 없는 겸직까지 전면적, 포괄적으로 금지하는 것은 부당하며, 근로자가 사적으로 겸업한 사실이 있다 하더라도 그로 인하여 회사의 기업 질서나 노무 제공에 지장이 초래되었다고 인정할 아무런 증거가 없으면 징계 사유가 될 수 없다"라고 판단하고 있다.

결론적으로, 회사의 취업규칙 등에 겸직 금지가 징계 또는 해고 사유로 규정되어 있더라도 근무시간 외 직원의 투잡/N잡 행위가 '회사의 기업질서나 노무제공에 지장을 주지 않는다'면 징계 사유가 될 수는 없다. 다만, 이를 반대로 해석할 경우 '회사의 기업 질서나 노무 제공에 지장이 초래될 경우'에는 직장인의 겸업(겸직)은 징계 사유에 해당할 수 있다.

즉, 겸업이나 겸직에 대해 회사의 취업규칙에 금지 규정을 두고 있는 상황에서(승인 조건 있으나 승인 없이 할 경우 등) 투잡을 할 경우 이는 취업규칙 위반에 해당되어 포괄적으로 ❶ 기업질서를 위반한 형태가 될 수 있다. 또한, 이러한 투잡 활동 시간이 근무시간 중일 경우에는 당연 ❷ 노무 제공에 지장을 초래한 상황이 된다. 특히, 회사 자산인 회사 내부 컴퓨터 등을 이용하여 겸직이나 겸업 관련 업무를 한 것이 드러날 경우 이 역시 기업의 정상적인 노무 제공에 지장을 초래한 것으로 판단될 수 있다.

그리고, 근무시간 이후 (퇴근, 주말 등) 활동했더라도 회사의 비밀을 침해하거나, 본인에게 주어진 업무 수행이 미진할 경우 (예 잦은 지각, 지시 불이행 등) 투잡 활동으로 인한 근무 불성실을 문제 삼을 수 있다.

Q 유튜브 활동이 법적으로 문제가 되나요?
A 유튜브 활동으로 인해 수익이 발생하면 이는 겸업에 해당할 수 있으며, 겸업에 따른 징계의 판단 경우와 같다고 할 수 있다. 유튜브 활동 목적이 수익(사업)인지 아닌지는 회사의 겸직(겸업) 금지 부분과 연결되어 중요하게 판단될 수 있다.

유튜브 활동이 수익 목적이 아닌 '단순한 취미' 활동이면 겸업(투잡)과는 구분되어 판단될 수 있다. 단순한 취미 활동이라면 '겸업(겸직) 금지' 규정에 해당하지 않을 것이다.

반면에 사업(수익) 목적에서 이러한 문제가 발생하면 업무 불성실의 문제와 더불어 겸업(겸직) 금지 규정 위반 2가지 모두를 이유로 한 징계가 가능할 수 있을 것이다.

유튜브를 하게 되면, 영상 제작, 편집, 구독자 관리 등으로 본업을 소홀히 하게 될 수 있다. 당연하게 회사는 근무 불성실로 문제를 제기할 수 있다. 이와 같은 이유로 많은 직장인 유튜버들이 업무와 유튜브를 철저히 분리하라고 조언하는 이유일 것이다.

또한, 업무에 지장을 주는 것 외에도 유튜브는 외부에 자신을 노출하는 경우가 많다. 의도치 않게 회사의 영업 비밀을 노출하거나 기업의 내부 분위기 등을 이야기할 수 있다. 이런 경우 회사 차원에서는 문제를 제기할 수 있으며, 취업규칙 등에 근거하여 '성실 근로 의무 위반'과 '근무 태만' 등으로 징계를 할 수 있다.

최근 많은 사람이 유튜브를 시청하고 크리에이터로 참여하면서 공무원의 경우에는 나름의 규정을 두고 있다. 유튜브를 무조건 금지하는 것이 아니라, 비영리적인 목적(취미 등)이면 겸업할 수 있다. 다만 소속 기관장의 사전 허가가 필요하다. 특히, 교육부에서는 규정을 개정해 취미목적, 소통 목적으로 유튜브를 할 수 있게 했다. 이와 같은 이유로 최근 많은 학교 선생님들이 영상을 제작해 유튜브로 수업 과정을 진행하는 경우가 많아지고 있다.

2 _ 직장인 N잡러 세무 Q&A "김봉석세무회계사무소" 김봉석 세무사

❶ 부업의 세법적 구분은 어떻게 되나요?

세법상 부업의 유형은 5가지 정도로 구분될 수 있다.

첫 번째, 다른 회사에 고용되어 직장인이 되는 '겸직'이다. 기존 주업도 직장인이고 부업도 직장인인 셈이다. 직장인은 기본적으로 4대 보험에 가입해야 한다. (정확히는 장기요양보험까지 포함한 5대 보험이나 통상 4대 보험으로 칭함으로 4대 보험이라 표현함) 그러나, 이 경우 근로자가 본업의 회사를 주업 직장으로 정했을 가능성이 크므로, 연금보험과 건강보험 산재보험 3가지에 가입하고, 고용보험은 제외한다.

두 번째, 일용노무직 근로자가 되는 것이다. 첫 번째와 다른 점은 회사에 정해진 급여가 아니라 근무한 시간이나 일자에 따른 급여를 받게 된다. 일용직도 2020년 법률에 따르면 월 60시간(또는 월 8일) 이상 근무하면 정규직 근로자와 같게 4대 보험 중 연금보험, 건강보험, 산재보험에 가입하게 된다. 월 60시간(또는 월 8일) 미만 근무하면 4대 보험 중 산재보험만 가입하게 된다.

세 번째, 사업자등록이 없는 사업자가 있다. 세법에서는 흔히 '인적용역자'라고 부르며, 3.3% 원천징수를 하기에 업계에서 3.3%라고 부르기도 한다. 위 두 가지는 회사와 고용 관계를 맺고 근로를 하지만 인적용역자는 사업자로 계약을 하고 이에 맞는 수당을 받는다.

네 번째, 사업자등록이 있는 사업자가 있다. 위 세 번째와 다르게 국세청에 사업자등록을 하고, 사업자등록번호를 부여받은 사업자이다.

다섯 번째, 기타소득으로 수입을 얻는 자가 있다. 위 세 번째 네 번째와 다르게 일시적으로 발생한 수입이 있을 때이다. 예컨대 직장인이 책을 저술하고 인세 수입이 발생하거나, 강의하고 수입이 들어오는 경우이다. 단지 계속 반복적으로 수입이 발생하면 위 세 번째와 같은 사업자등록이 없는 사업자가 될 수 있다.

❷ 직장인이 부업을 가지면 직장에서 알게 되나요? 안다면 언제 알 수 있나요?

　직장인이 부업을 갖되 이익이 발생하면 직장에서 알 수 있다.

　공공기관이 아닌 이상 직장에서 근로자의 부업 여부 및 부수입 발생 여부를 실시간으로 알 수 없다. 단지 이익이 발생하면 다음에 국민연금관리공단을 통해 알게 된다.

　예컨대 2020년 부업으로 인한 소득이 발생하면, 2021년 5월에 종합소득세 신고를 한다. 이후에 국민연금관리공단에서 직장에 이익이 발생한 것을 통보하기에 알 수 있는 것이다.

❸ 직장인이 부업으로 수입이 있으면 세금은 어떻게 하나요?

　수입이 있다면 종합소득세가 발생하며 부업의 성격에 따라 세금 신고 방법이 달라진다. 종합소득세의 10%에 해당하는 지방소득세가 추가로 발생하며, 신고 및 납부해야 한다. 이하에서는 종합소득세를 기준으로 설명하겠다. (지방소득세는 모두 동일하므로)

- 첫 번째, 직장인 : 다음 해 1월에 연말정산하면서 주 근무지에서 부 근무지의 근로소득을 합산하여 신고하면서 정산하며 통상적으로 추가 납부세액이 발생한다. 또는 다음 해 5월에 종합소득세 신고 기간에 2곳의 근로소득을 합산하여 신고 및 납부한다.
- 두 번째, 일용노무직 : 일당 (또는 시급)을 지급하는 곳에서 원천징수를 하는 것으로 종결된다. 곧 추가로 신고하지 않아도 된다. 참고로 일당 10만원 미만은 세금이 없다.
- 세 번째, 사업자등록이 없는 사업자 : 다음 해 5월에 주 근로소득과 3.3% 원천징수한 수입을 합산하여 신고한다. 이미 소득세 3%를 원천징수하였기에 추가 납부세액이 발생할 수도 있고, 환급세액이 발생할 수도 있다.
- 네 번째, 사업자등록이 있는 사업자 : 부가가치세 과세 사업자는 1월과 7월에 부가가치세 신고하고, 면세 사업자는 다음 해 2월에 사업장현황신고를 한다. 이후 5월에 주 근로소득과 사업소득을 합산하여 신고한다.
- 다섯 번째, 기타소득자 : 연간(1월 ~12월) 소득금액이 300만원 미만이면 별도 신고하지 않아도 되지만 300만원 초과이면 주 근로소득과 합산하여 신고한다. 세 번째와 동일하게 추가 납부세액이 발생할 수도 있고, 환급세액이 발생할 수 있다. 수입과 소득이 같을 수도 있고 다를 수도 있는데 부업자들이 발생할 수 있는 대다수는 수입의 40%가 소득이 된다. 예컨데 연간 책 저자가 인세 수입으로 1천만원이 발생한다면, 소득은 40%인 400만원이 된다.

❹ 세금 절세 방법

모든 사업자의 절세 방법은 어려우면서도 간단하다. 사업과 관련된 경비를 사용하게 되면 세법에서 정한 적격증빙을 잘 받고 정리를 잘 하면 된다. 적격증빙은 세금계산서, 계산서, 신용카드전표, 현금영수증 전표, 인건비 지급내역 등을 말한다. 간혹 철물점 등에서 물건을 사고 부가가치세 10%가 아깝다고 현금으로 구매하게 되면 증빙으로 인정받지 못하여 불이익을 당할 수 있다. 단지 건당 3만원 미만은 위 적격증빙이 없어도 가능하다.

❺ 업종별 세무가이드 (세무상 문제 발생 소지가 있는 분야 중심 정리)
- 유튜버&재능마켓 강사 : 인터뷰 대상자(방송 협조자)와 외주 용역자에 대한 수당 등(명목 여하에 불구하고) 대금 지급할 때 대한 원천징수 신고를 잘 해야 한다.
- 구매 대행자 : 소비자가 오픈마켓 등에서 구매대행으로 결제하였지만, 이 금액에는 해외에서 구매한 금액(배송비 포함)과 부업자의 수입이 합쳐져 있다. 이에 구매액과 부업자의 수입을 건건마다 잘 구분 기재해야 한다. 정확하게 정리되지 않으면 과세관청에서는 오픈마켓 등에서 결제된 전체 금액을 부업자의 수입으로 볼 수 있기 때문이다. 그동안 여러 피해자들이 발생하였기에 반드시 세무전문가와 상의하여 신고하시기를 추천드린다.
- 작가 : 책에 포함될 자료를 수집하거나 획득하는 비용을 잘 기재해야 한다.

혼자서도 할 수 있는 실용서 시리즈

IT, 쇼핑몰, 홈페이지, 창업, 마케팅 등의 실무 기능을 혼자서도 배울 수 있도록 차근차근 단계별로 설명한 실용서 시리즈이다.

**이렇게 했더니
인스타마켓으로 6억 벌었어요!** [출간 즉시 1위]
무재고 무자본으로 시작해서 억대 매출 올리는 인스타그램 공동구매 실전북!
황지원 저 | 15,000원

네이버쇼핑 상위노출에 강한
스마트스토어 창업+디자인+마케팅 [2판]
실전! 스마트스토어 테마 디자인 제작과 꾸미기
강윤정 박대윤 공저 | 18,800원

무조건 이기는 첫 사업
무재고 온라인 쇼핑몰 창업
가장 안전하게 시작해서 평생 돈 버는 확실한 방법!
황채영 저 | 17,000원

한 권으로 끝내는
글로벌셀러 아마존 판매 실전 바이블
아마존셀러의 실제 창업 절차 그대로 글로벌셀링 전 과정을 순서대로 담았다!
최진태 저 | 25,000원